股东至上主义

THE
CRITICISM
OF
批判

SHAREHOLDER PRIMACY

PROPOSALS FOR THE CONSTRUCTION OF
CONTROL-SHARING CORPORATE LAW

兼论控制权
分享型公司法的构建

楼秋然　著

社会科学文献出版社
SOCIAL SCIENCES ACADEMIC PRESS (CHINA)

献给所有我爱的及爱我的人

序 言
PREFACE

王涌

　　最初，是四川大学陈实教授向我隆重推荐楼秋然的，说这是一位非常出色的学生云云。我心里嘀咕，优秀的学生我在法大见得很多。

　　当然，陈实的推荐我还是很重视的，我和陈实的友谊始于1999年。我的博士论文《私权的分析与建构》完成时，陈实还是北大硕士生，他专程到法大找我讨论霍菲尔德。他对逻辑真理的痴迷于我心有戚戚焉，于是我们就"心心相印"了。

　　我选学生的程序一直非常严格，需要见面深入谈话，从学术潜力到三观，问一个透彻，感觉是像发展"会道门"，至少也是像相亲一样慎重。现在，招的学生多了，我的教育哲学也变化了：教育就是教育，不是掐尖。所以，难以再一一面试，有时看看邮件中的自我简介，凭直觉决定，因为学生等不起，我也无暇细聊，就看纸面缘分。

　　秋然从成都专程到北京昌平接受面试，那天是2012年11月17日，秋高气爽，蓝天白云，正是第十三届江平民商法奖学金评选笔试，也是民商经济法学院秋季论坛。我在两个活动的间隙时间，与他见面。

　　秋季论坛开幕式上，院领导解读了党的十八大报告中的法治目标和法治精神，提出法学家要有自豪感和使命感，以十八大精神为指导来推进科研，大家群情激昂，期待法治国的到来。随后进行优秀论文颁奖活动，我悄然退出会场，快步走到端升楼江平民商法奖学金评选笔试现场监考。

　　监考之暇，面试秋然。旁边的教室，学生们正在笔试，沙沙的书写声萦绕在耳边。秋然的气质有点像理科生，说话逻辑性很强，知识面像一个小百科全书，温文尔雅，虽然只是一面，我就很喜欢。

当然，我对秋然的喜欢，还有一个原因，就是他是浙江舟山人。我的童年有一段时间是在舟山度过的，那时我父亲在舟嵊要塞区工作。我们回到江苏盐城老家后，一直怀念在舟山的美好时光。秋然勾起了我童年的舟山回忆。其实，我对舟山的印象，只有大海和大军舰，想不起闻名遐迩的普陀山的模样。

2013年秋天，秋然入学中国政法大学。他的推演能力、思维能力、学习能力、写作能力，在我所教过的学生中很少见。在我脑海里，秋然就像一台思维敏锐的小电脑，像一只精力充沛的小豹子，像一尊永远面带微笑的小弥勒佛卡通。他那横断面的发型，就像春节年画中的喜娃娃。

连我的看家本领——霍菲尔德的概念和逻辑，他也能搞得很明白，他还写了一篇论霍菲尔德的"privilege"概念的论文，思辨精微，多少有一点英美分析法学论文的况味，令我惊叹，真是后生可畏。我有时遐想："为师者有哪些才华，是他不可能超越的？"也许写诗，他入门无望。

我曾问他的志向，他说要做律师。我笑笑说："凭你的才智，做律师显然可惜了，应该立志做学问。"在企鹅读书会上，我当着全体企鹅的面，嘲笑了他的律师理想。他终于被洗脑了，立志为学。

在读硕时，他和萧鑫协助我处理一些重大诉讼，例如海航诉国美案，涉及复杂的法律关系。紧张时刻，我们通宵研讨和准备，我甚至几夜不眠。我猜测，他在海航案中体验到的恐怖的诉讼强度，也是他放弃律师志向的原因之一。

2015年，秋然完成了硕士论文《股权本质研究——范式的提出与运用》，提前毕业，攻读博士学位。他是我招收的第一位博士生，算是博士大弟子。2016年9月，秋然去哥伦比亚大学法学院访学，李本（Benjamin L. Liebman）教授担任他的导师，2017年9月回国。在美国，他阅读了大量的英文论文，有100多篇。

读博期间，他发表了数篇法学核心期刊论文，成果之丰硕，连老师都羡慕。在《政治与法律》上就连中两元：《评估权中的少数股权折价问题研究》《美国法上的网约车监管理论与实践》。在《证券市场导报》上发表了《上市公司治理的监管模式选择——向"遵守或者解释"规则转变》。

我对秋然的培养主要是在企鹅读书会上。最初，他并不适应读书会。他有自己的读书计划，难免有疑惑："我为什么要按老师固定的书目去读呢?"我也担心,读书会的密度和强度会让学生没有时间自我学习,甚至没有时间恋爱了。

但是,秋然坚持了四年,除在哥伦比亚大学法学院访学一年外,从硕到博,年年参加。作为一个博士生,他也主动参加读书会,是读书会上会龄仅次于我的"企鹅长老"。他和硕士师弟师妹们一起讨论问题,并充当难题终结者的角色。他至少参加了90期企鹅读书会。

2018年春季,秋然应聘到对外经济贸易大学。我没有向贸大法学院的领导和教授推荐他,因为我相信他的实力。他在12个应聘者中,脱颖而出。后来,我在贸仲遇见石静霞院长,她对秋然赞不绝口。我作为导师,脸上自然有光。

秋然显然没有辜负贸大的"慧眼识珠",他工作勤恳,上课深受欢迎,对"00后"的学生很有耐心。他向我学习,组织学生读书会,并取了一个很萌的名字——法喵读书会,至今已有30期。他在贸大受到学生欢迎,听到此消息,我比自己当年被评为法大最受欢迎的教师还要高兴。

我曾聘任秋然担任洪范法律与经济研究所的秘书,他邀请嘉宾,安排会议,筛选报名者,工作井井有条。后来,因贸大工作繁忙,他辞去了洪范秘书一职。

2019年初冬,在洪范的学术会议上,我见到秋然的太太唐彬彬,她研究刑事诉讼法,她对我说:"王老师,秋然现在越来越像你了。"我哈哈大笑。

即将出版的《股东至上主义批判——兼论控制权分享型公司法的构建》是秋然的博士论文。他的博士论文,我没有操心多少,没有提多少修改意见,不像今年疫情期间修改企鹅的毕业论文,甚是费心,光书面修改意见就写了15000多字。

《股东至上主义批判——兼论控制权分享型公司法的构建》有公司法哲学的意蕴,他的核心论证在于:股东至上主义已被证明并不具有"历史"和"理性"的正当性基础,未来公司法的构建自然应当体现"控制权分享"的要求。而众多的可能方案之中,限缩公司全部利益群体的"直接权力"并重塑董事"信义义务"的方案是最为可取的。

秋然的写作没有纠缠于细枝末节的技术问题或是局部问题,心比较大,运笔洋洋洒洒,有恢宏之势。他要为未来公司治理的发展,思辨出一个方向来。当然，这种或许行之有效的方案，目前还只是一种理论上的想象，有待验证，因为在他的设计中，董事多少有点像是上帝派到公司里去的圣人，虽然戴着公司法为他精心打造的"锁链"。

我有严重的拖延症。几年前，秋然的师兄杨祥出版他的博士论文《股权信托受托人法律地位研究》，提前半年向我约序言，被我活生生地拖黄了，很是内疚。秋然去年底就向我邀约，并吸取杨祥教训，隔时微信笑脸提醒，我因忙于法大密集的本硕博课程和毕业论文审阅，又拖延下来。

我觉得为学生写一篇书序，需要先整理回忆，酝酿感情，再下笔，方得不入八股之俗套，但所谓"整理"和"酝酿"，竟然成为拖延的理由了。

秋然的专著清样马上就要送印刷厂了，眼看"序言事故"又要重演。今天凌晨我从梦中惊醒，坐到台灯前，挥就此序。

2018 年 6 月 21 日，秋然毕业那天，雾霾重重，我曾赠诗一首，一并附录：

> 为师羞披黑红袍，
> 蓟门尽说稻粱谋。
> 本有灵犀致良知，
> 何必霾日再言道。

2020 年 5 月 7 日晨

前 言
FOREWORD

　　2008 年发生的全球金融危机（继而引发的全球性经济衰退）并非突如其来，反而在时间轴上呈现渐进的过程。2006 年底至 2007 年初，一系列次级抵押贷款的违约首先导致了信贷市场的紧缩。起初，这场信贷紧缩的可能影响被人们低估了；然而很快，事态的进一步恶化让人绝望。原本仍属可控的市场紧张关系，随着房地美（Freddie Mac）、房利美（Fannie Mae）、雷曼兄弟（Lehman Brothers）和美国国际集团（American International Group）等巨型企业因次级抵押贷款违约而遭受的巨额损失被陆续揭露，变得难以掌控。伴随着雷曼兄弟公司在 2008 年 9 月 15 日申请破产保护，全球金融市场中的股票价格开始暴跌，一场影响延续至今的金融危机正式爆发。① 为了缓解乃至消除危机产生的损害、预防又一次危机的发生，这场金融危机的肇因引发了各界的浓厚兴趣与激烈论辩。次级抵押贷款这种金融产品的固有风险，是最为初显的回答。所谓"次级"抵押贷款，是指向信用等级较差、无法获取正常抵押贷款的个人发放的贷款。② 由于接受贷款者本身缺乏偿付能力，这种抵押贷款本就面临极高的违约风险。然而，如若将金融危机的发生完全归咎于这一金融市场中常见的"非系统性风险"，就显得过于草率了。事实上，利用与管理风险的方式，而

---

① 以上内容，see generally George A. Walker, "Financial Crisis – U. K. Policy and Regulatory Response", *The International Lawyer* 44（2010）：752 – 753。
② See Arthur E. Wilmarth, Jr., "The Dark Side of Universal Banking: Financial Conglomerates and the Origins of the Subprime Financial Crisis", *Connecticut Law Review* 41（2009）：971, 1016.

非风险本身，导致了危机的生成、扩大与爆发。① "风险越大、收益越高"是金融学的一项常识。而 21 世纪初期美国不断高企的房地产价格与私人部门杠杆率，为金融机构大规模利用次级抵押贷款获取高额回报创造了条件。伴随科技革新而来的经济高速发展，在增加了货币供给量的同时降低了利率（债权人的投资收益）；债权人迫切需要一种既能带来高回报，又具有较高安全性的投资工具。次级抵押贷款恰能符合这一需求：一方面，次级抵押贷款的风险较之正常抵押贷款为高，债权人可以获得更高的利率；另一方面，次级抵押贷款又有价格只升不降的房地产作为抵押，具有较强的受偿保障。随着对利润追逐的欲望不断膨胀、房地产泡沫永不破灭的乐观情绪的不断蔓延，不仅次级抵押贷款的发行数量越来越大，抵押贷款的发放标准也不断下滑。以至于最终次级抵押贷款演变为一种"庞氏骗局"般的投资工具。对于这场基于流动性突然萎缩而生的金融危机，有或治标或治本的改革方案。治标者有如 2010 年《多德－弗兰克法案》针对可能造成"系统性风险"的非银行金融机构设置的特别破产程序。危机一爆发，许多经济学学者便指出，正是由于联邦放任雷曼兄弟公司这样的非银行金融机构破产、其交易相对方无法获得与银行相对方相同的赔付保障，才使得危机发生并不断升级。而如今，根据《多德－弗兰克法案》的规定，一旦财政部发现某一非银行金融机构的经营困难可能造成系统性风险，其即有权启动特别破产程序，以保证整体经济运行的平稳、有序。治本者则包含一连串针对金融市场透明度、金融市场参与者利益冲突的改革举措或提议。从学术讨论来看，最具代表性的大部头著作当数科菲教授的《看门人机制：市场中介与公司治理》。② 在该书中，科菲教授认为，正是由于广泛而深刻的利益冲突的存在，才使得本可以制止危机发生的各种看门人机制（独立董事、投资银行、信用评级机构等）失灵，最终导致一场不可收拾的败局。围绕这一范式，大量的改革举措或提议应运而生。

　　然而，随着时间的推移以及对危机肇因研究的不断深入，越来越多的学者指出，是市场机制背后的理念，而非市场机制本身造就了危机。近年

---

① 以下内容若无特别引注，see generally Lynne L. Dallas, "Short – Termism, The Financial Crisis, and Corporate Governance", *The Journal of Corporation Law* 37（2012）：281 – 293。

② 〔美〕约翰·C. 科菲：《看门人机制：市场中介与公司治理》，黄辉、王长河等译，北京大学出版社，2011。

来，学者们几乎一致地认为，这种造就危机的理念便是"短视主义"。① 所谓"短视主义"是指，为了追逐短期利润而不顾可能的长期损害。这种造就危机的短视主义，在前花旗集团 CEO 就危机之所以发生的解释中被具象化："即便每一个人都知道派对终会结束，然而只要音乐不停，每个人就必须起身舞蹈。"② 这种针对危机的研究方向的转变，也带动了公司法研究的转型。起初，围绕危机的公司法研究主要呈现了对具体制度设计的浓厚兴趣；主要体现为针对独立董事功能、董事会结构改造、董事薪酬组成、股东投票权强化等。这种研究虽然依托金融危机的新背景，延续的却不过是旧有公司法研究的主线或径路：从时间较近的说，其延伸的是 21 世纪初期因安然等公司治理丑闻而生的公司法研究主题；从更为久远的背景来看，其继承的是"所有权与经营权分离"导致的"代理成本"解决这一研究范式。然而转型后的公司法研究，则直指股东至上主义或者公司应当最大化股东利益这一理念的正当性问题。根据传统公司法范式，由于股东是公司的所有者或者剩余索取者，董事应当尽可能地最大化股东利益；董事对公司事务享有的或宽泛或狭窄的自由裁量权，亦是以对股东负责、实现股东利益为其正当性基础的。然而，危机的爆发却动摇了这一范式的基础：零散股东与机构投资者对短期利润的疯狂追逐（下文将会详述），以及公司董事会对这种疯狂追逐的亦步亦趋（或出于自利或出于信义义务的要求），导致了金融危机的发生、升级与爆发。因而，经济学界与法学界相继提出了诸多克制短视主义的改革方案：通过税收鼓励长线而非短线投资；增加持股时间较久的股东的投票权限。而更为激进的做法则是彻底否定"股东至上主义"，重新塑造包括信义义务在内的几乎所有公司法制度。值得注意的是，这样的学术论调虽然显得"新颖"或是"离经叛道"，然而其却具有深远的历史根基。一方面，其与 20 世纪 30 年代的企业社会责任理论有所重合（亦有所不同，下文将会详述）；另一方面，其又与自公司法诞生之日便已产生的"股东—董事分权"问题紧密相连。

　　事实上，对股东至上主义的否定不是单纯的"返潮"。如果对公司法

① See Lynne L. Dallas, "Short - Termism, The Financial Crisis, and Corporate Governance", *The Journal of Corporation Law* 37 (2012)：267.

② "Ex-Citi CEO Defends "Dancing" Quote to U. S. Panel", Reuters (Apr. 8, 2010), http：//www. reuters. com/article/idUSN0819810820100408, last visit on Nov. 12th, 2016.

的历史、既存的公司法实际运行状态、诸多股东至上主义的理论支撑、造就股东至上主义的历史背景等问题进行深入的研究，我们反而会发现"股东至上主义"而非"对股东至上主义的否定"是晚近发生的、非经典的以及非教义性的。这场理念之争不仅在学术讨论上激起了论战，也在法律改革领域愈演愈烈。试举一例：危机之后，为响应股东积极行动主义、促进对股东更为负责的公司治理的改进，《多德－弗兰克法案》第971条对1934年通过的《证券交易法》进行了修改，授权美国证监会设定规则允许符合条件的股东在公司的投票权征集材料中写入自己提名的董事候选人。很快，美国证监会通过了强制性的"14a－11"规则。这一举措激起了诸多反对，并最终导致该规则被哥伦比亚特区的美国联邦上诉法院宣布因违宪而无效。[①] 虽然法院最终是基于该规则的"任意"、"武断"、"未经合法程序制定"等问题而否定其效力的，然而对股东至上主义的反对，以及随之而起的对股东行动主义的怀疑乃至否定也扮演了极为重要的角色。也许有人会提出这样的反对意见，即股东至上主义作为一种理念果真如此强大？从目光所及的公司法发展历史来看，我们需要考虑的似乎应是股东的过于弱势而非其霸权。这种反对意见从英美法系国家股东直接享有的权利来看也许有其道理：股东虽然享有任免董事的权利，然而事实上股东主要顺从的是董事会或者管理层的建议；股东虽然享有对许多公司重要交易的决定权，然而若无董事会首先批准，任何交易都不会启动。

但是，股东至上主义却透过其他诸多法律制度施展其力量：与股票价格直接挂钩的董事薪酬，在很大程度上将董事的私人利益与股东的经济利益结合在一起；时刻悬于董事头顶之上的达摩克利斯之剑——公司控制权交易，会对不将股东利益置于首位的董事予以最沉痛的打击——失去职位。事实上，随着股东至上主义、公司是为股东而设的理念的不断深入人心，公司董事会、管理层的道德准则也顺理成章地转变为"对股东有利的，便是对公司有利的"。而一旦这种道德准则在现实中遭到违逆，其又会反过来要求加强实现股东利益的法律制度的创设；这种加强又会再次强化原有的道德准则，如此往复，形成循环。21世纪初期兴起的、由机构投

---

① See Bernard S. Sharfman, "Why Process Access Is Harmful to Corporate Governance?", *Journal of Corporation Law* 37 (2012): 387 – 391.

资者主导的股东行动主义更是将这种"理念—制度设计"的循环推向了极致。这一主义试图消灭一切"代理成本",在各种层面上强化、赋予股东权利。然而股东行动主义及其暗含的股东至上主义却在危机前就备受批评。在众多的批评者中,最具代表性的当属公司法权威罗曼诺(Romano)教授。她在多篇实证研究中抨击股东行动主义的不效率,[①] 更将一味提升股东权利的联邦立法贬为"庸医开出的处方"[②]。米歇尔(Mitchell)教授关于股东投资对公司成功的贡献远远不及债权人的实证研究,[③] 沙夫曼(Sharfman)教授对阿罗(Arrow)教授的企业决策权分配理论的延伸分析[④]等文献(本书正文将会详述)更是进一步拷问着扩大或者强化股东权利的可欲性。这些针对股东尤其是机构投资者参与公司治理的文献,使得对股东至上主义理论的反思即便在持股集中的法域(包括我国)也更加凸显其意义。其原因在于:机构投资者与控股股东之间的可比性,会增加股东至上主义缺乏正当性这一论述的超地区性。

另一种可能的反对意见在于:如果金融危机的肇因是短视主义,那么公司法改革的步伐为何不止于促进股东长期投资的举措,而一定要上升到否定股东至上主义的高度?首先,金融危机的爆发不过是为反思股东至上主义提供了一种新的契机与角度。短视主义及其在金融、非金融企业中的蔓延说明了股东至上主义、董事与股东利益的高度结合所可能产生的不良后果。其次,短视主义及其引发的金融危机,不过是股东至上主义可能导致的不效率中的一种而已。如果公司可以继续被视为股东利益的同义词、公司道德准则仍忽视对其他利益群体的重视,股东利益的增加便极可能来自对其他利益群体的机会主义行为(本书正文将会详述)。最后,如果对公司、公司法历史、公司法的实际运作、股东至上主义所仰赖的诸多理论支撑进行分析之后,我们发现股东至上主义其实不过是一个虚幻的"神话",而并不具有被坚持的

---

① See Roberta Romano, "Less Is More: Making Institutional Investor a Valuable Mechanism of Corporate Governance", *Yale Journal on Regulation* 18 (2001).

② See Roberta Romano, "The Sarbanes - Oxley Act and the Making of Quack Corporate Governance", *Yale Law Journal* 114 (2005).

③ See Lawrence E. Mitchell, "The Legitimate Rights of Shareholders", *Washington & Lee Law Review* 37 (2009).

④ See Bernard S. Sharfman, "Why Process Access Is Harmful to Corporate Governance?", *Journal of Corporation Law* 37 (2012).

可欲性，我们又为什么要仅仅满足于股东短视主义的消解？简而言之，危机作为一种语境，提供了分析的切入点，却不能也不会将讨论局限在危机本身之上（即便对危机的研究范围已经足够宽泛）。

另外一种针对否定股东至上主义神话的疑惑可能在于：这种所谓的公司法研究转型与20世纪30年代便已提出的"公司社会责任"理论有何不同？在有关公司社会责任的论战似乎已有定论——利润至上获胜——的背景下，提出股东至上主义的否定论有何意义？就第一项疑惑而言，股东至上主义的否定论与公司社会责任理论既有相同又有很大的不同。两者的相同点在于：两项理论都要求摒弃过去视公司为股东利益的理念，要求改变董事将股东利益置于首要甚至唯一需要考虑的利益的做法；两项理论都在不同程度上提出了对其他利益群体利益的考量问题。然而，两者的不同之处却十分显著：公司社会责任理论的主要立足点在于"道德"层面的论证，体现为"道德"上的要求；即便直接从经济学的效率角度出发理解公司与非股东利益群体之间的关系，也不会直接对股东掌控公司、股东享有公司最终控制权提出挑战。而与公司社会责任理论不同，对股东至上主义的否定则突破更大，它不仅要将非股东利益群体的利益保护放入讨论议程，更要全方位地检讨股东权利本身的正当性、信义义务的内容重塑等内容。就第二项疑惑而言，在公司社会责任论战似乎已有定论的背景下，仍有必要提出股东至上主义的否定论。这不仅是因为金融危机提供了重新审视股东至上主义的契机、股东至上主义否定论与公司社会责任理论本身存在诸多不同，更在于这场论战根本就未形成定论。一来，利润至上的公司法理论若被仔细分析，本就漏洞百出（本书将在"股东至上主义：不可靠的法律分析范式"一章详述）；二来，这场论战至今仍在延续，所谓的定论不过是学者、实务工作者为避免进一步的纠缠、简化分析的难度而做出的妥协（本书也将有所论述）；正如波斯纳法官所言，结论无非是论证无法继续的结果。最后，如若经过细致的分析，当我们发现股东至上主义并非精密法律论证的结果，其更多地夹杂着偶然的历史因素、直觉般的情绪时，这场论战是否已有定论、提出股东至上主义的否定论的意义等疑惑是否也就不复存在了？

当然，有人会问，如此重要而显得庞大的问题，经过数代法学家的努力尚且无法完成，一篇博士论文如何能当此重任？这首先涉及的是一个言论自由的问题，笔者不欲也不必解释。其次，从哈贝马斯的理性商谈理论出发，完美的理性商谈必须建立在平等的讨论地位、无限的时间、不受限制的讨论之上，而本书对股东至上主义"神话"的反思检讨恰构成了无限商谈的微小部分。理性的商谈是永远开放的，任何人都可以也应当参与其中。

　　在解释或者厘清了上述诸多的疑惑之后，前言必须回到对股东至上主义神话进行反思的中国意义上来。显而易见的一点在于，中国也深受金融危机的影响，对危机肇因的深刻反思、应对与预防危机的改革举措也自然属于中国公司法研究的一项重要领域。事实上，从当今的中国金融市场或者从其组成部分的资本市场来看，短视主义是一直存在的（例如，中国证券市场的投机氛围较为浓厚）。因此，对可能受短视主义影响的公司治理安排进行反思检讨，既显得必要又显得迫切。从更为微观的制度设计来看，根据中国公司法的法条及其实际运作，控股股东其实垄断了公司所有的权利。如此一来，股东至上主义的诸多不正当性会在中国法语境下更为明显地显现出来，其未被仔细论证的支撑理由也随之需要被更为认真的审视。另外，为了增强少数股东或者已经呈现分散持股的公司中的股东的话语权，中国证监会也通过诸多规章制度赋予了股东更多、更具实效的公司权利。而这种话语权的增加及其方式，也恰恰需要回答如下问题：股东对公司的最终控制权是否具有正当性？股东是否是更好的公司事务决策者？而这些问题又正是否定股东至上主义理论的学者们最为关心的问题。如若制度设计的基础假设都属虚幻、错漏百出，根据假设创设的具体制度又如何能够提升公司治理水平？最后，中国最近的公司法、证券法学术研究、立法实践都广泛、深入地对美国公司治理的理论与实践进行了借鉴甚至移植。然而在这广泛而深入的借鉴与移植中，学界对美国学界、实务界高度重视的反股东至上主义理论却有所忽视。更多的文献所讨论的是如何提升股东权利，所遵循的仍然是多德（Dodd）和米恩斯（Means）教授设定的代理成本范式；偶有讨论董事会与股东会权限界分的论文，也难觅反对股东至上主义神话的内容。从上述诸多层面出发，对股东至上主义神话进行反思、检讨，不仅具有理论上的趣味，更对中国公司法、证券法的学术研究、立法实践具有重要的价值。

　　需要在此指出的是，本书正文的论述将主要依托美国公司法、证券法的已有学术讨论与立法实践。这样做的原因主要有以下两点。第一，笔者除中文之外，算得上熟练掌握的外语语种仅英语一种；加之本书的写作主要是在美国哥伦比亚大学法学院访学期间完成，基于语言局限、学习环境的原因，本书主要以美国理论与实践作为分析的视角。第二，对股东至上主义神话的反思与检讨在美国进行得最早、发展得最好，对这一问题进行研究的美国文献可谓汗牛充栋。另外，美国又被公认为全球范围内公司法、证券法学术研究、立法实践的执牛耳者。因此，从这种研究的深度、代表性来看，美国其实也是一个当然之选。

本书接下去的内容共分五章，可以简述如下。

第一章为"股东至上主义及其正当性质疑"。在这一章，本书将首先分析股东至上主义的基本内涵、对立理论及其具体实施方式等。随后，本书将以对中国公司法法条、证券市场监管法规等的简要分析为基础指出，中国的股东至上主义是较为激进的一种：股东至上不仅作为一种理念深入人心，股东更直接享有诸多公司权利，董事会的权力相对萎缩，大有"消极工具化"的态势。随后，本书将一一拷问这一激进的股东至上主义所仰仗的各种正当性基础，包括但不限于："委托—代理"经典范式；股东是公司所有权人的理论主张；股东是公司最终剩余索取权人的经济学理论；股东同质性带来的权力分配正当性；股东至上的经济学效率支撑。通过这一章的分析与论述，本书试图唤起人们对股东至上主义的直觉性坚信的怀疑。

第二章为"向股东至上主义宣战：从要约收购的语境出发"。要约收购被认为是缓解甚至消除代理成本的最有力的市场约束。而有关反收购措施合法性的学术讨论事实上又隐含着股东利益是否至上这一问题上的交锋。鉴于要约收购是公司法研究皇冠上的明珠，也是股东利益与董事利益、其他利益群体的利益冲突最为激烈的领域，本书将从要约收购的语境出发向股东至上主义宣战。该章共分七节。第一、第二、第三节将围绕"股东并非更好的决定主体"这一话题，从法技术与法政策两大层面，质疑股东所独享的决定是否接受收购要约的权利的正当性。第四、第五两节则将从有关反收购措施经济效率的实证与理论研究文献出发，反驳股东至上主义者关于"反收购措施是董事会自私自利的产物"的主张，并指出重新理解董事会与反收购措施在公司治理中的复杂角色的正确视角。第六节则将从"控制权分享的判例法与制定法基础"、"非股东利益群体对公司的

重要意义"、"控制权：非股东利益群体保护的必要工具"和"控制权分享
的经济学支撑"这四个方面完成对控制权分享正当性的证立。至于第七节
则是对第二章的一个简短总结。

　　第三章为"股东至上主义：不可靠的法律分析范式"。该章分为五节。
第一节为"'Dodge v. Ford'：夸大与误读"，这一节将说明一直以来被股东
至上主义者奉为圭臬的"Dodge v. Ford"不仅现在已经不是，而且从一开
始便不曾是美国公司法中股东至上主义的基石。第二节为"股东至上主
义：近乎绝对的自由裁量权或者短视主义"。在这一节，本书将会论证股
东至上主义这一分析范式或者导向极端的短视主义，或者产生不受约束的
（董事/控股股东）裁量权，因而也就从根本上不能符合其支持者的理论预
期。第三节为"股东至上主义：缺乏解释力的法学范式"。这一节将会说
明，一直被人们视为理所当然的股东至上主义事实上并不是公司法许多制
度构建所仰赖的理论。第四节为"难以实现自我保护的非股东利益群体"。
在这一节，本书将会说明现有的法律制度根本不足以保护非股东利益群
体，这将会沉重地打击股东至上主义支持者有关"其他利益群体可以通过
其他法律制度实现自我保护"的主张。第五节是对第三章的一个简短
总结。

　　第四章为"股东至上主义：并非历史的必然选择"。该章细分为四节，
其主要目的在于说明股东至上主义并非理性法律论证的结果，其更多的是
历史的偶然与近乎直觉的感情。第一节为"股东至上主义的时代：历史的
非理性变迁"。在这一节，本书将会把公司法的历史划分为三个主要阶段，
通过对公司法历史的简明介绍，本书将证明股东至上主义作为现代公司法
的信仰体系直到 20 世纪 70 年代中后期，才借助一系列偶然的政治、经济
因素成为公司法的主流理论。第二、第三节则将通过对德国公司法下的雇
员参与、英国公司法中的开明的股东价值模式的介绍，说明即便在现代，
股东至上主义也绝非公司法的唯一、必然选择。第四节是对第四章的一个
简短总结。

　　第五章为"控制权分享型公司法的构建方式及其制度保障"。这一章
的内容将会被划分为六节。第一节为"信义义务权衡论的提出"。在这一
节，本书将会比较数种可能实现控制权分享的公司法构建方式，并最终提
出以"卡尔多－希克斯效率标准"为基准的"信义义务权衡论"。第二节

为"信义义务权衡论的正当性补充"。这一节将会从"理解'一仆侍二主'"、"信义义务权衡论的其他正当性支撑"等维度,为信义义务权衡论提供正当性补充。第三节为"董事会结构改造"。在这一节中,本书将会从"基本结构"、"权威赋予"、"信息渠道"和"异见提供机制"四个方面重构董事会制度,以实现董事对"公司权力的实质拥有者"和"各方利益的居中仲裁者"这两大使命的有效承担。第四节为"其他配套制度"。这一部分将主要围绕"重组董事激励薪酬"和"派生诉讼程序的扩张和限制"来进一步完善控制权分享型公司法的构建。第五节则为"控制权分享型公司法:公共性、长线股东和集中持股"。于此一节,本书将会对控制权分享型公司法的适用进行一定的限缩,驳斥通过"长线股东享有控制权"以取代控制权分享的主张,并再次但更为详细地说明其对集中持股型法域的意义。第六节则是对第五章的一个简短的总结。

本书研究虽然依托众多理论、实证文献,然研究主题毕竟有些宏大,难免存在诸多力所不及之处。若有错漏,万望大家海涵。

目 录 CONTENT

第一章 CHAPTER I

股东至上主义及其正当性质疑

第一节　股东至上主义：背景理论

一　股东至上主义及其对立面

2001 年，汉斯曼（Hansmann）与克拉克曼（Kraakman）两位权威教授发表了日后引发无数争论的《公司法历史的终结》一文。该文指出，各发达经济体（Developed Economies）尽管在具体的公司治理机制、股权结构、资本市场和商业文化等方面存在显著差异，但已然在有关公司形式（Corporate Form）的基本法（Basic Law）方面达成了高度一致，且将持续趋同；至于趋同的根源，则在于一项规范性共识（Normative Consensus），即"公司管理者的行为应当仅仅是为了股东的经济利益"[1]。此种以股东利益为（唯一）导向（Shareholder Oriented）的公司价值观，所定义（描述）的正是"股东至上主义"（Shareholder Primacy）这一当下最具影响力的公司法范式。除《公司法历史的终结》以外，其他有关股东至上主义的经典解读包括："公司管理者应当仅仅为了股东的利益行使公司权力"[2]、"公司存在的唯一目的乃在于最大化其利润"[3]、"公司管理层经营公司的目的是为了最大化股东的福利"[4]。虽然直到现在，学者们对股东至上主义的定义仍然存在描述上的细微差别，然而这些差异却难以掩盖已经形成共识的规

---

① See Henry Hansmann, Reinier Kraakman, "The End of History for Corporate Law", *Georgetown Law Journal* 89 (2001).

② See Adolph A. Berle, Jr., "Corporate Powers as Powers in Trust", *Harvard Law Review* 44 (1931): 1049.

③ See Milton Friedman, *Capitalism and Freedom*, 2nd edition (Chicago: University of Chicago Press, 1963), p. 133.

④ See In re Citigroup, Inc. S'holder Derivative Litig., 964 A. 2d 106, 139 (Del. Ch. 2009).

范性选择，即公司利益被等同于股东利益、股东的偏好（Preference）优先于其他非股东利益群体的偏好、（仅有）股东对公司事务享有最终决定权。上述有关股东至上主义的定义及由其衍生出的规范性选择，塑造（决定）着包括法律制定、司法裁判和学说理论在内的现代公司法的诸多面向。（1）无论是大陆法系还是英美法系的公司法、无论是分散持股型或是集中持股型的法域的公司法，一般都"仅"能由股东行使重大决策的投票权、对董事会成员的任免权和代表公司提起派生诉讼的权利。（2）司法判决总是下意识地将"公司利益"与"股东利益"视为"可互换的"（Interchangeable）语词表达、将"公司看成股东财产延伸的观念广泛存在"①；对于公司所进行的无偿捐赠、应承担的社会责任，也往往从实现"股东长期利益"、与股东利益"合理相关"的维度加以维护。（3）在公司法的学术研究领域，如何减低乃至消除股东与管理层之间、控股股东与少数股东之间的"代理成本"（Agency Cost）始终占据主流，股东与非股东利益群体之间的代理成本问题被"边缘化"；即便承认股东不过是众多资源输入者"之一"的公司合同理论，也认为将公司"所有权"（一种隐喻）分配于股东更符合效率。②

与股东至上主义相对立的，是所谓的"利益相关者"理论（Stakeholders Theory）。同极其强调股东投入"物质资本"（Physical Capital）、承担"剩余风险"（Residual Risk）以使公司形成、存续的观念不同，③ 利益相关者理论认为：（1）"任何一个公司的发展都离不开各利益相关者的投入与参与，企业追求的是利益相关者的整体利益，而不仅是某些主体的利益"④；（2）所有以合法利益（Legitimate Interest）参与公司的个人或者团体，均是为了获取一定的益处（Benefit），其间并无任何主体的利益与益处具有"表见的优先性"（Prima Facie Priority）。⑤ 借助（发端于 20 世纪 30 年代

---

① 邓峰：《董事会制度的起源、演进与中国的学习》，《中国社会科学》2011 年第 1 期。

② 参见〔美〕伊斯特布鲁克、费希尔《公司法的经济结构》，张建伟、罗培新译，北京大学出版社，2005，第 75～79 页。

③ See Sanford J. Grossman, Oliver D. Hart, "The Costs and Benefits of Ownership: A Theory of Vertical and Lateral Integration", *Journal of Political Economy* 94 (1986): 691 – 719.

④ 陈群峰：《论公司社会责任司法化对利益相关者的保护》，《法律适用》2013 年第 10 期。

⑤ See Thomas Donaldson, Lee E. Preston, "The Stakeholder Theory of the Corporation: Concepts, Evidence, and Implications", *The Academy of Management Review* 20 (1995): 68.

的）企业社会责任论战、（自 20 世纪 80 年代兴起的）反收购立法浪潮的推动，利益相关者理论在学界声威渐起、越发受到重视。依所关切之利益相关者的范围、利益相关者参与公司治理的方式等的不同，在利益相关者理论之下，又衍生出不尽相同的学理主张与立法例，例如，基于商业银行杠杆率极高的现实（所有者仅提供了 10% 的资本金），有我国学者便指出商业银行的公司治理理念，应完成从"股东至上主义"到"债权人主义"的转变；① 为拉近董事会与利益相关者的物理和心理距离、确保公司决策体现后者需求，部分美国学者提出设立（与股东会类似的）"利益相关者会议"（Stakeholder Meeting）；② 由于工会在二战后的政治地位提升、广受认可的通过经济民主实现政治民主的社会愿望，德国的雇员群体得通过"共决制"（Co - Determination）分享对公司的控制权。③ 然而，受"盎格鲁 - 撒克逊式公司治理模式以及与其配套的美国股东资本主义公司文化在股利回报，风险分散以及全球竞争诸方面相对于其他公司模式的比较优势"④，深入人心的股东主权思想（以股东所有权和委托代理理论为表现）⑤，20 世纪 70 年代中后期以来的政治、经济、学术动荡⑥等因素的影响，股东至上主义而非利益相关者理论，始终霸占着立法实践与学术研究的话语权。⑦

二 股东至上主义的具体实施

然而，尽管股东至上主义已然成为一项规范性共识，其具体实施却仍然

---

① 参见张建伟《从"股东至上主义"到"债权人主义"——商业银行的公司治理理念》，《金融法苑》2011 年第 10 期。
② See Kathleen Hale, "Corporate Law and Stakeholders: Moving Beyond Stakeholder Statute", *Arizona Law Review* 45（2003）.
③ 岳伟、邢来顺：《联邦德国劳资共制的形成及影响》，《安徽师范大学学报（人文社会科学版）》2011 年第 6 期。
④ 朱慈蕴、林凯：《公司制度趋同理论检视下的中国公司治理评析》，《法学研究》2013 年第 5 期。
⑤ 参见刘俊海《股东主权理念是股权文化的核心内容》，《国际商报》2009 年 11 月 24 日第 012 版。
⑥ 详见本书第四章的论述。
⑦ 本书的目的正是在于通过对股东至上主义的全面而深刻的批判、揭示非股东利益群体（利益相关者）通过分享控制权实现自我保护的必要性、构建一种新型的控制权分享型的公司法，来改变当下陷入扭曲甚至病态的公司治理现状。

存在诸多分歧与争论。其中最为重要的分歧与争论，便是"董事会中心主义"与"股东会中心主义"之争（Board Centralism v. Shareholder Centralism）。"通说以为，两者区分的标准有二：一是哪一个机构享有经营管理公司的实质决策权；二是立法者没有明确列举的剩余权力由谁行使？"①

美国特拉华州公司法（制定法与判例法）是采行董事会中心主义的典型代表：第一，"与董事会的广泛权力相比，股东会的权力仅集中在下述事项：（1）董事的选任和解任；（2）批准公司的运营；（3）批准公司章程和章程细则；（4）批准公司的合并、重大资产出售、股权置换、解散"②，而且股东会对上述权力的行使，还必须有董事会的事前动议方能启动。③ 第二，特拉华州普通公司法第 141 条（a）款规定，"任何依本章设立之公司的营业（Business）与事务（Affairs）应由董事会管理或者在董事会的指导下进行"④；依此规定，当法律或章程大纲（Certificate of Incorporation）就某项公司职权未做分配时，该职权应由董事会（而非股东会）享有。第三，董事会的职权具有"法定性"［Conferred By 8 Del. C. § 141（a）］和"固有性"（Inherent），而并非来源于股东的授予。⑤ 由此可见，通过董事会中心主义加以实现的股东至上主义，是弱度或说是十分柔和的（Modest）。相较而言，股东会中心主义之下的股东至上主义则更为激进（Radical）。在仍坚持股东会中心主义的大陆法系国家中：⑥（1）"股东会有着更为广泛的固有权力"；（2）"股东决策的范围都大于股东可以提出议案的范围"；（3）"股东会的权力不得被公司章程限缩"；（4）"股东会对于董事会负责的经营业务具有不同程度的决策权"；（5）属于董事会权限的事项，即便不存在法定的保留条款，以"股东大会的最高机关性或者股

---

① 高圣平：《公司担保相关法律问题研究》，《中国法学》2013 年第 2 期。

② 许可：《股东会与董事会分权制度研究》，《中国法学》2017 年第 2 期。

③ See Edward P. Welch, Andrew J. Turezyn, Robert S. Saunders, *Folks on the Delaware General Corporation Law* (Frederick：Aspen Publishers, Inc., 2008), pp. 57 – 58.

④ See Edward P. Welch, Andrew J. Turezyn, Robert S. Saunders, *Folks on the Delaware General Corporation Law* (Frederick：Aspen Publishers, Inc., 2008), p. 91.

⑤ See Unocal Corp v Mesa Petroleum, Inc, 493 A2d 946 (Del 1985).

⑥ 以下内容，若无特别引注，参见许可《股东会与董事会分权制度研究》，《中国法学》2017 年第 2 期。

权划分的自律性为理由"，股东会仍可享有该项权限。①

正是由于在董事会中心主义之下，董事会享有经营管理公司的实质决策权，公司剩余控制权归属于董事会，且董事会具有超然于股东会之外的自治地位，部分利益相关者理论的拥趸，希冀通过进一步增强董事会权力独立性的方式，来消解股东在公司之中的"主权者"地位。除去进一步扩张董事会已经享有的公司权力之外，这种增强还可以通过足以导向近乎绝对自由裁量权的"商业判断规则"、② 非经特别调查委员会同意不得启动/继续的派生诉讼的限制、③ 最大限度地合法化（有利于董事会实现自我维持的）反收购措施等方式加以实现。当具有上述全部特征的董事会中心主义出现在股东持股极为分散（搭便车、集体行动和理性冷漠便尤为突出）的法域之中，且配合以允许乃至强制董事会决策考量非股东利益群体诉求的立法例时，其对股东至上主义的消解将更为彻底。但是需要指出的是，即便是在此种董事会中心主义（如特拉华州公司法）之下，只要其仍遵循股东至上主义的公司价值观，股东至上主义者还是可以通过（股东会独享的）董事任免权、（与股价挂钩的）"激励薪酬"、（拉近董事会与股东之间的物理、心理距离的）"派生诉权"、（仅能由股东通过派生诉讼加以实现的）"信义义务"等安排，④ 来强化甚至绝对化以股东利益为导向的公司运作。正如有学者所言，只要"股东大会仍然掌握着决定公司命运的生杀大权，如章程修改、合并、营业转让、解散等。更重要的是，董事的任免权仍然为股东大会牢牢掌握，这样，从理论上说，股东大会仍然控制着公司的经营"⑤。由此可见，仅仅着眼于公司法由股东会中心主义向董事会中心主义之演变趋势的公司法变革理论，难以彻底地实现对非股东利益群体的利益保护使命；唯有从根本上否定股东至上主义这一理念，且一并改革与其配套的信义义务、激励薪酬和派生诉讼等制度，方能实现公司治理模式的真正转变。

---

① 参见〔韩〕李哲松《韩国公司法》，吴日焕译，中国政法大学出版社，2000，第 350 ~ 351 页。
② 详见本书第三章第二节第一部分的论述。
③ 详见本书第三章第三节第二部分的论述。
④ 详见下书第三、第五章的论述。
⑤ 钱玉林：《股东大会中心主义与董事会中心主义——公司权力结构的变迁及其评价》，《学术交流》2002 年第 1 期。

当然，借助公司法加以确立的股东至上主义，确实可能也正在越来越多地受到其他（关切非股东利益群体的）部门法的消解。例如，环境法可以通过设立环境公益诉讼、确立环境法律责任等方式，保护公司所在社区的整体利益；劳动法可以通过赋予劳动者获得休息休假、劳动安全卫生保护、享受社会保险和福利等权利的方式，保护雇员群体的利益；合同法则可以依托"诚实信用"原则，向与公司订立合同的供货商、债权人、雇员等群体提供保护。对这些法律规定的违反本身，已经可以导致公司股东会或者股东大会、董事会的"决议无效"（《中华人民共和国公司法》第 22条）、董事因违反"守法义务"（Not Knowingly Cause the Corporation to Violate the Law）不受商业判断规则之保护[①]等后果；而不必再行考虑该等违反法律之行为是否有利于股东利益或公司利润之增进。但是，这些部门法对股东至上主义的切割存在明显的不足之处。（1）尽管这些部门法在某种意义上拔高了非股东利益群体的利益位阶，使公司的某些决策有悖于股东至上的理念；但是，股东至上主义者却可以轻易地将这些要求与实现股东（公司）的"长远利益"（Long - Term Interest）结合起来。股东长远利益的概念，一方面将上述部门法的作用贬低为对股东至上主义的短视面向的涤除，另一方面再次强化了股东独享控制权的正当性、弱化了非股东利益群体分享控制权的必要性。（2）受制于所调整之法律关系的范围，这些部门法难免呈现利益视域狭窄、保护力度不足的问题。一方面，环境法、劳动法、合同法等部门法仅各自关注特定的非股东利益群体在特定语境下的保护问题，不仅可能挂一漏万，还未曾顾及各该利益群体发生利益冲突时的解决之道（而这恰恰是公司法的核心命题）；另一方面，相较于股东所享有的公司控制权，这些部门法所提供的法律保护其实并不充分。[②] 正因如此，尽管其他部门法对股东至上主义的消解（切割）是现实存在的，但从公司法内部展开的、以控制权及其配套制度为主体的检讨，才是最切中要害、最可能产生实效的。

---

① See Melvin A. Eisenberg, "The Duty of Good Faith in Corporate Law", *Delaware Journal of Corporate Law* 31 (2006): 31 – 38.
② 详见本书第二、第三章的论述。

第二节　股东至上主义：以对中国公司法的规范性分析为例

　　既然股东至上主义已然成为一项足以终结公司法历史的规范性共识，且股东至上主义及其具体实施方式（董事会中心主义抑或股东会中心主义）又会对公司的治理结构产生根本性影响（非股东利益群体能否享有控制权、董事会实质决策权范围的大小、公司剩余控制权的归属等）；对股东至上主义本身的理论支撑，进行全面、深刻的再审视便不仅必要而且十分急迫。这一具有浓厚的一般性、抽象性色彩的理论问题，似乎大大冲淡了聚焦特定法域公司法之类型归属的必要性。然而，本书在此仍欲对中国公司法做一规范性分析，以论证其是否属于以及属于何种股东至上主义。其原因有三。（1）尽管本书所涉主题具有鲜明的超越单一法域的国际属性，但作为一部中国学者的著作，仍应对中国法具有意义；若中国公司法并不遵从，或仅在相当温和的意义上贯彻股东至上主义的价值观，则本书的意义将由"改革"变为"证立"。（2）对中国公司法展开的规范性分析，可以清楚地展现股东至上主义、股东会中心主义在制定法中的形成方式，其间可能存在的立法难题、漏洞、自相矛盾和模糊之处。除有助于对其他法域公司法之类型的"识别"外，其自身也构成对股东至上主义、股东独享最终控制权之正当性的拷问。（3）中国公司法属于激进（强度极高）的股东至上主义（容后详述），恰与美国（特拉华州）公司法形成股东至上主义光谱上的两极。此种强度极高的股东至上主义的存在，也进一步凸显出对股东至上主义进行检讨的意义。接下来，本书将从是否属于股东至上主义、属于何种股东至上主义两个维度，对中国公司法进行规范性分析。

一　中国公司法：股东至上主义的家族成员

依股东至上主义之基本内涵（股东利益的"至上"或"唯一"性）、其具体实施方式之间应当具有的共同点或坚守的底线（股东对公司经营的最终控制），特定法域公司法的类型归属，主要取决于对如下两大问题的回答：（1）公司内部是否还存在与股东群体具有"相同位阶"的利益群体；（2）除股东之外，是否还有享有董事任免权、派生诉讼权等能最终控制公司经营之权力的群体。若答案均为否定，该法域之公司法便属股东至上主义的家族成员无疑。

我国 2018 年修订通过的《公司法》（以下简称"2018《公司法》"）第 5 条第 1 款规定，"公司从事经营活动，必须遵守法律、行政法规，遵守社会公德、商业道德，诚实守信，接受政府和社会公众的监督，承担社会责任"。此项颇具"强行法"色彩的法律规定，显系受公司社会责任、利益相关者理论影响的产物；[①] 在公司诉讼中，也多有包括劳动者、消费者甚至环保团体、社区在内的当事人主张法院直接适用该条款对公司经营活动进行介入、监督甚至控制。[②] 若该条款切实地成为法院审查公司决策乃至内部治理、重塑董事信义义务的承担对象（由单一的股东向多元的利益相关者转变）、否定以自身利益为唯一导向的股东会行动的依据，则2018《公司法》便未秉持股东至上主义。然而在事实上，2018《公司法》第 5 条第 1 款属于"宣示性条款，基本上不成为请求权基础和裁判依据"[③]。造成这一现状的原因，自然可以被归结为"使用宣示性的、抽象的表达，没有具体规范严格的逻辑结构和明确的权利义务内容"；[④] 但最为根本的，却是"社会责任的含义模糊不清，司法认定举步维艰"："政治家们把它视为争夺公司公共控制权的有力工具，而商人们则可为那些本不受欢迎的慈善和利他主义的行为寻求合理的根据"，至于股东至上主义者则可

[①] 参见施天涛《公司法论》第 3 版，法律出版社，2014，第 8 页。

[②] 参见谭玲、梁展欣《对司法裁判中适用"公司社会责任"条款的思考》，《法治论坛》2010 年第 1 期。

[③] 朱慈蕴、林凯：《公司制度趋同理论检视下的中国公司治理评析》，《法学研究》2013 年第 5 期。

[④] 陈群峰：《论公司社会责任司法化对利益相关者的保护》，《法律适用》2013 年第 10 期。

以将其粗暴地解读为"公司社会责任就是为股东们赚钱"①。

2018《公司法》第 1 条在立法目的中提及，"为了规范公司的组织和行为，保护公司、股东和债权人的合法权益，维护社会经济秩序，促进社会主义市场经济的发展，制定本法"。这一表述一方面在文义上区分使用了"公司"与"股东"这两个名词，另一方面将债权人利益与股东利益一并纳入其保护范围。而这又是否意味着，在 2018《公司法》之下公司不再以追求股东利益为唯一导向，债权人（甚至更大范围的利益相关者）可以要求董事对其承担信义义务？答案恐怕是否定的。（1）对"公司"与"股东"这两个名词的区分使用，并不能必然地推导出股东利益不再被等同于公司利益的结论。从我国对健全的法人制度的不懈追求、2018《公司法》第 3 条等条文、2018《公司法》对公司控制权的分配来看，这种区分其实并非基于对股东至上主义这一理念的否定，而更多的是出于对公司享有的独立法人人格的突出强调、承认与尊重。事实上，从"出于提升我国整体经济实力的公共政策考虑，我国的公司法仍应着重强调以股东利益的保护为重点……而不应当过分强调公司利益相关者的利益平衡"②、"如果不保护股东的利益，则以股东投资为基础的公司就无法成立，公司聚集、利用民间资本的功能就会落空"③、"将公司看成股东财产延伸"④ 等主流观念来看，名词的区分使用也不可能是为了否定股东至上主义。（2）将债权人的权益保护写入立法目的，也并非为实现利益相关者理论（尤其是债权人主义）所提出的债权人参与公司治理的设想。从 2018《公司法》的规定来看，其对债权人的保护手段与其他国家或者地区的公司法并无不同，都是主要通过防止"资本减损"来保障债权人享有的"优先受偿权"；至于董事对债权人的信义义务问题，则完全为 2018《公司法》所忽略。⑤ 另外，尽管 2018《公司法》第 44、第 51、第 67 和第 117 等条使"职工"代表进入董事会

---

① 参见罗培新《我国公司社会责任的司法裁判困境及若干解决思路》，《法学》2007 年第 12 期。
② 刘新民：《建立股东中心主义治理模式——新〈公司法〉（2005）的创新与完善》，《学习论坛》2007 年第 8 期。
③ 刘康复：《〈公司法〉立法目的之反思与理论重构》，《西南政法大学学报》2009 年第 2 期。
④ 邓峰：《董事会制度的起源、演进与中国的学习》，《中国社会科学》2011 年第 1 期。
⑤ 参见徐晓松、徐东《我国〈公司法〉中信义义务的制度缺陷》，《天津师范大学学报（社会科学版）》2015 年第 1 期。

或者监事会成为可能或者必需；但是，由于"适用范围""职工代表产生
无法体现正当性要求""决议过程欠正当""职工参与内容单一化"等缺
陷的存在，[①] 职工对公司控制权的分享仍是十分虚幻的。

此外，从 2018《公司法》的内容来看，无论是能"决定公司命运的生
杀大权"，如"章程修改、合并、营业转让、解散等"，还是能左右经营导
向的"董事任免权"、派生诉讼权等，都由且"仅"由股东享有。若此，
由于在中国公司法的语境之下，公司内部既不存在与股东具有相同位阶的
利益群体，也并未出现股东对公司最终控制权旁落的现象，中国公司法当
属"股东至上主义"的家族成员无疑。

二 中国公司法：一种激进的股东至上主义

如前所述，对股东至上主义的贯彻实现，存在两种不同的具体实施方
案，即董事会中心主义（温和）与股东会中心主义（激进）；两者的区分
标准则在于：（1）哪一个机构享有经营管理公司的实质决策权；（2）立法
者没有明确列举的剩余权力由谁行使？依此二项标准，则 2018《公司法》
究竟应属何种类型的股东至上主义？

2018《公司法》第 46 条规定，"董事会对股东会负责，行使下列职
权：……（三）决定公司的经营计划和投资方案……（七）制订公司合
并、分立、解散或者变更公司形式的方案……（十）制定公司的基本管理
制度；（十一）公司章程规定的其他职权"。仅从第 46 条的规定来看，尽
管由于未采行授权资本制（Authorized Capital System），董事会对资本发行
并无裁量权；[②] 但是从董事会对公司经营计划和投资方案的"决定权"、董
事会决议对公司进行合并、分立等重大事项的"前置性"、[③] "'公司基本
管理制度'的广泛性"[④]、对公司经理所享有的任免权（第 49 条）等来
看，董事会所得决策的事项具有相当的"重大性"。另外，参与立法的学

①　参见彭真明、方妙《公司社会责任：利益相关者参与规制的视角》，载陈小君主编《私法
　　研究》第 8 卷，法律出版社，2010，第 292～294 页。
②　值得注意的是，即便是在采行授权资本制的法域（如特拉华州），董事会对资本发行所享
　　有的裁量权也首先源于股东的授权。
③　参见施天涛《公司法论》第 3 版，法律出版社，2014，第 528 页。
④　许可：《股东会与董事会分权制度研究》，《中国法学》2017 年第 2 期。

者一般认为，该条第 1 至第 10 项规定的是董事会的"法定职权"、章程不能加以限制（否则无效）。① 由此，则董事会的决策权还具有了"固有性"（Inherent）。有学者更进一步指出：尽管第 46 条第 11 项将剩余职权的归属交由"公司章程"决定（股东自治），但"兜底条款只是注意性规定……法律和章程规定为股东会职权以外的事项均为董事会的职权"②。若此，2018《公司法》似乎是一种建基于"董事会中心主义"的股东至上主义。然而，上述关于第 46 条的解读，至少面临如下质疑。（1）虽然董事会有权决定公司的"经营计划"和"投资方案"，但是依第 37 条第 1 项之规定，股东会又有权决定公司的"经营方针"和"投资计划"。抛开两者之间的关系不谈，这一规定证明，经营管理公司的权力并未被董事会垄断、股东会分享了部分（实质）决策权。③（2）尽管学者认为第 46 条列举的职权具有"固有性"，但是（并不统一的）司法实践仍然允许股东会进行"僭越"；④许多行政规章也在任意地改动股东（大）会与董事会之间权力界限，并且越来越多地将公司的战略权力分配给股东（大）会。⑤（3）将"公司章程规定的其他职权"界定为"注意性规定"，从而得出剩余权归属董事会的解释，违背条文的显见文义且过于勉强。依此，则 2018《公司法》绝非董事会中心主义的立法例，而应属更为激进的"分权控制"⑥，甚或"股东会中心主义"型的立法例。究竟何种解读更为合理、妥当？

我们首先可以从 2018《公司法》对不同公司机关的"定性"着手。2018《公司法》第 36 条、第 98 条规定，"有限责任公司（股份有限公司）股东（大）会由全体股东组成。股东（大）会是公司的权力机构，依照本法行使职权"。而其第 46 条规定，"董事会对股东会负责，行使下列职权"。从不同法条就不同公司机关所使用的描述语词（权力机构 v. 对股东

---

① 参见赵旭东主编《新公司法条文解释》，人民法院出版社，2005，第 96 页；参见江平、李国光主编《新公司法理解与适用》，人民法院出版社，2006，第 29 页。
② 徐浩：《股东会、董事会职权的兜底条款质疑》，《北方法学》2010 年第 6 期。
③ 参见高圣平《公司担保相关法律问题研究》，《中国法学》2013 年第 2 期。
④ 例如，"杨国清诉马百祥等要求确认董事会决议无效案"，北京市第二中级人民法院（2007）二中民终字第 2687 号民事判决书。
⑤ 参见邓峰《董事会制度的起源、演进与中国的学习》，《中国社会科学》2011 年第 1 期。
⑥ 参见甘培忠《我国新公司法对股东民主和公司自治推进政策的评价》，载赵旭东主编《国际视野下公司法改革》，中国政法大学出版社，2007，第 354～355 页。

会负责）来看，似有股东（大）会层级高于董事会，前者可逾越后者直接行使全部公司权力之感。这种感觉不仅颇为符合法条文义的语感，也和一般民众对公司关系的直觉契合。然而，这种感觉却和我国其他法律制度对上述语词的使用方法相矛盾。例如，《中华人民共和国宪法》第 57 规定，"中华人民共和国全国人民代表大会是最高国家权力机关"；而其第 128 条规定，"最高人民法院对全国人民代表大会和全国人民代表大会常务委员会负责"。虽然宪法同样使用了"权力机关"与"负责"这样的语词，然而显而易见的是，全国人民代表大会不能直接越过最高人民法院行使其享有的审判权。由此可见，仅仅依凭 2018《公司法》对不同公司机关的定性语词，尚不足以确定其在股东至上主义谱系中的定位。

第二项可供推导的资源是 2018《公司法》第 46 条第 2 项有关董事会"执行股东会的决议"的规定。仅就这一项而言，股东（大）会似可直接逾越董事会，行使公司全部权力。然而，这一看似文义清晰的规定却衍生出如下疑问。第一，"执行股东会的决议"属于 2018《公司法》除兜底条款外列举的董事会十大职权之一；这种将其与其他职权并行罗列的做法存在两种解读方式，即"股东（大）会可就全部董事会职权做出决议并要求执行"、"股东（大）会仅可就 2018《公司法》第 37 条所确定的职权做出决议要求执行"。第二，若股东（大）会可直接行使公司全部权力，则股东（大）会可否直接修改章程剥夺董事会全部职权？若可，则 2018《公司法》何故要求即便是"股东人数较少或者规模较小的有限责任公司"也必须设享有董事会职权的至少一名执行董事？若股东（大）会可以直接越俎代庖，为何 2018《公司法》第 61 条允许一人有限公司不设"股东会"而非"董事会"？若股东（大）会不可修改章程剥夺董事会全部职权，则为何法律要无谓地限制股东（大）会攫取权力的手段［股东（大）会可以通过做出决议实现与修改章程相同的效果］？第三，若董事会不执行股东（大）会的决议又会产生何种法律效果？这是否属于违反 2018《公司法》第 148 条规定的忠实义务的行为？第四，2018《公司法》第 16 条规定，"公司向其他企业投资或者为他人提供担保，依照公司章程的规定，由董事会或者股东会、股东大会决议"。若公司章程规定该等事项概由董事会决议，则股东（大）会可否在不修改章程的情况下直接做出对外投资或担保的决定？由此可见，所谓的"执行股东会决议"这一职权存在较大的模糊及可解释空间，也难以为 2018《公司法》在股东至上主义中的谱系地位提供清晰的线索。

另一项可以澄清疑惑的工具便是立法背景与立法资料。除对公司资本制度进行了大幅修改之外，2018《公司法》在其他部分基本继承了 2005 年修订通过的《公司法》（以下简称"2005《公司法》"）的内容。而相较于更早版本的公司法（1999 年修订通过的《公司法》），2005《公司法》在股东（大）会、董事会权力方面最为显著的变化便是在其第 38 条、第 47 条分别增加了"公司章程规定的其他职权"。至于 1999 年修订通过的《公司法》则与 1993 年制定通过的《公司法》在两机关的职权构造方面没有区别。纵观过去五次针对公司法的修订，有两项被学界一致认可的立法思路值得我们关注。第一，以政治制度为模型，构造公司内部关系的立法思路。针对我国《公司法》中诸如"董事会对股东会负责"、"董事会执行股东会决议"等表述，罗培新教授便指出，这种将股东会与董事会的关系，类比于"全国人大及其常委会"的模式，在相当意义上受到了当时公司立法遵循行政管理的立法模式的影响。① 这种模仿政治制度或者说行政管理模式的公司立法方式，历经 20 余年，仍被视作基本框架得以保留。② 虽然随着对公司法律制度研究的不断深入，这种对政治制度或行政管理模式的模仿的正当性已经受到了众多学者的质疑；然而这样的模仿却是公司法历史发展上的一个常见现象，包括董事会制度的起源、董事会法定权力的多寡、单双层委员会制度的采用、共决制的提出等都与公司法对政治制度的模仿、顺应有着千丝万缕的关系。③ 如果这种立法思路仍可用以解读模糊的 2018《公司法》文本，那么股东会似可直接越过董事会，行使公司全部权力。第二，去管制、提升股东自治能力的立法思路。众所周知，受传统计划经济模式的影响，1993《公司法》与 1999《公司法》具有较为浓厚的"管制性"色彩，公司对其自己事务进行自治的能力受到十分严重的约束。例如，1993《公司法》与 1999《公司法》都对股东（大）会、董事会的职权进行了法定的"封闭式"列举，从而取消了股东（大）会回

---

① 参见罗培新《股东会与董事会权力构造论——以合同为进路的分析》，《政治与法律》2016 年第 2 期。

② 参见徐浩《股东会、董事会职权的兜底条款质疑》，《北方法学》2010 年第 6 期。

③ 参见邓峰《董事会制度的起源、演进与中国的学习》，《中国社会科学》2011 年第 1 期。

收或者下放重要权力的可能。随着市场经济的不断推进，2005《公司法》进行了被学界公认的"去管制"型的修法活动。这其中与本节内容关系最大的就是其在第 38 条、第 47 条增加的"公司章程规定的其他职权"。这一规定显著地增加了公司自治的能力，或者更准确地说是增加了股东自治的能力。其原因在于，按照 2005《公司法》的规定，对公司章程的修改属于股东（大）会的职权；因此，将某一职权交给股东（大）会或是董事会，就被纳入了股东自治的范畴。但这一规定本身却在实践中引发了两个疑问：其一，股东会可否将全部职权通过章程赋予董事会；其二，股东会可否通过章程剥夺董事会全部职权。如果认为股东的自治能力是不受限制的，那么答案就是肯定的；如果认为股东的自治能力存在某些界限，那么答案就是否定的。对这一疑惑的解答可以分为两个方面：首先，股东自治的能力显然存在界限；其次，从 2018《公司法》、《证券法》、《上市公司治理准则》、《上市公司章程指引》等法规的内容来看，似乎这种自治能力的界限主要体现在股东（大）会对董事会的授权上，而没有或不曾体现在对股东（大）会索取权力的能力上。例如，"许多行政规章会较为任意地改动股东和董事之间的分权界限，比如证监会的《上市公司章程指引》，将许多战略管理的权力给了股东会"①。若从这一视角加以理解，则似乎股东（大）会可以近乎全部地攫取公司权力。

最后值得思考的是公司法理论的学理通说。描述股东会与董事会关系的学理通说，有时会直接体现在法典/单行法的内容之中。如《日本商法》第 254 条第 1 款第 3 项之规定，"公司与董事之间的关系，依照关于委任的规定"；我国台湾地区"公司法"第 192 条第 3 款规定，"公司与董事之间的关系，除本法另有规定外，依民法关于委任之规定"②。2018《公司法》并无此种学理通说的直接反映型法条；然而从学术讨论的主流意见来看，其似乎也采用的是所谓的"委任说"。例如，我国商法泰斗王保树教授便指出，"用信托制度来解释公司与董事之间的关系，人们在习惯和心理上均很难接受。相反，运用委任关系来说明公司与董事之间的关系，比较符

---

① 邓峰：《董事会制度的起源、演进与中国的学习》，《中国社会科学》2011 年第 1 期。
② 参见罗培新《股东会与董事会权力构造论——以合同为进路的分析》，《政治与法律》2016 年第 2 期。

合中国人的习惯与传统"①。事实上，如果再考虑到我国早期公司法理论、立法实践深受我国台湾地区和日本已有经验影响的事实，委任说跨越法域成为我国的学理通说也就没有什么值得奇怪的了。根据委任的法理，股东（大）会与董事会之间的关系便至少呈现如下特征：第一，受托人的权力来源于委托人的授予（紧急情况下的事务处置权、转委托权除外）；第二，委托人的权力范围不因授权受托人而受到限缩，即委托人赋予受托人做某事的代理权时，委托人仍可自行与第三人就该事达成交易；第三，委托人可随时撤回对受托人的授权，除非存在保护善意第三人的必要；第四，受托人须遵循委托人之指示；第五，受托人所做决定与委托人相矛盾时，以委托人意志为准。正是在委任说的影响之下，基于"股东民主"和"股东主权"的主流观念，主流公司法学者都认同在法律以及章程皆无明文规定的情境下，将包括担保权在内的公司职权分配给股东（大）会（而非董事会）。② 由此可见，若委任说果真为我国学理通说，则似乎股东（大）会不仅在地位上高于董事会，且2018《公司法》等规范性文件对董事会职权的"法定"列举，并不影响股东（大）会对其加以"攫取"或者逾越。

综上所述，虽然仅从文义、体系两项解释方法而言，我们尚难推导得出2018《公司法》中股东（大）会的权力界限；然而，结合立法背景、立法资料与学理通说，股东（大）会似享有大部分甚至全部公司权力，若其愿意，董事会可沦为"消极公司机关"。正因如此，主流学者普遍倾向于认为："股东中心主义仍将在相当时间内影响我国公司法的改革进度"③。对于此项观点，可能存在如下反对意见：在有限责任公司的语境下，往往是董事会而非股东会行使着公司权力；在股份有限公司尤其是上市公司的语境下，董事会在与股东会的职权争斗上亦有获胜案例，例如，2010年发生的国美公司控制权争夺事件。④ 然而这些反对意见可被轻松回应。第一，有限责任公司中"控制权"与"所有权"的分离程度较轻，其往往表现出股东会、董事会两个机关、一套人马的特色；表面上由董事会行使的职

---

① 王保树：《股份有限公司机关构造中的董事和董事会》，载梁慧星主编《民商法论丛》第1卷，法律出版社，1994，第120页。

② 参见高圣平《公司担保相关法律问题研究》，《中国法学》2013年第2期。

③ 施天涛：《公司资本制度改革：解读与辨析》，《清华法学》2014年第5期。

④ 参见《追问：董事会大还是股东会大》，网易网，http：//money.163.com/10/0922/10/6H6AAQID00253DC8_6.html，最后访问时间：2016年11月15日。

权，由于股东往往兼任董事，与股东会直接行使并无多大差别。第二，股份有限公司尤其是上市公司之所以发生上述反常现象，主要还是由于股东持股较为分散而产生的集体行动、搭便车等问题导致。第三，股东（大）会没有行使某些职权或者在某些职权争夺中退居幕后的情况，不能与其根本没有能力获取或行使职权相对等，否则就会犯规范、事实不分的错误。

值得注意的是，近来我国公司法学界已经涌现出不少反思"委任说"或者2018《公司法》中"执行股东会决议"规定的文献，其中也提出了若干动摇"股东（大）会得行使全部公司职权"的理由。且本书也在前述针对2018《公司法》相关条文进行文义、体系解释的部分，对股东（大）会得行使全部公司职权提出了不少疑问。由此可见，2018《公司法》本就存在不小的解释空间，虽然存在某种程度的学理通说，却也难谓说服力十足。然而，无论如何，2018《公司法》中的股东至上主义很难被定性为董事会中心主义；若依理论与实务界遵循委任说进行解释，则2018《公司法》甚至可被定性为"强度"股东至上主义。

但是，2018《公司法》体现的（较为激进的）股东至上主义是否具有充分的正当性基础？

事实上，股东至上主义甚至是最为激进的股东至上主义，确实非常符合一般民众的情感或者说直觉。从正面来看，股东向公司输入了资本，使得公司得以成立，作为对价，其理所当然地获得了对公司的控制权。这种论证方式的背后是"股东所有权"思想，即股东是公司事实上的所有者，其自然享有且可以行使公司全部权力。从反面来看，股东以其投资对公司承担（有限）责任，按照责任与利益对等的法理，股东也应当享有对公司的控制权。这种论证方式又可以借助"剩余索取者"理论（下文将会详述）获得进一步的说服力。而汉斯曼教授提出的"股东同质性"理论，更是为将营利性公司的控制权分配于股东提供了坚实的规范基础。然而，上述论证方式虽然看似言之凿凿，但若仔细研读、分析，其正当性基础其实相当脆弱，甚至可谓漏洞百出。

第三节　对股东至上主义基本理论 支撑的质疑

一　股东并非公司（唯一）的所有权人

股东是公司的所有权人，是委任说得以成立的基础假设。根据 2018 《公司法》第 3 条的规定，"公司是企业法人，有独立的法人财产，享有法人财产权"。从严格法律意义的角度来说，股东一旦向公司输入资本，其便失去了对该资本原先享有的所有权；其原本享有的所有权便转化为对公司享有的股权。然而，从法学理论描述股东地位、股东权利正当性的视角来看，将股东视为公司的所有权人是一种常见的做法。至于股东何以成为公司的所有权人，其背后的推理逻辑其实相当直截了当：股东输入资本以使公司成立的行为，与农业生产者种瓜得瓜的过程并无不同；若付出资本使公司成立之人不是公司的所有权人，则何人可被称为公司的所有权人？也许有人会说，为什么一定要为公司确定一个所有权人？公司作为企业法人，难道不能如同自然人一般不是任何权利的客体，而以一种自我拥有的理性体而存在？王涌教授认为，所有权不仅是指向所有权人可能享有的若干权利之集合，更是一种权利推理的规则，可用于决定剩余权的归属问题。① 这种所谓的"权利推理的规则"在运作上其实极为简单，当某些权利的归属无法通过法律的规定或者当事人的约定确定时，其当然地由所有权人享有。若将其运用至公司法的语境之中则意味着，当某一职权既未被 2018《公司法》分配于股东（大）会或者董事会，而公司章程也保持沉默

---

① 参见王涌《所有权概念分析》，《中外法学》2000 年第 5 期。

时，该项职权应由股东（大）会享有。由此可见，所有权概念的引入，不仅使得法律推理的过程清晰可辨，而且"权利推理的规则"的存在可以预防法律规定挂一漏万、合同不能完全等不效率情形。当然，还有人会这样说，所谓权利推理的规则完全可以不借助于所有权的概念，而直接由法律加以确定。但问题的关键在于，法律本身亦需要其正当性，若不说明某一群体享有"权利推理的规则"的利益的原因，则法律将沦为"武断"、"任意"的产物。由此似乎可以得出这样的结论：将股东界定为公司的所有权人，不仅正确，还颇为必要。然而事实果真如此吗？

对"股东是公司所有权人"这种论证方式的批评其实早已有之。斯托特（Stout）教授甚至将其称为"股东至上主义者所使用的最差的论据"①。一般而言，这些反对意见往往从下述两大方面着手。第一，股权与传统意义上的所有权存在根本性差异。反对者认为，传统意义上的所有权是一种对权利客体进行全面支配并具备对世效力的权利；然而反观股权，其不过是对公司得有所请求的权利，主要体现为对公司享有的一些控制权或者财产收益权，而不能直接对公司、公司财产行使支配权。② 第二，股东与传统意义上的所有者存在根本性差异。反对者指出，特定公司（尤其是上市公司）的股东是一个极富流动性与变动性的群体，他们中的大多数往往进行的只是短期投资；更为重要的是，他们往往没有甚至不欲行使与所有权有关的控制权。③ 这些论证直接继承了伯利（Berle）和米恩斯教授在《现代公司与私有财产权》一书中的经典阐述，随着控制权与所有权的不断分离，股东已经实质上"放弃了对积极财产（Active Property）进行控制的权力及其随之而来的责任……而这也使得社会不必给予股东与严格的财产权教义所要求的相同保护"④。这些批评虽然具有深厚的法学、社会学基础，却未能切中肯綮。正如上文所言，"股东是公司的所有权人"作为委任说

① See Lynn A. Stout, "Bad and Not - So - Bad Arguments for Shareholder Primacy", *Southern California Law Review* 75（2002）：1190.

② 关于股权的本质、股权与所有权的区别等问题，参见楼秋然《股权本质研究——范式的提出与运用》，硕士学位论文，中国政法大学，2015。

③ See Jill E. Fisch, "Measuring Efficiency in Corporate Law：The Role of Shareholder Primacy", *Journal of Corporation Law* 31（2006）：649.

④ See Adolf A. Berle Jr., Gardiner C. Means, *The Modern Corporation and Private Property*（New York：Macmillan, 1932），pp. 355 - 356.

的基础假设，并不是在严格的实证法意义上加以使用的；它所欲的只是借助这种"隐喻"（Metaphor）来完成对股东至上主义、股东对公司享有最终控制权的正当性证立而已。因此，仅仅从股权与所有权的法律属性区分、股东与传统所有者的不同进行反驳，显然是不够的。更何况这种反驳本身也并非无懈可击。首先，即便是在"弱度"股东至上主义的法域中，股东作为集体也可以通过任免董事会成员的方式，间接实现对公司的支配。其次，即便是在股权高度分散的公司中，股东只是没有或者不欲行使控制权，而非不能行使控制权；近年来机构投资者积极投身公司治理的事实已经证明了这一点。再次，即便是传统的所有权人也可以极其消极——完全闲置某物或者设置自由裁量权极大的信托——的方式存在，而这却完全不会减损法律对其权利的保障程度。由此可见，对股东是公司的所有权人的反驳尚需从他处着手。

事实上，股东是公司的所有权人作为一种基础假设，在两个层面上给予股东至上主义以正当性：第一，股东向公司输入资本，以使公司成立，从而为股东至上主义奠定了伦理上的正当性；第二，股东享有所有权，为股东至上主义排斥其他利益群体的控制权提供了法律技术上的正当性。然而，这两个层面的正当性都没有乍看起来的那般牢靠。

首先，股东不过是向公司输入资本的群体之一，甚至有时其只是影响微不足道的群体。以"股东向公司输入资本，以使公司成立"来证成股东所有权只能在一种情境下实现：无论在公司存续的何种阶段，股东都是唯一或者主要的资本输入者。这种情境当然是存在的，例如，甲、乙二人共同出资设立某有限责任公司，自公司成立至公司解散，该有限公司从未雇用任何员工、使用任何外部融资渠道。即便上述情境稍有变化，如公司雇用了少量员工或者进行了数额不大的债券融资，股东仍可被视为唯一或者主要的资本输入者。然而，随着社会经济的发展、公司公共性的不断提升，这种情境越发成为例外而非常态。美国公司法权威人物米歇尔教授在一份实证研究中便指出，公司债权人而非公司股东，在公司存续的过程中做出了最重要的贡献。[①] 按照米歇尔教授的数据，不同金融资本对美国公

---

① 以下关于该文的内容，see generally Lawrence E. Mitchell, "The Legitimate Rights of Shareholders", *Washington & Lee Law Review* 37 （2009）。

司发展的影响，在不同的历史阶段大不相同。在 20 世纪 30 年代之前，美国公司主要依靠留存利润和少量的债券融资进行扩张，股权融资从未被视为一种重要的融资手段。在 30~70 年代，留存利润对公司发展的重要性开始逐步下降（从最高时的 98% 下降到 60% 以下）。而从 70 年代开始，留存利润的重要性开始急剧下降（在 2005 年已经只占全部融资的 10% 左右），取代其地位的不是股权融资，而是各种形式的债权融资方式。截至 2005 年，各种形式的债权资本在全部资本来源中的比重高达 80%。米歇尔教授指出，虽然 21 世纪以来，股权融资的比重呈现稳步提升的状态；然而这种提升主要发生在金融部门，非金融部门中的股权融资比重基本保持不变，甚至有时还出现负增长。米歇尔教授还指出，留存利润重要性的降低，主要应被归咎于公司管理层为提升股价而进行的大规模股息派发与股权回购行动；而留存利润的降低，使得股东已经从资本输入者蜕变成资本索取者。正是在这一实证研究的支撑下，米歇尔教授认为，债权人而非股东才是公司真正的所有权人。除去米歇尔教授的研究之外，艾克尔斯（Eccles）教授的实证研究也表明，包括管理层、员工、顾客等在内的非股东利益群体，对公司存续、经营成功的重要性可以占到超过 75% 的比重。[①] 尽管股东确实向公司输入了资本以使公司成立，然而，随着最低注册资本的不断降低、公司杠杆率的持续提升、非股东利益群体重要性的凸显，仅仅以股东投入了资本来论证股东对公司应享有所有权未必能够在伦理上占据上风。

其次，所有权作为一种权利推理的规则，并不能够排斥其他群体对公司享有控制权。虽然在大陆法系的物权法理论中，所有权是一种完全物权，体现着对权利客体最为充分的支配；然而，所有权的权能却是可被分割、转让与共享的。按照王泽鉴教授的观点，即便是"裸体所有权"也为法律所承认。[②] 随着所有权理论的进一步发展，尤其是权利集束思想被广泛接受之后，所有权不仅在权能上可多可少，还可以在时间维度上被加以

① See "Enhanced Business Reporting Consortium Releases Framework to Promote Greater Transparency in Corporate Reporting", The Free Library, Oct. 18, 2005, http: // www. thefreelibrary. com/Enhanced + Business + Reporting + Consortium + Releases + Framework + to + Promote. . . – a0137677132, last visit on Nov. 16th, 2016.

② 参见王泽鉴《民法物权》第 2 版，北京大学出版社，2010，第 110 页。

分割。例如，在分时所有权制度下，某人对某物在 T1 时段上享有的所有权，并不会否定另一人对该物在 T2 时段可以享有的所有权。若此，则何以股东对公司享有的所有权会当然排斥其他利益群体可能享有的控制权？英美财产法学者在谈及财产权"定分止争"的功能时提到，将某一权利界定为所有权并不能先验地得出其是否享有特定的权利；① 相反地，财产权的范围并不当然地由所有权利益（Ownership Interest）推导而出，而是为支撑权利的政治、经济因素所决定。② 由此可见，即便股东确实在某种程度上属于公司的所有权人，然而，随着政治、经济因素的变化（例如上文提及的债券融资比重、下文将会详述的股东短视主义危害），这种所有权的范围也会发生限缩，以至于其他利益群体不仅可以而且应当分享对公司的控制权。

最后，有关财产权的现代理解，正在为利益相关者参与公司治理，而非股东至上主义，提供越来越多的正当性支撑。③ 不断进化的（Evolving）财产权理论认为，除非财产权（Property）可以被视为一个简单的（Simple）、能够自我证立（Self - Evident）的道德概念，否则它的正当性就必须建基在更为根本的、有关"分配正义"（Distributive Justice）的理念之上。然而，截至目前，通说始终否认存在普遍适用的（Universally Applicable）单一理论能够解释分配正义的全部面向。正因如此，一种包容更多基础原则（Fundamental Principle）的、参与财产权证立的"多元化"（Pluralistic）路径得到了更多的接受。而这一路径大大加强了利益相关者参与公司治理的正当性：长期雇员对公司的财产权通过"劳动"（Effort）证成（自由主义，Libertarianism）、社区的财产权借助"需求"（Need）证成（功利主义，Utilitarianism）、顾客的财产权通过"市场要约"（Market Offer）证成（社会契约，Social Contract）。由此可见，利益相关者参与公司治理，而非股东至上主义，才更为符合理解财产权概念的现代化路径。

综上所述，股东是公司的所有权人作为一种基础假设，不仅在伦理上

---

① See Joan Williams, "The Rhetoric of Property", *Iowa Law Review* 83 (1998): 297.

② See Jill E. Fisch, "Measuring Efficiency in Corporate Law: The Role of Shareholder Primacy", *Journal of Corporation Law* 31 (2006): 650.

③ 以下内容，see generally Thomas Donaldson, Lee E. Preston, "The Stakeholder Theory of the Corporation: Concepts, Evidence, and Implications", *The Academy of Management Review* 20 (1995): 82 - 85。

未必具有正当性（债权人而非股东是公司主要仰仗的利益群体），而且在法律技术上也缺乏说服力。股东至上主义必须另行寻觅理论支撑。

二　跨学科移植委托代理理论的不妥当性

当"股东是公司的所有权人"这一观念不再具有吸引力后，委任说似乎还可以寻求"委托代理"以及继之而起的"代理成本"理论寻求帮助。事实上，虽然委任说被认为主要是一些大陆法系国家或者地区采纳的学理，英美法系则被普遍认为是根据信托法理来构造公司的内部关系；但是，委托代理却是跨越法系与法域的学说、范式。与委任说纯粹的法学血统不同，委托代理理论是经济学的产物。1976 年，詹森（Jensen）和麦克林（Meckling）教授合作发表了此后被公司法学界奉为经典的经济学论文《企业理论：管理者行为、代理成本和所有权结构》。[①] 在该文中，两位教授认为，若某人（本人）授权他人（代理人）代表其行使某项权力，且其福利之多寡、增减仰赖该他人行使权力的行为时，在其与该他人之间便成立一种"代理"关系。然而，由于人类天然的自利倾向作祟，代理人并不总是遵循最大化"本人"利益的方式行使权力；因此，本人或者需要付出时间、精力对代理人进行监管，或者坐视代理人侵蚀其利益。而本人付出的时间、精力或者被侵蚀的利益，就构成了委托代理关系中的"代理成本"。公司（企业）制度的最大任务就是减少乃至消弭这种代理成本。这一理论一经提出，就引起了公司法学界的普遍共鸣；在随后的岁月中，成了与科斯（Coase）教授的交易成本理论、伯利和米恩斯教授的所有权与控制权分离相比肩的基本研究范式。在这一理论的众多追随者中，最著名的莫过于伊斯特布鲁克（Easterbrook）法官和费希尔（Fischel）教授二人。二人以委托代理和代理成本理论为依托，发表了一系列关于检验和提升公司法律制度效率的论文，开创了公司法经济学派。这一经济学上的概念之所以能够得到公司法学界的迅速认可，大致存在如下理由。第一，由于"股东是公司的所有权人"的观念极其深入人心，将股东（大）会与董事

---

① 以下关于该文的内容，see generally Michael C. Jensen, William H. Meckling, "Theory of the Firm: Managerial Behavior, Agency Costs and Ownership Structure", *Journal of Financial Economics* 3 （1976）。

会的关系比拟为"委托代理关系"也就自然地具有一种直觉上的亲和力。第二，传统的法学研究往往纠结于伦理上的诸多难题，不仅在学术讨论上，而且在课堂教授上，都缺乏有力的分析工具。而委托代理关系、代理成本理论的出现，正好提供了简单、可操作性强的范式。第三，詹森和麦克林教授提出委托代理关系的年代（20 世纪 70 年代末 80 年代初）正是法经济学运动风靡一时的历史时期，借着这股法经济学研究的热潮，委托代理、代理成本理论顺利地得到了法学界的高度重视与借鉴。第四，这种委托代理、代理成本理论其实已经在伯利和米恩斯教授的观点中有所展示，与一个已被广泛接受的范式具有强烈的家族相似性，也当然地降低了其被公司法学界认同的难度。然而，这种将经济学概念直接移植至法学研究的做法，至少存在如下缺陷。

首先，经济学所使用的"委托代理"概念，与法学所使用的委托代理概念大不相同。如本书前文所述，法学中的委托代理关系至少具有如下特征：第一，受托人的权力来源于委托人的授予（紧急情况下的事务处置权、转委托权除外）；第二，委托人的权力范围不因授权受托人而受到限缩，即委托人赋予受托人做某事的代理权时，委托人仍可自行与第三人就该事达成交易；第三，委托人可随时撤回对受托人的授权，除非存在保护善意第三人的必要；第四，受托人须遵循委托人之指示；第五，受托人所做决定与委托人相矛盾时，以委托人意志为准。然而，经济学上的"委托代理"概念却只需要存在两项要素：第一，委托人授权；第二，委托人之福利系于代理人行使权力之行为。当然，在较为极端的股东至上主义或者部分较为柔和的股东至上主义的法域中，法学中的委托代理概念可能会产生等同于经济学上的对应语词的效果。然而，至少在弱度股东至上主义的法域，两者是不能被等同起来的。[1] 事实上，詹森和麦克林教授本身仅仅是在经济学的语境下使用"委托代理"这一概念，而从未曾考虑过这一概念在法学语境中的运用问题。[2] 这种适用范围上的局限性，在一定程度上削弱了其作为一种范式应有的力量。

其次，作为公司法经典范式的委托代理理论，其实是股东至上主义贯

---

[1]　See eBay Domestic Hldgs. , Inc. v. Newmark , 16 A. 3d 1 , 26 （Del. Ch. 2010）.

[2]　See Alison Grey Anderson , "*Conflicts of Interest : Efficiency , Fairness and Corporate Structure*" , *UCLA Law Review* 25 （1978）: 758notes , 43 – 44.

彻实施的结果，而非股东至上主义得以成立的原因。委托代理理论要求公司管理者（代理人）最大化地实现股东（委托人）的利益。这实质上暗含了一个重要的理论假设：公司管理者的权力来自于，且"仅"来自于股东。虽然，无论是民法上的代理人还是公司法上的管理者都可能享有一些或多或少的法定职权。然而，若非委托人最初的授权行为，这些法定职权也不会产生；而且，这些法定职权本身的正当性、行使边界也必须依托于委托人的利益实现。然而，这一理论假设本身却必须回答一个问题，即为什么公司管理者的权力来自于，且"仅"来自于股东。这是一个权源正当性的问题。而这一问题又可以转化为"为什么'只'有股东可以授权"。这一问题又可以衍生出"非股东利益群体为什么不可授权"、"非股东利益为什么不可以享有公司所有权或控制权"等一系列问题。而这一系列问题都是"委托代理"这个概念本身不能回答的。事实上，被从经济学照搬适用至公司法研究中的"委托代理"概念及其"代理成本"范式，是先验地承认了股东所有权、股东至上主义了的。因此，"委托代理"理论不过是贯彻股东至上主义、股东所有权的结果，而非它们得以证立的原因。以"股东是委托人、管理者是受托人"，"受托人必须最大化地实现委托人的利益"这样的话语来支持股东至上主义，犯的是倒果为因的错误。

最后，如果以经济学上的"委托代理"概念来重新审视公司运作的实质，我们似乎可以发现更多的委托代理关系。如前文所述，经济学上的委托代理只要满足"授权"、"委托人之福利系于代理人行使权力之行为"这两个要素就可以成立。由此定义出发，不仅股东，债权人、雇员、顾客、供应商等非股东利益群体也可以与公司管理者成立委托代理关系。其原因在于：非股东利益群体也授权公司管理者使用其投入公司的资本（财力或人力），其福利之多寡、增减也系于公司管理者行使权力之行为。而如果从最严格的法学意义上来使用"委托代理"关系，则似乎应当是由公司而非股东来担任所谓的委托人（这一点还涉及股东至上主义更深层的其他问题，留待后文详述）。由此可见，无论是在严格意义上的经济学还是法学语境中来使用"委托代理"这一概念，都不应该推导出公司管理者应当最大化地实现股东利益这一结论。

综上所述，直接以经济学上的委托代理理论类比，甚至为公司法中的委任说提供正当性的尝试，实不足取。其实，本章的第二节与第三节具有极强的关联性，它们共同完成了对以股东所有权为基础的委任说的反驳。接下来，本章还将就其他支撑股东至上主义的理论进行一一回应。

三　股东并非唯一的剩余索取者

股东并非唯一或主要向公司输入资本的利益群体的事实，似乎仍不足以彻底摧毁股东至上主义的理论基础。股东对公司享有的最终控制权，其实可以从两个视角加以证立：从正面来看，股东向公司输入了资本，作为对价，其获取了对公司的控制权；从反面来看，股东以其资本对公司债务承担（有限）责任，根据责任与利益的对等法理，其理应享有控制权。因此，仅仅从正面否定股东所有权尚且不够。按照剩余索取权理论，即便股东仅向公司输入了微量的资本，但由于其承担着公司经营失败的最终风险，由其享有公司的最终控制权不仅正当，而且极富效率性。事实上，相较于"股东是公司的所有权人"，剩余索取权是公司法领域运用得更为广泛，也确实更具说服力的理论。剩余索取权理论的内容可以简述如下。股东确实向公司输入了资本（或现金或实物），但其并非唯一的资本输入者，债权人、雇员、公司高管、顾客、社区等利益群体也输入了不同形式的资本。然而，不同的资本输入者具有不同的风险偏好，有些群体可被归类为风险偏好型，有些群体则可被界定为风险厌恶型。经过私法自治，不同的风险偏好最终体现为不同的利益分配/清算受偿方法、顺序。风险厌恶型的输入者，如债权人，虽然其收益相对固定（本金与利息），但其受偿顺位较高，投资安全性强；风险偏好型的输入者，如股东，其收益固然没有上限，但只能在债权人获得完全清偿后方能获得利益分配。从促进效率的角度出发，公司的最终控制权应当分配于公司财产的剩余索取者，即股东。其原因在于：由于收益固定，债权人会更倾向于风险系数较低（收益也相对较低）的公司经营计划；而与债权人不同，为了获得更多的利益，股东则会促使公司采取风险更高，但能创造更多财富的投资策略。这种旨在"将蛋糕做大"的控制权分配理论，颇为符合奉效率为圭臬的公司法的口味。然而，剩余索取权理论并非无懈可击，相反却至少可从下述三大方面加以反思、检讨。

首先是期权理论对股东与债权人关系的重新解读。虽然剩余索取权理论在公司法领域享誉颇高，其近来却受到了"期权理论"（Option Theory）的有力冲击。① 与视股东为公司财产所有者的传统经济学理论不同，期权理论重塑了股东与债权人之间的关系。期权理论认为，股东并非公司财产的所有者，相反，股东是从债权人处购得公司财产的。股东购得公司财产的对价，是向债权人提供的"于到期日，返还公司财产，并加算利息"的债权。从这一视角出发，股东对公司享有的不再是"所有权"，而是一项"看涨期权"（Call Option）。当公司经营顺利、财产增加时，债权人仅享有固定的收益；而当公司经营失败，财产消耗殆尽时，债权人不仅失去了股东原本许诺的债权，还失去了其原本所有的公司财产。在这种"看涨期权"视角下，债权人而非股东最终承担了公司的最终风险。有反对意见可能认为，债权人变身剩余索取者不过是假设转换（公司所有者由股东变为债权人）的"幻象"，是一种粗鄙的障眼法。然而，期权理论提供的"看跌期权"（Put Option）视角可以很好地回应这种反对。在"看跌期权"视角下，股东仍被视为公司财产的所有者；只不过其向债权人发行债券的行为，被重塑为从债权人处购买"看跌期权"的举动。股东享有的"看跌期权"（债权人享有的债权的对价）给了股东这样一项权利，即在债务到期日，将公司财产按照事先约定的价格（债券面值与利息）转让给债权人。而股东显然只会在公司财产低于约定价格时，行使该项期权。由此可见，是债权人而非股东承担着公司经营的最终风险；债权人而非股东才是公司的剩余索取者。值得注意的是，期权理论仅仅只是最新金融学理论的一项内容，或者说还只是最新金融学理论的简单运用。说它是一种简单运用的原因在于，无论在哪一种视角之下，股东与债权人都是截然区分的；而事实上，在复杂金融创新的背景下，两者很可能是相互混同的。在相互混同出现时，认为股东是唯一的剩余索取者不仅不符合事实，也有碍于效率的实现。这种"相互混同"将在接下去的内容中得以呈现。

其次是剩余索取权的流动性与"濒临破产"（Vicinity Of Insolvency）规则的不足。即便认为股东是公司的剩余索取者，剩余索取权的"流动性"特征却是经济学、公司法学界的一个共识。对于这种"流动性"的承

---

① 以下关于期权理论的介绍，若无特别引注，see generally Frank Partnoy, "Financial Innovation and Corporate Law", *Journal of Corporation Law* 31（2006）。

认体现在公司法中的"濒临破产"规则与破产法中的债权人会议投票权之中。结合我国实证法来看，2018《公司法》虽无濒临破产规则的直接规定，却也通过第 166 条第 2 款"应当先用当年利润弥补亏损"等规定承认了债权人在"公司亏损"时的剩余索取者地位；《中华人民共和国破产法》第 61 条赋予债权人会议的诸多职权，实际上是在公司破产的语境下，承认了债权人对公司的控制权。事实上，在众多针对债权人的公司法与破产法保护中，濒临破产规则是对债权人利益保障力度最大的一种。濒临破产规则最早是由特拉华州衡平法院，在著名的"*Credit Lyonnais Bank Nederltmd N. V. v. Pathe Communications Corp.*"案中予以确立的。[①] 根据该规则，当公司已经或者可能濒临破产时，董事会不再对股东，而应对债权人承担信义义务。然而这一规则其实根本不足以保护债权人（以及其他利益群体）的利益。早已有经济学理论指出，任何公司在任意时刻其实都处于濒临破产的境地；无论财务看似如何健康的公司，只要进行一项足够冒险的投资都可能瞬间支付不能或者资不抵债。[②] 2008 年的金融危机、21 世纪初期的公司治理丑闻都为这种经济学理论提供了最好的注脚。随着公司杠杆率的不断提升、金融与非金融部门相互依存程度的增加、金融市场尤其是衍生品市场的交易架构的日益复杂，一项交易失败的风险、资金链一环的崩塌、一个交易相对方的流动性不足，都足以将资产雄厚的公司瞬间拖入破产的危局。由此可见，传统公司法、破产法仅仅在公司已经或者非常可能破产的情况下，承认债权人的剩余索取者属性，是无法平衡债权人与股东利益的。

最后是资本资产定价模型（CAPM）与风险回避能力。前述两项针对股东的剩余索取者地位的反对，与其所欲反驳的观点具有一项显著的共同点，即均将股东与债权人视作相互对立的利益群体。然而，根据资本资产定价模型，股东与债权人事实上是相互混同的。[③] 根据资本资产定价模型，

---

① See Credit Lyonnais Bank Nederltmd N. V. v. Pathe Communications Corp. , 1991 WL 277613, 17 Del. J. Corp. L. 1099（Del. Ch. Dee. 30，1991）.

② 对这种经济学理论的详细论述，see Thomas A. Smith，"The Efficient Norm for Corporate Law: a Neotraditional Interpretation of Fiduciary Duty"，*Michigan Law Review* 99（1999）：223 - 224。

③ 以下内容，若无特别引注，see generally Thomas A. Smith，"Institutions and Entrepreneurs in American Corporate Finance"，*California Law Review* 85（1997）。

任何理性（以最小风险实现最大化利益）的投资者都会进行分散投资，而且这种分散投资不是简单地持有数种股票或者其他证券；相反，这些理性的投资者会按照不同证券（包括股票、债券）在整体金融市场中的比重，配置自己的投资组合。换而言之，理性的投资者的投资组合不只是包含几种股票或者债券那样简单，而是一个微缩版的金融市场。在这种语境下，股东不仅仅是股票持有者，也是债券持有者、基金份额持有者、各种金融衍生品的持有者。可能有反对意见指出，这种资本资产定价模型不过是一种理想化的设想，与投资事实存在巨大偏离。然而，早已有实证研究指出，这种程度的分散投资在金融市场中是相当常见的。① 即便不考虑这一混同问题，资本资产定价模型，以及在公司法学界被普遍接受的"分散投资"理论，也在提醒人们这样一个事实：股东可以而且也已经通过相当广泛的分散投资，大幅度地减少了他们所面对的投资风险。然而，如下文将会详述的，包括公司高管、员工、顾客甚至社区等利益群体根本无法分散其资本输入的风险。因此，从股东分散投资的事实、规避投资风险的能力不对等性来看，将股东视为公司经营风险的最终承担者是存在严重的论证缺陷的。

综上所述，将股东视为公司唯一剩余索取者的论调可以从三个维度加以驳斥：第一，若重塑股东与债权人之间的关系，债权人而非股东才是公司的剩余索取者；第二，剩余索取权本身具有极强的流动性，并不先验地为股东所享有，在公司存续的任何节点，债权人也承担着极大的剩余风险；第三，在资本资产定价模型之下，股东具有更强的风险规避能力，将其视作最终的风险承担者并不恰当。

四　股东并非具有高度同质性的利益群体

股东是具有高度同质性的利益群体，是股东至上主义者仰仗的另一个重要论据。这一论据的经典阐释来自汉斯曼教授的著作《企业所有权

---

① See Burton G. Malkiel, *A Random Walk Down Wall Street* (New York: W. W. Norton & Co, 1996), pp. 251 – 276.

论》。① 在该书中，汉斯曼教授试图解决这样一个问题：营利性企业（如公司）的所有权为什么应当被分配给股东，而非债权人、员工或者顾客等利益群体。虽然这一问题看上去极其宏大，汉斯曼教授给出的答案却非常简单：相较于其他利益群体，股东群体具有高度的同质性；这种同质性，可以提升群体所追逐的目标的一致性、决策的连贯性，最终实现企业（公司）经营活动的高效率。诚如汉斯曼教授在书中所言，债权人、员工或者顾客等利益群体确实具有极强的异质性。虽然债权人对公司享有的都是以还本付息为内容的请求权，然而不同债权人的债权在具体内容上却是五花八门的。这些具体内容上的差异体现为利率、到期时间、有无担保权、清偿顺位等。由于内容不同，债权人之间的风险偏好也就非常不同；因此，公司决策便难以调和不同债权人的个性化需求。至于员工则也是如此，尽管所有的员工都期望工资上涨、层级提升，然而不同的员工因为年龄、再就业可能性的高低、家庭需求等诸多差异，对于公司应当承担何种程度的投资风险存在巨大分歧。例如，年富力强而又单身的员工，可能更倾向于激进但能大幅提升薪金的公司经营战略；而临近退休或是年过中年拖家带口的员工，可能更在意的是公司投资的稳健性。而按照汉斯曼教授的观点，与其他利益群体不同，股东是一个高度同质性的群体，是一个追逐利润且偏好风险的群体。因此，从企业内部效率的角度出发，企业的所有权应当分配于股东。与此同时，汉斯曼教授还提到，现实生活中也确实存在一些所有权归属于非股东利益群体的企业，如合作社；但是这些企业或者规模较小，或者具有极强的行业、地域性，或者根本就不以营利性为其目标，因此只能算作一些例外。汉斯曼教授的论述对理解不同企业的所有权安排具有极强的启示意义，然而其基础假设，"股东是同质性极强的利益群体"是否能够经受检验？答案恐怕是否定的。

与股东群体的同质性不同，其异质性反倒是一个再明显不过的事实。与债权投资可被分为短期、中期和长期三类相同，股东群体也可以被划分为短期投资者（投机股东）与长期投资者（投资股东）。投机股东营利的主要手段是赚取买卖股权的差价，而投资股东则主要依靠获取公司派发的

---

① 该书中译本为〔美〕亨利·汉斯曼《企业所有权论》，于静译，中国政法大学出版社，2004。

股利。这种投资视野（Horizon）上的不同，会在公司的重大决策中产生巨大的分歧。例如，在公司收到收购要约时，只要要约价格高于公司股票的市场价格，投机股东便会接受要约；而只有在要约价格高于公司的真实价值时，投资股东才会接受要约。一旦要约价格高于市场价格却低于公司的真实价值，两种不同类型的股东便不能达成共识。另外，即便特定公司的所有股东在初始阶段分享共同的投资偏好（在小型的封闭公司中确实可能），然而随着不同股东个人或家庭需求的变化，其对公司未来经营的方向会产生与原本不同的观念，异质性也就随之产生。如果我们进一步对股东群体进行细分，股东群体的异质性会更加明显地展露出来。

安纳布塔维（Anabtawi）教授便按照不同的标准，将股东群体划分为如下种类：（1）短期股东与长期股东；（2）分散投资股东与未进行分散投资的股东；（3）内部股东与外部股东；（4）公共养老基金、退休基金股东与其他经济股东；（5）对冲股东与不进行对冲操作的股东。[①] 股东群体表面上看似目标划一、勠力齐心，实质上其内部却是矛盾重重。这种矛盾主要源于不同形式的利益冲突：进行分散投资的股东（如机构投资者）由于承担的主要是系统性风险，相较于未进行分散投资的股东（如公司创始家族）更倾向于风险较高、收益较大的经营计划；往往担任董事或者高管职务的内部股东，相较于仅仅进行财务投资的外部股东，更愿意采取稳健的公司发展战略；公共养老基金、退休基金由于同时肩负一些非经济性的政治使命，有时会要求公司承担较重的社会责任，而这在其他经济股东（如对冲基金）眼中是不效率的；在买入公司股权的同时进行对冲操作（如买入看跌期权）的股东，对于公司股价的可能下跌便具有与未进行对冲操作的股东完全不同的看法，这会导致两者在公司业绩下滑时是否罢免董事会成员的问题上产生巨大的分歧。当公司的股东群体仅仅包含两种不同的股东类型时，股东的异质性还并不那么明显。然而，随着公司公共性的不断提升，公司内部的股东类型会越来越多。在许多大型的上市公司中，可能同时存在着上述全部的股东类型。此时，股东的异质性而非其同质性，才能被视作股东群体的重要特质！

──────────

① See Iman Anabtawi, "Some Skepticism About Increasing Shareholder Power", *UCLA Law Review* 53（2006）：577-593.

　　事实上，股东群体的异质性并非晚近的意外发现，它一直以来都为经济学文献所承认。例如，经济学历来强调行为心理学和认知心理学对股票价格、股票价格行为以及公司参与者的异质性等方面的影响。[①] 行为、认知心理学共同指出，由于不同的股东拥有不同的储存、处理和解释信息的能力，他们不可能拥有完全相同的偏好，因此股东群体对于市场及其发展趋势也就具有不尽相同的认知与偏见。另外，不同的动机性推理（Motivated Reasoning）、程度各异的自信心，以及在信息不对称的情况下被噪声信息干扰的不同可能性，都会造成股东群体内部在行为和判断上的诸多不同。

　　值得注意的是，随着整体社会与金融市场的联系更为紧密，即便是"风险偏好"这一被广为承认、利用的股东特质，也已经开始变得不再理所当然。为了追赶通货膨胀的步伐、获取更大的现在/未来收益，越来越多的政府以及企业开始将养老金、退休金、医疗保险金等关乎员工、一般民众的资产投入金融市场，以购买股票等投资工具。而作为这些投资工具的最终受益人的政府职员、企业员工是"被动"地进入金融市场的。对于这些最终受益人而言，被投入金融市场的上述资产是其未来的生活保障，因此，其对这些资产的使用应当是"风险厌恶"的。由此可见，随着"被动股东"群体的不断加入、壮大，股东群体原本分享的"风险偏好"特征也将被逐渐削弱。

　　当然，反对意见还可能指出，无论如何，股东追求利润最大化的同质性仍然存在；这种同质性仍然使得股东可以有效率地制订公司决策，以正当化其所有权。然而，这种反对意见具有显而易见的漏洞。第一，公司股东未必都或仅仅追求公司利润最大化的目标。公司社会责任运动的广泛兴起、历史上许多因控股股东不追求利润最大化而引发争议的著名案例（譬如下文将会详述的"*Dodge v. Ford*"案）都是这一论断的有力注脚。第二，现代公司，尤其是上市公司的股东往往都进行了不同程度的分散投资。与追求特定公司利润最大化的假设不同，这些进行了分散投资的股东所追求的不过是投资组合的利益最大化。而如果股东进行的是资本资产定价模型

[①]　以下与股东异质性相关联的行为、认知心理学内容，see Arman Khachaturyan, "Trapped in Delusions: Democracy, Fairness and the One-Share-One-Vote Rule in The European Union", *European Business Organization Law Review* 8 (2007): 350.

式的分散投资，其甚至都不会将注意力放在公司利润的最大化之上。相反地，他们追求的是整体金融市场的利益最大化（这并不等同于公司利润，甚至可能与后者相冲突）。如此一来，即便是追求利润最大化，都无法将公司内部的全部股东紧密地结合在一起了。

至此，本部分完成了对股东同质性的有力质疑。若股东群体内部存在诸多利益冲突、股东的异质性来源于人类心理和认知能力上不可避免的差异、股东对利润最大化的追求及对风险的偏好都已经/正在被不断消解，则股东具有高度同质性的论断何以能够成立？若股东与债权人、员工以及顾客等其他利益群体一样，是异质性极强的群体，那么以股东群体高度的同质性来论证股东所有权，也就自然不再具有解释力。

五　股东至上主义对效率概念存在的误读

除去上文已经提及的诸多理论支撑，对股东至上主义最重要也是其最吸引人的论证便在于，"股东至上主义是有效率的公司法制度安排"这一论调。这一论调的逻辑展开清晰而有力：一般来说，当公司最大化其利润时，其社会价值也得到了最大化；公司的收入是其为社会增加的福利，而公司的成本则体现为其从社会中索取的利益；最终，企业的利润（收入减去成本之差）就可被理解为其向社会提供的正效用；因此，社会成员也希望公司最大化其价值（等同于利润），从而为社会提供更多的可分配财富。① 在这一逻辑展开的感召下，公司利润最大化成了效率的代名词，形成了公司法中若干重要的评判标准，例如，"公司法和商法应当致力于提升社会的整体福利（即利润），而平等分配的问题则能够由税收和福利项目更好地完成"②；"在公司法与商法领域内的学术争议，更多地不是集中于法院是否应当追求效率（即利润），而是法院应如何促进这个目标"③。这种将利润最大化视为有效率的公司法制度安排的论调，当然地受到了企

---

① See Kevin Haeberle, "Stock – Market Law and the Accuracy of Public Companies'Stock Prices", *Columbia Business Law Review* 2015（2015）：133 – 134.

② 参见〔美〕乔迪·S. 克劳斯、史蒂文·D. 沃特编《公司法和商法的法理基础》（影印本），中国政法大学出版社，2003，第 88 页。

③ 参见〔美〕乔迪·S. 克劳斯、史蒂文·D. 沃特编《公司法和商法的法理基础》，北京大学出版社，2005，第 113 页。

业社会责任支持者的抨击。他们认为，这种论调是极其"自私自利"的，是不符合公司作为社会公民应尽的道德责任的。然而这种抨击是如此的脆弱甚至不堪一击。诺贝尔经济学奖得主弗里德曼（Friedman）教授曾指出，公司实现其利润最大化的目标便是其所尽的最大的道德责任。而政治经济学的开山鼻祖亚当·斯密（Adam Smith）在《国富论》中的经典阐释，"在市场这只无形之手的引导下，自私自利的行为会最终提升社会的整体福利"，无疑给强调利润第一的股东至上主义者提供了道德上的有力支持。而伯利和米恩斯教授在《现代公司与私有财产权》中对股东至上主义（股东享有最终控制权）的强调，也成了"利润最大化"论调的护身符。由此可见，深厚的自由市场、资本主义价值观背景，是利润最大化被视为有效率的公司法制度安排的一个重要原因。然而，事实果真如此吗？

自 18 世纪下半叶以来，信奉自由市场经济的学者、政策制定者都会援引亚当·斯密在《国富论》中关于"无形之手"、"自私自利最终提升社会的整体福利"这样的话语，以增强自由放任或者资本家对利润追逐的道德正当性。然而，亚当·斯密在《国富论》中的表述至少在两个维度上受到限制。第一，亚当·斯密写作《国富论》的时代，是"重商主义"盛行的时代。在重商主义之下，国家对市场施加了诸多的约束或者限制，以获取贸易顺差，实现资本的原始积累。而亚当·斯密认为，重商主义不过是有利于少数既得利益群体（如商人）的政策，是"小商人的卑鄙策略，居然成为一个大国的政治原则"。在这种时代背景下，亚当·斯密更多关心的是自由放任与重商主义的理念之争，而较少地将讨论的重心放在市场的缺陷之上。然而，在自由市场已然成为资源配置的基本方式的今天，市场的缺陷以及政府干预的必要性，反而得到越来越多的关注与承认（20 世纪30 年代发生大萧条之后，国家干预已经成为自由市场国家的常态）。第二，尽管亚当·斯密在《国富论》中为"自私自利"的人性进行了道德上的辩护，然而其亦在另一本名著《道德情操论》中强调了对自私进行约束的必要性。亚当·斯密认为，虽然自私自利是人的天性，然而同情心也是人类的天性之一。后者的存在，也是人类社会得以发展、延续的重要保障；而过度强调自私自利有可能会对整体社会造成危害。因此，亚当·斯密提出，应当通过道德的作用对自私的人性进行约束；在道德约束乏力时，国家或者法律应当积极介入其中。由此可见，被利润至上主义者广为引证的亚当·斯密，也并非全然认同自私的作用；相反，他所支持的不过是一种有节制的、有同情心的"自私"。

另外，伯利和米恩斯教授的《现代公司与私有财产权》一书，也不能仅仅做有利于利润至上者的解释。《现代公司与私有财产权》一书虽然由伯利和米恩斯二位教授合著，但是该书中的主要观点或者主要法律观点皆来源于伯利教授。根据美国学界对该书内容及伯利教授本人学术思想的进一步挖掘来看，该书对股东至上主义、利润至上的强调，很可能不过是一种对现实的妥协。① 伯利21岁时从哈佛大学法学院毕业，在路易斯·布兰戴斯（Louis Brandeis）的律所工作一年后，便参军入伍。旋即，其被派往欧洲帮助进行一战后的俄罗斯经济复苏工作。这次在欧洲的从军经历，以及美国20世纪初期接连发生的暴力性劳资冲突，让伯利意识到政治或经济权力集中于少数人之手可能给社会带来的巨大危害。1921年（先于《现代公司与私有财产权》的出版），伯利发表了一篇名为"劳工如何获得公司控制权"的短文。在该文中，其解释了公司如何能够被重塑为向劳工分配权利、财富的工具；另外，其还提出了股东与劳工分享控制权的可能法律构造，以此来实现政治、经济领域的真正民主化。② 随后，伯利和米恩斯一起完成了《现代公司与私有财产权》的写作。虽然在该书中，伯利始终强调的是如何保持董事对股东的忠实；然而其也始终强调公司的准公共性质（Quasi‑Public）以及随之而来的公共性责任。最值得注意的是，从写作该书之前的学术思想、该书的其他内容、该书完成后与多德进行的公司社会责任论战来看，伯利对股东至上主义或者利润至上的承认只是一种妥协。而造成这种妥协的原因则在于：伯利认为构建一个权力分享型的公司，就必须建立一个独立的、拥有极大裁量空间的董事会；而这种将经济社会制度的成败寄托于个别人的美德的做法，被伯利认为是不实际的。退而求其次，伯利选择由其认为更有动机也更有能力的股东对公司管理层进行监督，以防止权力被少数人滥用。若这种解读算得上令人满意，那么所谓的股东至上主义及伴随而来的利润至上理念，不过是伯利所设想的政

---

① 以下内容，若无特别引注，see generally Fenner Stewart, Jr., "Berle's Conception of Shareholder Primacy: A Forgotten Perspective for Reconsideration During the Rise of Finance", *Seattle Uiversity Law Review* 34 (2011).

② See Adolf A. Berle, Jr., "How Labor Could Control", *New Republic* 28 (1921).

治、经济民主化进程的一项"权宜之计",而非终点。

　　除去对经典文献可能存在的误读之外,股东至上主义与利润至上理念的"效率"论证还存在如下的显见错漏:第一,本部分开篇处提及的效率逻辑,即"公司利润增加=社会福利增加",在链条上还有一个隐而不现的环节,即"股东利益增加=公司利润增加"。然而事实上,股东利益的增加不仅仅对应公司利益增加这一种可能性。在公司利益不变甚至降低的情况下,股东仍可以通过对非利益群体实施机会主义行为的方式获取利益(下文将会详述)。第二,利润至上主义者所抱持的"公司实现其利润的最大化就是对社会所尽的最大的道德责任"这一观念本身就值得拷问。不仅著名政治经济学家卡尔·波兰尼(Karl Polanyi)的《巨变:当代政治与经济的起源》一书对这一观念提出了驳斥(下文将会详述),而且2008年金融危机本身就是对这一观念的最好反例。第三,本节第三部分提到的资本资产定价模型已经指出,由于投资极其分散、投资组合几乎复制了整体金融市场,股东(同时也扮演债权人、基金份额持有人等角色)的效率检验标准并不是特定公司的利润最大化,而是整体金融市场的利益最大化。由此可见,利润至上主义理论本身其实也未必是被金融市场承认的"效率"的代名词。

　　综上所述,虽然股东至上主义、利润至上理念在逻辑上似能自圆其说,在道德上亦可通过《国富论》、《现代公司与私有财产权》等经典文献加以维护;然而,从对经典文献及其作者思想的进一步挖掘、股东与利润至上逻辑漏洞的展开来看,所谓"'股东至上主义'或'最大化地实现公司利润'是有效率的公司法律制度安排"这一论断,极有可能只是一种谬误!

第四节　小结

　　股东至上主义，指的是一种以最大化地实现股东利益为首要或唯一目的的规范性选撑。根据这种规范性选择，公司管理者的权力不仅来源于股东，也必须为了股东而行使；除非法律或章程另有规定，否则管理者将任何其他群体利益置于股东利益之上的行为，都被认为有违信义义务（特别是忠实义务）。立法者、政策制定者和学者对股东至上主义的接受，几乎是出自本能、条件反射式的。正如斯托特教授所言，"股东至上主义已然成为一种教条：一种其绝大多数支持者既无从回忆自何时将其掌握，又无法为其理论上的优越性提供任何解释，却又为人们广泛接受的信仰体系"①。事实上，作为一种信仰体系，股东至上主义是有不少强而有力的理论支撑的。这些理论支撑之间甚至还形成了一个相互支持的证立链条："股东向公司输入资本使公司成立"作为一种基础主张，为"股东是公司的所有权人"提供伦理上的支撑；而股东的所有权人地位，为"委托代理关系"提供法技术上的概念移植正当性；而"委托代理关系"衍生的"代理成本"问题，又为研究如何保障股东对公司的控制权提供范式；剩余索取权理论、股东同质性主张、股东利益与社会整体福利的正相关逻辑，又反过来为股东对公司享有最终控制权，提供经济学、伦理学等方面的正当性支撑。这些理论支撑，具有一种初显的说服力和合直觉性。然而，如若对这些理论支撑进行更为深入的研究，股东至上主义的证立缺陷便会显露出来。米歇尔教授对股东投资重要性的实证研究，以及"所有权作为一种

---

　　① See Lynn Stout, *The Shareholder Value Myth: How Putting Shareholders First Harms Investors, Corporations, and the Public* (Oakland: Berrett – Koehler Publishers, Inc., 2012), p. 21.

权利推理的规则不能先验地解决控制权归属"的财产法理论，都直接动摇了股东作为公司唯一所有权人的地位。这种所有权人地位的动摇，结合作为经济学概念的委托代理关系移植进入法学可能产生的种种不适应，又击碎了公司法学直接移植这种经济学概念、分析方法的正当性。而期权理论、资本资产定价模型等金融学最新理论，以及剩余索取权本身具有的流动性，使得股东难以通过其剩余索取者的身份正当化其最终控制权。至于股东的高度同质性，则又因为股东群体内部存在的多种利益冲突，行为和认知心理学对股东异质性的学理、实证分析，被动股东群体的出现等而显得难以令人信服。最后，通过对经典文献及其作者学术思想的进一步梳理，股东至上主义本身分享的伦理价值观也变得并非不可置疑。

值得注意的是，本章就"股东至上主义"进行的分析、归类并不仅仅起到一种展示股东至上主义基本内涵、基本运行方式的作用；其中在分析2018《公司法》若干法条应做何种解释时提出的许多问题（如在对2018《公司法》第46条的"执行股东会决议"的含义进行分析时提出的四大疑惑）本身也在拷问股东至上主义、股东享有最终控制权的正当性。第一章对于后文四章的意义也就在于两点：提供讨论的背景与进行思考上的预热。

至此，本章已经完成了对股东至上主义的初步介绍与质疑。接下去，本书将借助第二、第三、第四章对股东至上主义进行更为彻底的批驳。

第二章 CHAPTER 2

向股东至上主义宣战：从要约收购的语境出发

股东会中心主义并非唯一可供选择的（股东至上主义的）"具体实施方式"。与此相反，无论是在公司法的发展历史中（第四章将会详述），还是在既存的实证法中，都存在另外一种规范性选择，即董事会中心主义。例如，特拉华州普通公司法（制定法）第 141 条第（a）款就规定，"除非本法或公司章程大纲另有规定，公司的全部业务和事务都应由董事会管理或在其指导下加以管理"。除去直接将董事会塑造成"权力核心"（Locus Of Control）之外，特拉华州普通法（判例法）还通过"商业判断规则"（Business Judgement Rule）来进一步屏蔽股东对董事会行使其职权的干扰。根据商业判断规则，除非存在利益冲突，董事会做出的公司决策会被推定为是在尽到注意义务的基础上，为了公司的最佳利益而做出的。当然，人们会习以为常地认为，特拉华州公司法（制定法与判例法）中的这种董事会中心主义，事实上可被归类于本书第一章所提及的"弱度"或是"十分柔和"的股东至上主义：股东虽仅享有极其有限的公司权力，但公司管理者最终实现的仍然不过是股东利益的最大化。然而，特拉华州公司法在要收购领域的特殊规定，却将其与这种理解阻隔开来。1985 年，特拉华州最高法院在"*Unocal v. Mesa*"案中规定，[①] 只要董事会有合理的理由相信收购要约会对公司产生威胁，其便能采取与该威胁相适应的手段挫败之，而无论该威胁来自第三方还是公司股东；而董事会在衡量威胁的存在时可以将非股东利益群体（包括但不限于债权人、顾客、员工甚至公司所在的社区）的利益考虑在内。这种赋予反收购措施合法性，进而可能威胁股东利益之至上性的规定，自然地引起了股东至上主义者的反对。他们认为，合

---

① See Unocal Corp v Mesa Petroleum，Inc，493 A2d 946（Del 1985）.

法化反收购措施，事实上赋予了董事会"自我维持"（Self – Perpetual）的能力，并将其视作特拉华州公司法为董事会所"俘获"的有力例证。[1] 更进一步，股东至上主义者提出，董事会自我维持的能力是不合效率的：公司控制权市场（主要形式为敌意收购）是制约董事会滥权的最为有力的约束机制；一旦董事会可以单方面挫败敌意收购，就等于抽走了悬在董事会头顶的达摩克利斯之剑。考虑到在要约收购语境中董事所面临的极强的利益冲突、股东利益受到影响的急迫性，股东至上主义者认为应将接受或者拒绝收购要约的权力交还给股东（大）会。然而事实果真如此吗？

---

[1]　See Jonathan R. Macey, Geoffery P. Miller, "Toward an Interest – Group Theory of Delaware Corporate Law", *Texas Law Review* 65 (1987): 474.

第一节　不符合决策效率的股东决定权

一　有关决策效率的一般性理论

将"接受或者拒绝要约收购的权力交还给股东（大）会"所面临的第一项质疑，便在于股东（大）会能否有效率地行使这项决策权。如本书第一章第一节所言，股东至上主义可以按照股东介入公司事务的能力差异划分为或激进或温和的不同类型。在极温和或相对温和型的股东至上主义的法域中，董事会享有相当广泛的法定职权，这些法定职权不能被股东以决议或者修改章程的方式加以剥夺。这种公司内部的权力划分，自然可以被归因为对既存政治制度的模仿。① 然而，为什么在较为"激进"的股东至上主义的法域中，股东也没有甚至于不欲行使大部分公司职权？这主要可以用两种"决策效率"理论来加以解释。

第一种决策效率理论由诺贝尔经济学奖得主阿罗教授提出，主要被用以解释董事会所享有的广泛职权。② 按照阿罗教授的观点，任何决策都可以由个体分别做出，或者经由集体商议；而由于个体收集、储存、处理信息的能力存在局限，集体商议的结果一般要优于个体决策。然而，集体商议本身还可以进一步细分为"一致商议"和"权威决策"两种模式。前者要求所有群体成员都参与商议，而后者则将决策权集中于由部分群体成员组成的中央机关。当群体成员人数不断增加之后，权威决策显然是一种更有效率的商议模式。其中的道理非常简单：由中央机关而非全部成员完成

---

① 参见邓峰《董事会制度的起源、演进与中国的学习》，《中国社会科学》2011 年第 1 期。

② 关于这一解释方案的内容，see generally Kenneth J. Arrow, *The Limits of Organization* (New York: W. W. Norton & Co. , 1974)。

决策，不仅可以保留集体商议相较于个体决策的优势，还可以显著地减少因信息传播、信息的个别处理与反馈所造成的成本增加、时间延宕。

第二种决策效率理论在公司法中则更为常见，主要被用以解释股东为什么往往只介入（或者如不少公司法学者主张的那样也"只应该"介入）重大的公司决策事项。按照通常的观念，股东向公司输入了资本，其个人财富与公司经营成功与否可谓休戚相关；基于此项利益关联，股东应当会尽其所能地参与公司治理、监督管理者行为。然而，这一通常的观念却仅能在"一人公司"或者存在"控股股东"的语境下得以实现。其原因在于，股东参与公司治理、行使其投票权并非全无成本；若欲做出一项高质量的投票决策，股东必须付出不菲的信息收集、处理成本。这一不菲的决策成本自然由愿意参与公司治理的股东自行负担，而这一成本可能带来的公司收益却必须按照持股比例在全体股东之间分配。一旦（个体的）成本大于（按比例分配的）收益，股东便不再愿意参与公司治理，而是更多地寄希望于搭其他积极股东的"便车"。值得注意的是，这种成本与收益之间的不对称性，会随着公司股东人数的不断增加而扩大，从而反过来更加显著地降低股东行使投票权的意愿。另外，在股东人数较多、持股较为分散的公司中，股东认为其投票权的"含金量"也会大幅降低。在一人公司或者股东人数较少的封闭公司中，由于股东个人持有的投票权对公司决策具有重要影响，其更愿意参与公司治理；然而，在公开公司尤其是上市公司中，股东往往仅持有微量的投票权，其会认为其投票权的行使根本不会影响公司决策的结果。公司法学者将上述问题归纳为因"集体行动问题"、"搭便车心理"造成的股东对公司事务的"理性冷漠"。

基于上述两种决策效率理论，似乎"接受或者拒绝收购要约的权力"更应该被配置给董事会，而非股东会。

二 股东至上主义者的反驳：利益冲突、要约收购语境的特殊性

然而，股东至上主义者提出了下述反驳。

第一，由于极强的利益冲突的存在，董事会不应当享有针对收购要约的决定权。缺乏监督的权力会最终演变为"绝对权力"，这是人类历史发

展中的一项重要经验或者教训。在公司法中，由于董事会普遍享有较为宽泛的权力，对其权力行使的监督也就至关重要。在以集中持股（存在控股股东）为特征的大陆法系国家或者地区，对董事会的监督主要由股东（大）会加以完成，而可资利用的法律工具主要包括董事会成员任免权、派生诉讼权等。而在以分散持股为特征的英美法系国家或者地区，对董事会的监督则主要借由市场的力量加以实现。其原因在于：由于上文提及的集体行动问题、搭便车心理和理性冷漠，股东极少"用手投票"。而市场对董事会的约束则可以简述如下：董事会若不善尽其信义义务，假借公司财产以自肥，则必然导致资产利用效率低下；资产利用效率的低下，将提升产品或者服务的价格；产品或者服务价格的提升，会拉低公司的利润率；公司利润率的下滑，会带动公司股价的下跌；公司股价的下跌，会最终招致敌意收购；而敌意收购的发生，又往往产生董事会成员的更新换代。一言以蔽之，敌意收购是对董事会权力的主要制约力量。在这一语境下，董事会与敌意收购之间的利益冲突可谓一目了然。敌意收购的出现可被视为裁撤董事会成员的初步信号；而保住董事会成员的身份，对董事来说不仅事关自身声誉，更与大量的金钱利益相关。基于人类的自利倾向，即便董事会享有信息、专业知识等决策上的优势，也不应当将接受或者拒绝收购要约的权力交由其行使。事实上，这种利益冲突者不得行使权力的规定，不仅在公司法中有所体现，更在其他所有法律部门（如民法、信托法、诉讼法）中被视为当然之理。

第二，股东（大）会在要约收购的问题上不存在理性冷漠问题。尽管针对一般性的公司事务，股东确实可能因为集体行动、搭便车等问题产生理性冷漠。然而，随着公司事务重要性、股东自身利益与所需决策事项的关联性等的提升，股东会更为积极地参与事务决策。这种观点被诸如费希尔、大卫·科索（David Kershaw）等公司法著名学者所认可。在众多公司事务中，要约收购可能是股东最不可能产生理性冷漠的一种。其原因在于：首先，要约收购事关公司控制权转移问题，是公司的基础性结构事项；要约收购人的收购意图直接影响到公司未来的发展战略和投资决策。其次，接受或者拒绝要约收购与股东切身利益直接相关。如果说是否任免一位董事、是否修改一项章程的内容，其潜在影响需要等待若干年方能显现的话，接受或者拒绝要约却可以直接对股东的财富产生影响。一般来说，要约收购特别是敌意收购的价格，要显著高于该公司股票的市场价格。一旦股东选择接受收购要约，其就可以立即享受不低的资本利得。另外，由于要约收购价高于股票市值，股东完全可以不做任何思考而同意要约；从而也就不会发生因成本大于收益而不参与投票决策的情况。

若此，则"将接受或者拒绝收购要约的权力交还股东（大）会"似乎又显得正当且必要了。

三 否定股东决定权的正当性证立

然而，上述两大解释仍不足以回答如下质疑。

第一，董事会与要约收购（特别是敌意收购）之间的利益冲突并非不能另行解决。首先，董事会与要约收购之间的利益冲突，可以通过引入独立董事制度加以缓解。尽管目前的实证研究尚未在独立董事与公司业绩是否存在正相关的问题上达成共识，甚至部分实证研究发现了显著的负相关；然而专注于独立董事在解决利益冲突方面的效果的实证研究，却一致地得出了对独立董事制度有利的证据。[①] 随着对独立董事"独立性"认定的进一步收紧、董事会结构的更为科学的构建（本书第五章将会详述），独立董事在解决利益冲突方面的作用还会被持续放大。其次，董事会与敌意收购之间的利益冲突，还可以通过适当的薪酬结构安排加以缓解。P. 戴维斯（P. Davies）与霍普特（Hopt）两位教授在《公司法剖析：比较与功能的视角》一书中便提及，如果能够使得董事成员按照一定比例分享要约收购中的股权溢价，或者允许因敌意收购而被裁撤的董事获得其本来薪酬，就可以大幅度地中立化董事会在敌意收购中的地位。[②] 事实上，许多公司在章程中设置的所谓"金降落伞"条款（Golden Parachute）就是为了实现这种"中立化"的作用。最后，董事会与敌意收购之间的利益冲突，还可以借由法院的监督加以调和。例如，特拉华州公司法便主要通过司法途径来检验董事会否定收购要约的行为是否出自自利。虽然这种方法被一

[①] See Lynne L. Dallas, "Proposals for Reform of Corporate Boards of Directors: The Dual Board and Board and Board Ombudsperson", *Washington & Lee Law Review* 54 (1997): 112 – 113.

[②] 参见〔美〕莱纳·克拉克曼、亨利·汉斯曼等《公司法剖析：比较与功能的视角》第2版，罗培新译，法律出版社，2012，第253~255页。

些美国学者视为是管理层或者律师群体游说的产物，然而从维持高质量的公司法对特拉华州的重要性、[①] 特拉华州公司法所面临的各种市场竞争、[②] 股东等其他利益群体可能以及已经采取的反抗行动来看，[③] 特拉华州公司法的这种进路应该是"向上竞争"的结果。

第二，对董事会权力的否定，不能自动证立股东（大）会对收购要约享有的决定权。若某项公司职权不应当由董事会享有，是否就意味着其应当被分配于股东（大）会？从直觉上来说，对这一问题的回答自然是肯定的。然而这一直觉的背后，却是对股东至上主义、股东会与董事会权力二分模式的下意识认同。然而问题的关键在于，股东至上主义、股东而非其他利益群体对公司享有最终控制权是否是一个经得起考验的范式？仅就本书第一章第一至第三节的分析来看，我们很难给出一个肯定的回答。有人也许会说，与其他公司法问题不同，股东是否接受收购要约其实涉及的是"股东能否出售股权"的问题，而这涉及私有财产权的处分问题；股东是股权的持有人，享有对股权的处分权，自然应当有权决定是否出售股权。然而，这样的意见显然忽略了股权转让与一般所有权转让之间的根本性差异。与一般所有权转让不会产生外部性不同，股权转让会产生显著的外部性（有时是负外部性）。其原因在于："在公司这一诸多利益相关人组成的多元权利束中，一方行使权利将会给其他主体带来外部性，这使得股权的行使理路与所有权绝对的理路判然有别。"[④] 这种外部性既可以体现在股东内部，也可以辐射至组成公司的其他利益群体之上。例如，股权转让若造成控制权转移，新控制人可能改变公司经营政策，造成利润下滑导致股价下跌；也可能为提升利润率，大规模裁撤员工或者终止原有的与其他公司的合作关系。如果能够理解股权转让与一般所有权转让的这种根本性差异，则不难发现所谓接受或者拒绝要约的权利不过是股东处分权的一部分显然是难以成立的。

---

① 关于该实证研究的内容，see Mark J. Roe, "Delaware's Shrinking Half‑Life", *Stanford Law Review* 62 （2009）: 125 – 154。

② See Jill E. Fisch, "Leave It to Delaware: Why Congress Should Stay Out of Corporate Governance", *Delaware Journal of Corporate Law* 37 （2013）: 733.

③ 关于该真实事例的介绍，see Mark J. Roe, "Delaware's Shrinking Half‑Life", *Stanford Law Review* 62 （2009）: 145 – 146。

④ 罗培新：《抑制股权转让代理成本的法律构造》，《中国社会科学》2013 年第 7 期。

第三，股东（大）会在要约收购的语境下，面临着一些特别决策的效率难题。尽管由于要约收购的特殊性（属于公司重大结构性事务、与股东切身利益紧密关联、可无成本做出纯收益之决策），股东（大）会确实很可能克服因集体行动难题、搭便车心理导致的理性冷漠。然而，要约收购本身还会给股东决策制造新的难题。在要约收购发展史的早期，要约收购人往往会采用一种"双层要约收购"（Two - Tier Structure）的策略。试以"*Unocal v. Mesa*"案为例说明之：1985 年 4 月 8 日，拥有优尼科（Unocal）公司约 13% 股权的梅萨（Mesa）公司，向优尼科公司全体股东发出以每股 54 美元的现金对价，换取优尼科公司 37% 股权的收购要约；而在收购成功后，梅萨公司将改而使用一种估值为 54 美元（但真实价值远远低于 54 美元）的垃圾债券换取剩余全部股权，以完成对少数股东的挤出。在这种情境下，作为个体的股东拥有两种可能的选择：（1）主动向梅萨公司交出股份，换取高于市价的 54 美元/股的现金；（2）拒绝梅萨公司的要约，等待更高的出价。然而，第二种选择本身具有极高的风险，即如果其他股东主动交出了 50% 以上的股份，梅萨公司便获得了公司的控制权；未交出股份的股东便只能或者接受价值远不及现金的垃圾债券，或者忍受梅萨公司作为控制权人给公司带来的不确定性，而这些都是个体股东所不愿意的。此时，股东会做出如下决策：若多数股东会拒绝梅萨公司的要约，"我"交出的微量股份不会改变要约被拒绝的结果；若多数股东接受梅萨公司的要约，"我"的拒绝非但不会改变结果，还会给自己的利益带来损害；因此，"我"应当主动交出股份换取现金。正是在此时，股东再次遭遇了"集体行动难题"和"搭便车心理"。

当然，有人会指出，正是由于"双层要约收购"对股东决策所具有的这种巨大威胁，其本身的合法性已经为法院所否定。[①] 然而，需要注意的是，任何要约收购都存在"双层结构"，都可能产生上文所述的股东决策的不效率。例如，若梅萨公司并非以垃圾债券，而同样以 54 美元的现金完成对少数股东的挤出；少数股东仍会做出与"垃圾债券"情境相同的选择。其原因在于，由于时间成本的存在，未来的 54 美元在价值上要低于现在的 54 美元。虽然这其中的差距可能十分微小，然而实证研究表明，许多

---

① See Unocal Corp v Mesa Petroleum, Inc, 493 A2d 946, 956（Del 1985）.

重大的投资决策都是为"2% 甚至更小的收益差异"所决定的。[1] 针对这一问题，贝恰克（Bebchuk）教授提出了一项可能的解决方案。这一解决方案可被简述如下：[2] 在目标公司收到收购要约之后，股东（大）会应当首先就是否接受该要约做出决议；获大多数股东同意之后，该要约方能继续；但任何在股东（大）会中就收购要约投出否决票的股东，仍可以按照收购要约开出的条件向收购人交出股份；最后，任何未交出股份的股东，仍可以在未来收到不低于要约条件的收购对价。这一解决方案的成功之处是显而易见的，即避免了股东虽然不同意要约收购却不得不交出股份的尴尬处境；然而其缺陷也非常突出：股东（大）会先就是否接受收购要约做出决定的特别程序，会显著地拖慢要约收购实现的进程、增加要约收购人面临的不确定性和交易成本，从而会反过来降低其发出要约收购的可能性。事实上，股东至上主义者反对将针对要约收购的决定权分配给董事会，也正是基于后者享有的决定权可能延宕收购进程、增加收购人收购成本和不确定性而提出的。由此可见，虽然贝恰克教授提出的解决方案可以解决决策效率的问题，却反过来会造成与董事会中心主义被诟病的相同的缺陷。

行文至此，本节完成了这样一个任务，即证明了董事会与股东（大）会相比，未必是一个较差的权力归属者。然而，股东至上主义者还会提出如下反驳：如果股东（大）会与董事会之间难分伯仲，为什么就不能将权力分配给股东会？在接下去的内容中，本书将会给出答案。

---

[1]　See Lucian Arye Bubchuk，"The Case Against Board Veto in Corporate Takeovers"，*University of Chicago Law Review* 69（2002）：984.

[2]　Lucian Arye Bubchuk，"The Case Against Board Veto in Corporate Takeovers"，*University of Chicago Law Review* 69（2002）.

第二节 股东决定权的短视主义面向

一 不挫败规则、吉百利－卡夫合并交易案与短视主义

与美国各州公司法极其强调董事会对要约收购的积极干预不同，同属英美法系的英国却对董事会提出了保持"中立"、"不挫败"要约收购的要求。1968 年 3 月 27 日，两个英国证券市场的自律组织——城市工作党（City Working Party）和公开收购与合并工作组（The Panel Of Takeovers And Mergers）——共同制定推出了《有关公开收购和合并的城市法典》（*The City Code On Takeovers And Mergers*）（以下简称"《城市法典》"）。虽然《城市法典》至今仍保留着其自治规则的属性，其却已经实质上成为英国规整要约收购的最重要的规范性文件。《城市法典》最为人熟知的两项内容，其中之一便是著名的"不挫败"规则（The Non － Frustration Rule）。[1]《城市法典》中的不挫败规则主要由基本原则（三）和第 21 条第 1 款的规定组合而成。其内容可被简述如下：当一项要约收购已经发出，或者目标公司董事会已有理由相信一项诚信（Bona Fide）的收购要约可能出现时，除非获得股东会的同意，目标公司董事会不得实施可能挫败（潜在的）收购要约或者拒绝股东基于收购要约的实质内容决定是否接受要约的机会的任何行为。当然，不挫败规则并不意味着目标公司的董事会不能进行任何形式的"抵抗"；目标公司董事会仍可以向股东会建议拒绝收购要约、寻找白衣骑士（White Knight）或者向有权机关（如反垄断部门）举报要约收购可能造成损害社会公共利益的结果。然而，正如高尔

---

[1] 《城市法典》的另一项为人熟知的内容为"强制要约收购规则"。

（Gower）和 P. 戴维斯两位教授所言，在所有这些情形中，董事会抵御要约收购的能力已经不是建基于其"权力"，而是"说服力"。① 因此，在《城市法典》的不挫败规则的约束下，决定接受或者拒绝要约收购的权力被股东会牢牢地掌握着。《城市法典》的这种规定受到了欧洲大陆许多国家的追捧，甚至欧盟也采纳了这一做法。2004 年 4 月 21 日最新修改颁行的欧盟"关于要约收购的第 13 号指令"（以下简称"第 13 号指令"）第 9 条便规定，在要约收购期间，目标公司董事会应当保持中立，除非得到股东会在要约收购发出后的授权，董事会不得进行任何可能挫败该要约收购的行为。但董事会可以为公司寻求条件更为优厚的收购要约，或者进行在要约收购出现前已经开始的一般公司业务。不挫败规则之所以得到欧盟的采纳，主要是因为其可以很好地实现两项重要的公共政策：第一，不挫败规则可以显著地降低要约收购所面临的成本和不确定性，刺激一个活跃的公司控制权市场的产生，加大对董事会权力行使的监督力度，从而促进公司经营的效率，并最终带动欧洲经济的整体发展；第二，不挫败规则还可以大幅度地提升欧洲内部资本的流动性，而这也被视为是增强欧洲经济活力的必要前提。在当下欧洲一体化进程中，无论是学者还是欧洲法院系统，都已将第 13 号指令尤其是其第 9 条规定的不挫败规则，视为实现《欧洲联盟运作条约》（*The Treaty On The Functioning Of The European Union*）第 63 条有关建立一个无国界的欧洲内部市场之目标的重要保障。② 然而，21 世纪以来所发生的若干重大事件、一系列引人瞩目的理论与实证研究的涌现，都开始促使英国乃至欧洲的公司法学者重新审视不挫败规则本身所具有的正当性。

伦敦时间 2010 年 1 月 19 日，著名英国巧克力生产商"吉百利"（Cadbury）的董事会，正式同意向其股东会推荐接受由美国食品巨头"卡夫"（Kraft）发出的收购要约。根据这份收购要约，卡夫将共计向吉百利的股东支付 218 亿美元（相当于每股 13.77 美元）以收购吉百利的全部股

---

① See Davies, *Gower and Davies' Principles of Modern Company Law* (London: Sweet & Maxwell, 2008), p. 987.

② See Jonathan Mukwiri, "Free Movement of Capital and Takeovers: A Case Study of the tension Between Primary and Secondary EU Legislation", *European Law Review* 38 (2013): 829 - 830.

权；而吉百利则将终止其接近 200 年的独立运营历史。[①] 这场收购引发了英国社会的巨大反响。首先是卡夫的"出尔反尔"引发了民众的声讨和《城市法典》的修订。[②] 在要约收购的过程中，卡夫曾许诺保留吉百利原本设立在布里斯托（Bristol）附近的工厂；然而在收购完成后，卡夫便表露了关闭这家工厂的想法和计划。由于民怨沸腾，公开收购与合并工作组很快进行了对《城市法典》的修改，要求未来的收购者披露更多关于其收购意图（特别当该意图与工作裁撤相关时）的信息。随后是这笔交易可能对英国社会造成的负面影响（如产品品质下降、大规模员工裁撤、原有供应关系终止和工厂迁移导致的税收减少），引发了人们对将决定权交给股东的正当性的质疑。吉百利前任董事会主席罗杰·卡尔（Roger Carr）便认为是短视股东赚取快钱的欲望，导致了吉百利被收购的结局，他直言道，"灾难的种子早已埋藏在股东名册之中……若只有 28% 的股权掌握在进行长线投资的本国资本手中时，你就知道剩下的股东都想将公司出售"[③]。这一说法更是得到了关于吉百利股东构成的实证研究的支持。该实证研究指出，当吉百利董事会同意向股东会推荐卡夫的收购要约时，吉百利公司大约 30% 的股权为"合并套利者"（merger arbitrageurs）所持有；而在数周之前，这一数字仅为不到 5%。[④] 也许有人会说，30% 的股权为合并套利者所持有似乎还不能说明这场交易的主要推动者是"短视股东"。然而，近来的一系列实证研究已经表明，股权市场中的大多数投资者都是"短视主义者"。例如《泰晤士报》曾指出，伦敦证券交易所中投资者的平均持股时间，已经从 1965 年的 8 年下降到了 2010 年的 7 个月。[⑤] 正是在这一背景下，负责检视"吉百利－卡夫合并交易"的公开收购与合并工作组认为，在现在的环境下，要约收购的成功显得过于轻松；而这种轻松则来源于敌

---

① See "Cadbury Accepts $ 21.8 B Takeover by Kraft", http：//www.cnn.com/2010/Business/01/19/kraft.cadbury/, last visit on Nov. 20th, 2016.

② See "The Cadbury Deal：How It Changed Takeovers", http：//www.bbc.com/news/business-27258143, last visit on Nov. 20th, 2016.

③ See R. Carr, "Cadbury：Hostile Bids and Takeovers", *Oxford：Said Business School*, February 15, 2010.

④ See L. Saigol, T. Tassell, "Investor Landscape Stretches Imagination", *Financial Times*, June 22, 2005.

⑤ See I. King, "Buyout leaves a bad taste", *The Times*, September 1, 2010.

意收购者对目标公司、目标公司股东享有的一种策略优势。[①] 而所谓的策略优势即指，由于公司的大多数股东均为追求短期利益的股东，敌意收购者只要给出显著高于市价的要约收购价，股东便会迫不及待地交出自己的股份。许多英国公司法学者借此进一步指出，股东仅着眼于收购溢价的心态，使得他们根本就没有认真思考"公司价值是否高于要约价格"、"要约收购是否会对公司未来发展、其他利益群体的利益产生负面影响"等问题。事实上，股东对短期利益的高度关注，也违背了《城市法典》将决定权交给股东的初衷，即股东会应"根据要约收购的实质内容决定是否接受要约"。

二 2008 年金融危机与短视主义

2008 年爆发的全球金融危机，更加清晰地凸显了股东短视主义的可能危害。[②] 2008 年 9 月 15 日，随着雷曼兄弟公司宣布申请破产保护，一场波及全球经济的金融危机正式爆发。危机的导火索自然是因雷曼兄弟公司破产而导致的流动性突然紧缩。至于雷曼兄弟公司破产的原因则主要被解释为其大量投资的"次级抵押贷款"泡沫的破灭。然而，如果将金融危机的根本肇因归咎于"次级抵押贷款"或者过于复杂的金融创新，则就显得过于简单而草率了。如今，股东的短视主义造就了金融危机已经成了学术界大多数人的共识；资本市场中过多的"投机者"促使（金融或非金融）公司更多地采取高收益但也高风险的经营策略，最终极度放大了系统性风险。这种股东对短期利益的疯狂追逐可以体现在如下数据之中：在 2005 ~ 2009 年，挂牌在纽约证券交易所的股票（若无特别说明，以下所称"股票"均为"挂牌在纽约证券交易所的股票"）日交易量从 21 亿股飙升至 59 亿股（增长率为 181%）；[③] 股票的年均换手率也从 1940 ~ 1980 年期间

---

① See Takeover Panel, "Consultation Paper Issued by the Code Committee of the Panel: Review of Certain Aspects of the Regulation of Takeover Bids" (October 2010), RS 2010/22, p. 4, para. 1. 11.

② 由于本书已在前言部分对最近发生的金融危机的可能肇因进行了较为详细的论述，为免于重复，本书在此仅做较为简单的阐释。

③ See "Concept Release on Equity Market Structure", Exchange Act Release No. 34 - 61, 358, 75 Fed. Reg. 3594, 3596 (Jan. 21, 2010).

的 10%～30% 上升为 2005 年的超过 100%；① 至于共同基金和对冲基金所
持股票的年均换手率则分别为可怕的 117% 和 300% 以上；② 另外，投资者
的平均持股时间也从 1960 年的 7 年一路下降至 2007 年的 7.5 个月。③ 这种
股东投资视野的陡然狭窄化，配合以股东至上主义下董事最大化股东利益
的要求，使得（金融或非金融）公司更加频繁地参与到能够带来即时高收
益的高风险投资项目之中。正是在这样的时代背景下，像次级抵押贷款这
样的投资工具才赢得了金融市场的普遍追捧。尽管次级抵押贷款本身的固
有风险是极其显见的；然而对利润的狂热追逐、房地产泡沫永不破灭的普
遍信仰、能在市场崩塌前及时抽身的盲目自信，最终导致了危机的萌芽、
发展与爆发。事实上，早在金融危机爆发之前，股东短视主义与股东至上
主义相互结合可能造成的危害，已经在 21 世纪初期涌现的一系列公司治理
丑闻中有所体现。而在这些公司治理丑闻中，最著名的无疑是"安然财务
欺诈案"。④ 在 2001 年 10 月的丑闻被揭露之前，安然（Enron）一直被华
尔街视为现代公司的典范。起初，安然是一个传统的天然气公司；后来转
变为一家从事全球化业务的高科技公司，并开启了自己的传奇之路。仅在
1998～2000 年，安然的毛利润就从 310 亿美元上升至 1000 亿美元。然而
2001 年 10 月，安然虚报 5.44 亿美元的利润、掩盖超过 12 亿美元的股本
损失的事实被发现。随后，安然的股价急剧下降，最终不得不宣告破产。
虽然针对安然财务欺诈的学术研究、法律改革主要集中在董事会制度之
上，然而不可否认的是，股东短视主义也在这场公司治理丑闻中扮演了不
可小视的角色。其原因在于：从已经呈现的证据来看，安然管理层谎报利
润、编制虚假财务报表的很大一项动机就是为了快速提升公司股价；在股
东投资视野狭窄、对公司股价极其关注的背景下，公司股价的提升不仅可

---

① See NYSE, "Report of the New York Stock Exchange Commission on Corporate Governance",
12 - 13（2010）, available at http：//www. nyse. com/pdfs/CCGReport. pdf, last visit on
Nov. 20th, 2016.

② See Iman Anabtawi, "Some Skepticism About Increasing Shareholder Power", *UCLA Law Review*
53（2006）：579.

③ See Yvan Allaire, Mihaela E. Firsirotu, "Hedge Funds as Activist Shareholders：Passing
Phenomenon or Grave - Diggers of Public Corporations 3"（Jan. 27, 2007）（unpublished
manuscript）, available at http：//ssrn. com/abstract = 961828, last visit on Nov. 20th, 2016.

④ 以下关于"安然财务欺诈案"的简要介绍，see Marleen A. O'Connor, "The Enron Board：
The Perils of Groupthink", *University of Cincinnati Law Review* 71（2003）：1233 - 1234。

以增加董事的薪酬（现代公司往往采用董事薪酬与公司股价相挂钩的"激励薪酬"来减少甚至消除代理成本），还可以维持董事的个人声望、保持公司在市场中的竞争力。

2010 年的"吉百利－卡夫合并交易案"、2008 年的金融危机和 21 世纪初期涌现的公司治理丑闻，都为股东短视主义与股东至上主义相结合可能造成的危害，提供了轶事证据（Anecdote Evidence）。在接下去的一节中，本书将提供更多的理论与实证研究来进一步说明这种可能的危害。

第三节　对股东短视主义之理论支撑的批判

　　股东至上主义作为一种堪称根深蒂固的信仰体系，自然不会因为轶事证据而服输。其支持者首先便会指出，无论是 21 世纪初期涌现的公司治理丑闻、2008 年爆发的金融危机，还是 2010 年的"吉百利－卡夫合并交易案"，都不过是一些例外，具有极高的偶发性和特殊性。然而对这一意见至少可以从两个角度加以反驳：第一，例外是范式解释力的试金石，新旧范式的更替本就起因于异常或者反常现象的出现；① 第二，危机之所以呈现偶发性和特殊性，是因为其本身就是制度缺陷累加后因量变引发的质变；若其是多发的、普遍存在的，则造成缺陷的制度从一开始便不会存在。由此可见，从危机着眼，发现既有法律制度甚至法律理念的改革必要性，具有极高的正当性。当然，股东至上主义的支持者还可能这样进行再反驳：21 世纪以来发生的诸多范式危机，其根源不在于范式，而在于利用范式的糟糕人性。对这种意见进行回应其实相当简单：糟糕的人性同样是范式需要考虑的例外情况，范式不可能总是建立在人性完美的基础之上；在一个上帝统治或者哲学君主统辖的世界里，我们难道还需要任何解决问题的范式吗？值得注意的是，以上内容并不是现阶段讨论的重心。真正值得仔细加以驳斥的，是股东至上主义者就其"短视"提出的另外三项辩护意见。

一　股票价格与公司长期利益

　　股东至上主义者认为，其"短视"并不足以证成对其控制权的否定；

---

① See Aulis Aarnio, *Essays on the Doctrinal Study of Law* (Dordrecht： Springer，2011)，pp. 185 – 191.

股东对股票价格的高度关注，不仅不会扭曲公司对长期利益的追求，反而可以通过活跃的股票市场来发现公司的真实价值。由此可见，似乎"短视"非但不会损害经济效率，相反还会增进社会的整体福利。事实上，这一辩护意见是建立在这样一种基础假设之上的：股票市场本身是有效率的，股价不仅反映公司的短期利益，更能准确地体现公司的长期利益；即便股票价格一时偏离了公司的真实价值，金融市场中广泛存在的"套利"行为也会在极短的时间内纠正这种偏离。[①] 如果股票市场是有效率的、股票价格真实地反映了公司价值，社会资源就会最终流入效率最高的使用者之手。然而事实果真如此吗？

根据金融学常识，股票价格是由市场对公司未来现金流的预期所决定的。而公司未来的现金流则大致来源于两个方面：（1）基于短期投资产生的现金流；（2）基于长期投资产生的现金流。短期投资虽然能够带来即时的利润，却不能确保公司未来长久的可持续发展。在公司可供利用的资源有限这一约束条件下，短期投资的过分增加势必损害公司的长期利益。若市场是有效率的，当一家公司大规模削减其长期投资时，其股价虽然会因为短期利润的增加而有所上升，但不久就"应当"因"套利"而呈现下降的趋势。但是，最近的实证研究却得出了相反的结论。[②] 在这份实证研究文献中，米齐克（Mizik）教授收集了共计 6642 家美国上市公司在 1986～2005 年期间的股价变化情况；并以是否削减公司研发费用（典型的长期投资）作为标准，将全部公司划分为短视公司和非短视公司。在综合比较了两组公司股价的市场反应之后，米齐克教授得出结论认为，市场并没有如设想中的那般通过股价下跌来惩罚短视公司。另外，从金融危机爆发前的股价来看，尽管美国上市公司从 20 世纪 80 年代就大规模地削减了长期投资，[③] 其股价却非但没有下跌反而持续走强。

而这种股票价格无法反映公司长期利益的现象，主要可被归结为如下

---

① 权威的实证研究表明，证券市场上的股票价格对信息的反应速度是非常迅速而及时的，see Ronald J. Gilson, Reinier Kraakman. "The Machanisms of Market Efficiency", *Virginia Law Review* 70 (1984): 549 – 644.

② 以下关于该实证研究的内容，see Natalie Mizik, "The Theory and Practice of Myopic Management", *Journal of Marketing Research* 47 (2010).

③ See W. Lazonick, M. O'Sullivan, "Maximizing Shareholder Value: A New Ideology for Corporate Governance", *Economy and Society* 29 (2000).

因素。第一，公司的许多长期投资无法得到与短期投资相同的财务会计处理。按照《公认会计准则》（*Generally Accepted Accounting Principles*）的规定，许多可以创造巨大未来价值的长期投资只能被记作"支出"。[①] 例如，某公司为研发新型高科技产品组建专家团队支出 1 亿美元的劳务费；无论这项支出可以在未来转化为多么巨大的收益，其在当下只能被记作"支出"。与其相反，公司的大多数短期投资，如购置不动产、添加生产线等却不仅可被记为"权益"，还可以折旧分摊成本。因此，从资产负债表的角度来看，削减长期投资等同于减少了"支出"栏的数字；而这虽然损害了公司的长期利益，却能够得到积极的股价反应（利润增加导致现金流预期增加）。第二，相较于短期投资，长期投资中的信息更难向市场传递。与短期投资不同，长期投资具有时间长、见效慢和不确定性高等显著特点。由此，公司对外传递进行长期投资的消息便具有两项特殊的风险：（1）由于见效时间过长，市场往往会对长期投资收益进行更高的折价（金融学中的现值理论），导致投资成本与股价反应的不相对称；（2）由于长期投资具有极强的不确定性，公司甚至可能被指控为进行"虚假信息披露"或者"操纵市场"而须承担法律责任。有鉴于此，公司或者干脆不再进行长期投资，或者不披露长期投资的存在并将其记作"支出"，从而承受利润下降、股价下跌的不利。因此，市场上的股票价格就主要为短期投资的预期现金流所决定，公司不进行长期投资也自然就不会影响其股价了。第三，股票市场中短视驱动型交易的不断增加，导致削减长期投资的公司的股价不降反升。由于股东平均持股时间的大幅下降，股东投资证券市场的主要收益已经由"股息"转变为"股权差价"；股东不再关心公司未来派发的股息，而更在意能在短时间的股价浮动中获取何种收益。[②] 在这种投资理念之下，股东会大量买入能够不断实现短期利润目标的公司的股票，而大量卖出不能达标的股票。随着这种短视驱动型交易的不断增加，追逐短期利润的公司的股价被不断拉高。由于董事薪酬与公司股价挂钩，原本进行较多长期投资的公司也会转

---

① See U. S. GAAP, "GenerallyAccepted Accounting Principles in the United States", http://cpaclass.com/gaap/gaap-us-Ola.htm, last visit on Nov. 20th, 2016.

② See generally Lynne L. Dallas, "Short-Termism, The Financial Crisis, and Corporate Governance", *The Journal of Corporation Law* 37 (2012): 298.

而加入对短期利润的追逐。当市场本身已经为短期利益而疯狂时，可能会对遥远的未来产生影响的长期投资的削减，也就自然不会引起股票市场的负面反应了。

综上所述，股东至上主义者的第一项辩护意见，但即股东对股票价格的高度关注不会损害公司长期利益，显然是站不住脚的；而从反面来说，这一部分也证立了这样一个观点，即股东至上主义或者将公司控制权交给股东会损害公司的长期利益。

二　要约收购的不效率面向

股东至上主义者会进一步指出，即便"短视"可能造成股票市场某种程度的不效率，但股东对股票价格的高度关注，会促进要约收购的发生和完成；而一个活跃的控制权市场的存在，能够极大地约束董事会，从而改善公司经营效率，增进社会整体福利。事实上，对要约收购（控制权市场）对董事会的约束作用的强调，是"所有权—控制权分离"研究范式下的公司法的常见内容。按照主流公司法学说，要约收购通过如下方式对董事会权力的行使施加约束：基于自私自利的人性，董事会可能在职权行使过程中假借公司资产以自肥；这种自肥行为将降低公司经营的效率；公司经营效率的降低，会抬高公司产品或者服务的成本；而成本的抬高，会侵蚀公司利润；公司利润下降又会造成股价下跌，最终引发敌意收购；而敌意收购可能性的存在，又会使董事会减少其自利行为。实质上，传统公司法学说对要约收购约束董事会自利行为的逻辑展示，还暗含了这样一个观点：要约收购的发生是由于股价与公司真实价值之间存在偏差；要约收购的收益，则来源于完成收购后股价向公司真实价值的复归。然而，事实同样并非如此。

首先，在短视主义的影响下，要约收购的收益往往并非来源于"股票价格向价值的复归"，而系牺牲公司长期利益的结果。一系列最近的实证研究表明，在金融危机爆发之前，对冲基金（典型的短视股东）进行包括要约收购在内的积极行动的收益，并非来源于公司治理质量的提升，而主要榨取自"大规模的股息派发"、"公司重要资产的出售"和"增加公司杠杆率"等损害公司长远发展的交易。① 除此之外，其他的一些实证研究则指出，除去"价格向价值的复归"之外，不在少数的要约收购的收益来源于对其他利益群体的机会主义行为（如大规模员工裁撤、降薪、终止供应关系等），而这种机会主义行为最终会损害公司的长期利益。② 例如，在我国，不在少数的企业并购活动"仅仅是为了获得融资机会和股票溢价等短期利益"、"而不是通过资源的有效整合来提高公司的经营业绩"、"有些大股东利用并购和关联交易侵占上市公司利益"、往往出现"一年绩优、两年绩平、三年绩差"的现象。③

其次，要约收购（控制权市场）本身难以发挥股东至上主义者所预期的功效。著名公司法学者艾森伯格（Eisenberg）教授在其 1985 年发表于《哥伦比亚法律评论》的雄文《公司法的结构》中指出，要约收购作为一种市场制约机制存在巨大的局限性。④ 第一，要约收购是一种非常昂贵的控制权转移方式。基于成本与效益之间的考量，只有当价格偏离价值的程度相当之大时，要约收购才会发生。因此，董事会只要不过分实施自利行为，就不必担心要约收购的发生。第二，为了防止要约收购的发生，董事会可以不断地进行公司扩张，通过扩大公司规模的方式增加要约收购的成本和难度。第三，赚取"价格向价值复归"的利益其实只是众多要约收购的驱动因素之一，获取协同利益、扩大市场份额、参与全球化竞争甚至单纯的避税因素都可能导致要约收购的发生。其他类型要约收购的存在导致市场难以分辨被替换的董事会成员的质量，从而降低要约收购对董事会的惩罚功效。第四，董事会的自利行为未必引发股价下跌。当公司的产品或者服务在市场中具有某种不可替代性甚至拥有垄断地位时，产品或者服务成本（价格）的轻微上升并不影响其销售；若此，则董事会的自利行为未

---

① See Alon Brav et al. , "Hedge Fund Activism: A Review", *Foundations and Trends in Finance* 4 (2010); See also William W. Bratton, *Hedge Fund and Governance Targets: Long - Term Results*11, 13, 17 - 18 (Univ. of Penn. Law Sch. Inst. for Law and Econ. , Research Paper No. 10 - 17, 2010), *available at* http: //papers. ssrn. com/sol3/papers. cfm? abstract_ id = 1677517, last visit on Nov. 20th, 2016.

② 对于这一部分的实证研究，本章将会在随后的部分详细展开，在此不赘。

③ 葛结根：《上市公司控制权配置效率的比较分析——基于帕累托标准、希克斯标准与利益相关者标准》，《中南财经政法大学学报》2017 年第 1 期。

④ See Melvin Aron Eisenberg, "The Structure of Corporation Law", *Columbia Law Review* 89 (1989): 1497 - 1499.

必引发股价下跌并招致要约收购。在艾森伯格教授的论文发表之后，不少的实证研究也证实或者扩充了要约收购作为一种市场约束机制的局限性。例如，其中一份实证研究的结果显示，全部的目标公司都来自于公司业绩优于平均值的行业；全部的目标公司的业绩都优于市场平均值，但却低于同行业的其他公司。[①]　这一实证研究的结果说明了至少两个问题：第一，要约收购的发生具有"选择性"，从而降低了其对行业业绩较差的公司董事会的约束力；第二，"价格向价值的复归"很可能不是要约收购的主要驱动因素，否则目标公司的分布应当更为随机，而不是全部集中于行业业绩较优、公司业绩又低于同行业市场平均值的公司之中。

最后，需要指出的是，在最近的一份发表于《哥伦比亚商事法评论》的实证研究中，A. J. 戴维斯（A. J. Davis）教授指出，与人们的通常观念不同，机构投资者普遍倾向于投资内部治理（而非外部治理，如控制权市场）质量更高的公司。[②]　对于非常强调机构投资者力量的股东至上主义者来说，机构投资者们对要约收购并不迷信的态度，似乎可以促使他们重新思考要约收购对董事会的约束功效。

综上所述，从短视主义下要约收购的收益来源、要约收购本身作为约束机制的巨大局限来看，股东至上主义者所主张的"对股价的高度关注，可以借由要约收购促进经济效率"，也是难以令人信服的。

三　激励薪酬与财务欺诈

最后，股东至上主义者还会提出，若能将股东对股价的高度关注与董事薪酬结合起来，则可以起到降低"代理成本"，从而促进公司效率的正面效应。这一辩护意见同样衍生自"所有权与控制权分离"的经典范式。在经典范式下，由于管理者并不或仅少量持有公司股权，其具有极强的动机挪用公司资产以自肥；股东为此付出的监督成本或者因监督不力而被挪用的资产，则可被称为代理成本。减少这种代理成本的一种有效方法便是

---

① See Kenneth J. Martin, John T. McConnell, "Corporate Performance, Corporate Takeovers, and Management Turnover", *The Journal of Finance* 46 (1991).

② See Alicia J. Davis, "The Institutional Appetite for 'Quack Corporate Governance'", *Columbia Business Law Review* 2015 (2015).

使用"激励薪酬",即将董事薪酬与股价波动挂钩;随着董事薪酬与股价的关联性增强,代理成本也随之降低。然而,这种薪酬安排的实际效果却是"按下葫芦浮起瓢",并不能真正解决公司面临的代理成本问题。

从理论层面来看,将董事薪酬与公司股价相挂钩,对董事可能产生两种完全相对的激励:(1)为获取更高的薪金,董事更加努力地履行其信义义务,通过积极改善公司治理质量,提升公司经营效率,最终拉高公司股价;(2)由于公司股价更多地由短期利润决定(详见本节第一部分),董事可以通过大幅增加短期投资,甚至直接编制虚假财务报表的方式抬升公司股价。而在这两种激励中,后者往往占据上风,其原因在于:第一,相较于第(1)种方式,第(2)种方式具有见效快、简单易操作的优势。通过改善治理抬高公司股价,不仅需要付出巨大的时间与精力,其成效还取决于多种不可控因素,例如公司所处的国内甚至国际市场的变化;第二,第(2)种方式虽然可能损害公司长期利益或者在日后承担法律责任,然而因其损害结果并不会在董事在任期间立即显现以及人性中的侥幸心理,使得第(2)种方式极具诱惑力;第三,在股东疯狂追求短期利益,市场中采用第(2)种方式抬高股价的参与者不断增多时,原本可能附加在第(2)种方式上的不道德感会逐渐减弱,甚至还可能使人在潜意识中认为第(2)种方式才是符合市场道德的。因此,从理论层面来看,在短视主义之下,激励薪酬很可能导致更多的短期投资与财务欺诈,而这本身其实是另一种形式的"代理成本"。

从公司实践的层面来看,短视主义下的激励薪酬,也往往和更多的财务欺诈相关联。根据一份由彭斯(Burns)、凯迪亚(Kedia)、利普森(Lipson)三位教授共同完成的实证研究,机构投资者的持股比例与公司进行利润虚报的数量、虚报利润数额之间存在显著正相关。他们将这种显著正相关归结为如下原因:(1)追逐短期利益的机构投资者并没有对公司财务管理进行有效监督;(2)由于短视股东对利润实现率的要求极高,管理层迫于压力不得不进行财务欺诈。[1] 事实上,这一实证研究的结论,还可以通过 21 世纪以来的一系列财务欺诈案得到证实。2001 年 10 月被揭露丑

---

[1] See Natasha Burns et al., "Institutional Ownership and Monitoring: Evidence from Financial Reporting", *Journal of Corporate Finance* 16 (2010): 444.

闻的安然公司，就是通过向实际上仍由其控制的特殊目的实体高价转移不良财产的方法，虚报公司利润、美化资产负债表的。[1] 另外，导致 2008 年金融危机正式爆发的雷曼兄弟公司，则借用 "Repo 105" 交易法[2]来掩盖自己的大量借款，从而粉饰财务报表以维持高利润与高股价。[3]

由以上论述可知，若将股东对股价的高度关注与董事薪酬相结合，不仅不能起到降低代理成本促进经济效率的作用，反而会产生损害公司长期利益、更多的财务欺诈等负面效应。

至此，本节已经完成了 "进一步展示股东短视主义与股东至上主义相结合可能造成的危害" 这一任务；本节的论述证明，这种结合不仅不能促进股东至上主义者所主张的经济效率，反而可能甚至已经损害了公司的长期利益以及作为整体的全球经济的有序健康发展。

四　小结：股东并非更好的决定主体

现在，让我们重新思考本章第一节结尾处提出的问题：如果股东（大）会与董事会之间难分伯仲，为什么就不能将权力分配给股东会？如果董事会与要约收购之间的利益冲突可以被有效化解，如果反收购措施并非董事会自私自利的产物（本书将在紧接下去的第四、第五节中详细论证），而且与股东短视主义相结合的股东至上主义又会造成第二、第三节所描述的危害，即股东（大）会还仍和董事会伯仲难分吗？答案显然是否定的。当然，股东至上主义的坚定拥护者还会这样反驳：一旦股东至上主义与现阶段的短视主义划清界限，以上所有针对股东至上主义的反驳都将难以证立。然而，这一反驳是极其无力的。第一， "冰冻三尺，非一日之寒"，想要在股东至上主义的语境下彻底摆脱短视主义，需要完成几乎是

---

① See Arthur E. Wilmarth, Jr., "The Dark Side of Universal Banking: Financial Conglomerates and the Origins of the Subprime Financial Crisis", *Connecticut Law Review* 41 (2009): 971, 1039 – 1043.

② 指将公司的短期借款转让给第三方以换取流动资金，但许诺在一定期限内按照约定的溢价（实质为借款利息）购回该短期借款。

③ See Jacob Goldstein, "Repo 105: Lehman's 'Accounting Gimmick' Explained", NPR (Mar. 12, 2010), http://www.npr.org/blogs/money/2010/03/repo_105_lehmans_accounting_gi.html, last visit on Oct. 15th, 2016.

不可能的重大法律改革。① 第二，即便股东至上主义成功地摆脱了短视主义，股东至上主义者也难以回答这样一个问题：为什么包括决定是否接受收购要约在内的公司控制权应为其独享（第一章已经详加批驳）；而非股东利益群体同样是公司的必要组成部分、其利益也深受要约收购的影响（本章将在第六节深入分析），为什么他们不能分享公司控制权？本章接下去的内容就将主要完成两项工作：（1）对"反收购措施是董事会自私自利的产物"的驳斥；（2）非股东利益群体分享控制权的正当性证立。

① 参见楼秋然《机构投资者在公司治理中的力量与局限——以美国经验为分析视角》，《苏州大学学报（法学版）》2017 年第 1 期。在该文中，笔者专门分析了机构投资者（股票市场的主要参与者）因短视主义等因素难以实现提升公司治理质量的事实，并说明了欲改变这一现状所必须跨越的众多的法律、政治、经济障碍。

第四节　促进市场效率的反收购措施

　　股东至上主义者往往否定董事会采取反收购措施的合法性，并以此为桥头堡抨击董事会中心主义，或者任何将决定是否接受要约的权力分配于股东之外的群体的努力。而股东至上主义者对反收购措施合法性的质疑，主要建基于这样一个理论预设：由于利益冲突的存在，反收购措施是董事会自利行为的产物，与公司利益不相符合。这一预设十分符合大众直觉。在现实的商业实践、公司法教科书中，我们经常听说/经历如下事例：某年某月某日，A 公司向 B 公司发出收购要约；由于此项收购属于敌意收购，B 公司董事会断然制订并实施"毒丸计划"（Poison Pill）；"毒丸计划"导致收购成本陡然增加，A 公司宣布撤回对 B 公司的收购要约；B 公司股东（再也）无法享受收购溢价，而 B 公司本身失去了资源重整的契机，唯一受益方则是董事会（保住了高官与厚禄）。然而，对反收购措施、董事会——两者作为独特的公司治理机制——的这种描述并不全面，甚至可以算得上的是一种"诽谤"。

一　基于市场供求状况的反收购措施

　　虽然"反收购措施是董事会自私自利的产物"颇为符合大众直觉，但这种论调本身也是反直觉的：既然自私自利是人类的天性，为什么并非全部公司都采取了反收购措施。股东至上主义者当然可以这样反驳：公司并非千人一面，不同公司的不同内部治理安排（例如股权结构、董事会人员构成和董事薪酬组合的内容）会在"是否采取反收购措施"的问题上做出不同的选择。然而，21 世纪以来，针对美国上市公司的实证研究却指出，[1]与未采取反收购措施的公司相比，采取反收购措施的公司并未呈现任何特别之处；即便是两家近乎相同的上市公司，也可能在是否采取反收购措施的问题上出现不同的选择。面对这一来自实证研究的不利证据，股东至上主义者做出了如下回应：之所以内部治理质量存在差异的公司并未在"是否采取反收购措施"的问题上呈现不同，是因为股票市场尤其是 IPO（首次公开发行）市场不能有效率地对反收购措施进行折价。[2]然而，股东至上主义者的这种回应并不充分。如果股票市场尤其是 IPO 市场未对反收购措施进行有效率的折价，那么为什么有些内部治理质量较差的公司采取了反收购措施，而另外一些却没有？如果市场真的因为折价不效率而"柠檬化"，内部治理较差的公司为什么不浑水摸鱼？另外这种回应也不能解释"即便是两家近乎相同的上市公司，也可能在是否采取反收购措施的问题上出现不同的选择"这一实证研究结果。由此可见，即便市场确实在对反收购措施的折价上存在某种不效率，其本身却并不能为股东至上主义者的辩解提供支撑。

与股东至上主义者不同，汉尼斯（Hannes）教授提出了一种全新的解释视角，即是否采取反收购措施取决于既存市场中的供求关系。[3]汉尼斯教授认为，特定公司是否采取反收购措施，首先取决于对采取反收购措施的成本与效益分析：当不采取反收购措施的利益（收购溢价＋市场不对其股价进行折价）大于其成本（控股股东或者管理层更难保护其私人利益）时，公司便很可能不采取反收购措施；反之，则公司便很可能采取反收购措施。然而，与"不采取"反收购措施的成本相对固定不同，其收益却会因其他公司"是否采取反收购措施"的决定而发生变化。原因在于：当市场中"不采取反收购措施"的公司数量（供给）超过需求时，这些公司所能获得的收购溢价也将随之下降，直至为零；而收购溢价的下降，又将导致新的 IPO 公司或者原本"不采取"反收购措施的公司，（转而）"采取"

---

① For example, see John C. Coates IV, "Explaining Variation in Takeover Defenses: Blaming the Lawyers", *California Law Review* 89（2001）: 1309.

② See Robert Daines, Michael Klausner, "Do IPO Charters Maximize Firm Value?: Antitakeover Protections in IPOs", *Journal of Law Economics and Organization* 17（2001）.

③ 以下内容，see Sharon Hannes, "A Demand Side Theory of Antitakeover Defenses", *Journal of Legal Studies* 35（2006）.

反收购措施；随着采取反收购措施的公司的增加，供求关系率又会开始新一轮的运作。因此，特定公司在决定是否采取反收购措施时，不仅会考虑公司自身的特质，还需要考量既存市场中的供求关系。

这种全新的视角可以较为完美地解释本部分开篇处的所有问题。第一，当市场处于供（不采取反收购措施的公司）过于求（供不应求）的状态时，收购溢价极低（极高），"不采取反收购措施"成本较高（较低）的公司就会采取（不采取）反收购措施；而市场中又存在众多造成供过于求（供不应求）局面的公司，因此采取或者不采取反收购措施的公司并不会有什么显著的区别。第二，即便几乎完全相同的公司，也会由于市场供求关系的不同而做出不同的选择。例如，尽管 A 与 B 两公司在不采取反收购措施的成本方面相同，但由于 A 公司是在供过于求时而 B 公司是在供不应求时进入市场，两家公司也可能会在"是否采取反收购措施"的问题上做出不同的选择。

由此可见，董事会的自私性并非反收购措施采纳与否的唯一决定因素，市场供求关系也可能发挥决定性的作用。

二　作为质量信号的反收购措施

在开始这一小节的论述之前，让我们顺着股东至上主义者的理路思考一些问题：如果反收购措施的确是董事会自私自利的产物，那么董事会的私心是什么？毫无疑问，是为了保住（高薪厚禄的）职务。而威胁其职务的要约收购又为什么会发生？传统的公司法解释是"因董事会不能善尽其职责造成的股价下跌"。如此，"反收购措施是董事会自私自利的产物"这一论调的背后，是这样一种主张，即只有低质量的管理者才需要反收购措施。其逻辑在于：高质量的管理者总能维持较高的股价，根本无须反收购措施的保护。这一逻辑同样极为符合直觉，然而却也同样经不起实证研究的检验。

三位著名经济学教授在 2011 年发表的一份实证研究，得出了与"自私自利论"完全相反的结论。[①] 这份实证文献的研究对象是 1993～2003 年于美国首次公开发行普通股的公司（以下简称"IPO 公司"），研究的内容

---

① See Thomas J. Chemmanur, Imants Paeglis, Karen Simonyan, "Management Quality and Antitakeover Provisions", *Journal of Law and Economics* 54 (2011).

则包括公司管理层的质量、公司使用反收购措施的程度以及公司首次发行普通股之后的业绩表现。为了防止干扰，这份研究剔除了原先样本中"有风险投资背景"的 IPO 公司。进行这一剔除的原因在于：根据其他实证研究的结论，风险投资会积极介入 IPO 公司的内部治理，从而弥补低质量管理层可能存在的治理不善问题。基于相同的原因，这份实证研究又删除了样本中至少 5% 的股权为其他机构投资者持有的"IPO 公司"。最终，研究的样本数量从起初的 2644 家下降至 714 家。在完成了其他大量的变量控制（限于篇幅，本书不在此一一赘述）之后，这份实证研究将管理层质量高于/低于平均值的公司分为两组，得出了如下结论。第一，管理层质量较高的公司（以下简称"高质量公司"）会采取更多、更严厉的反收购措施。例如，高质量公司采取"分期分级董事会"（Staggered Board）与"董事免职的绝对多数投票要求"的比例比低质量公司分别高出 5% 和 10%（具有统计学上的显著性）；高质量公司采取其他反收购措施的比例也比低质量公司高出 5% 以上（同样具有统计学的显著性）。第二，在将高/低质量公司与高/低盈利能力公司进行两两配对后，该实证研究发现，与兼具低质量与低盈利能力的公司相比，兼具高质量与高盈利能力的公司所采取的反收购措施数量要高出 11.7%（具有统计学上的显著性）。由此，三位教授得出结论认为，随着管理层质量、盈利能力的提升，公司采取反收购措施的可能性也大幅增加。第三，采取反收购措施数量更多的公司，其在 IPO 之后的公司业绩也更好。除去高/低质量公司的区分之外，这份实证研究还按照反收购措施的数量是否高于平均，将公司再划分为"较多反收购措施"公司与"较少反收购措施"公司。同样进行两两配对之后，该实证研究发现，兼具高质量与较多反收购措施的公司，在 IPO 估值、IPO 之后 4 年内的股价变动、公司业绩三个方面都明显优于其他样本公司。由此，三位教授认为，与传统公司法理论不同，反收购措施并非低质量管理层的"护身符"；相反，更为高质量管理层、高盈利能力公司所青睐。

这种看似反常的实证研究结果，其实可以通过"质量信号"理论加以解释。[1] 由于董事会的质量属于一种"信任型"产品而极易导致信息

---

[1]　See Sharon Hannes, "Private Benefits of Control, Antitakeover Defenses, and the Perils of Federal Intervention", *Berkeley Business Law Journal* 2（2005）.

不对称，① 而这种信息不对称又会使得市场在相关问题上被"柠檬化"。在柠檬市场下，投资者只会按照董事会的平均质量进行出价。如此一来，拥有高质量董事会的公司就会在 IPO 发行价上吃亏。当"采取反收购措施造成的股权折价成本"低于"市场按照董事会的平均质量进行出价导致的成本"时，公司就会选择采用反收购措施，向市场施放其具有高质量董事会的信号。② 而反收购措施能成为这种信号的原因在于：反收购措施是一种成本高昂的制度选择，只有具有高盈利能力的公司才能负担。由于市场会对反收购措施进行折价，董事会或者控股股东就会遭受利益损失（前者的薪酬与股价挂钩，而后者的经济利益会因低价增发股票而被稀释）；这种损失只能通过后期的高盈利能力带来的股价抬升加以弥补。如果公司在董事会质量较差的情况下仍选择采取反收购措施，其不仅需确定地承担因折价而造成的损失（无法通过高盈利能力弥补损失），还会损失原本在柠檬市场可以得到的质量溢价（被视为质量一般的公司）。因此，从成本与收益的考量出发，董事会质量较差、后期盈利能力不高的公司，显然不愿也不敢通过采取反收购措施来冒充高质量公司。

综上，本部分所展示的实证研究及"质量信号"理论说明了两项内容：第一，与传统的观念不同，高质量董事会而非低质量董事会，更多地采用反收购措施；第二，反收购措施并非董事会自私自利的产物，相反它也可以成为为公司换取更高市场估值的有效信息工具。

三　作为最优化选择的反收购措施

假设股东至上主义者是正确的，反收购措施确为董事会自私自利的产物，那么市场似乎应该呈现这样一种趋势，即采取反收购措施的公司会逐渐减少，直至为零。其原因在于：第一，在反收购措施的保护下，自私自利的董事会会加剧公司内部的"代理成本"，导致公司经营效率低下，或

---

① 参见罗培新《公司高管薪酬：制度积弊及法律应对之界限——以美国经验为分析视角》，《法学》2012 年第 12 期。

② 这不仅是一种假设，也是一项事实。如本部分所列举的实证研究所示，即便采取了反收购措施，具有较高董事会质量与后期盈利能力的公司，其 IPO 价格仍高于其他公司。这说明，市场对董事会质量进行的折价远高于对反收购措施进行的折价。

者股东用脚投票大量贱卖公司股票，而这两者都会导致公司破产；第二，由于市场对反收购措施极度反感，并会对反收购措施有效折价，采取反收购措施的 IPO 公司就无法募集所需的资金，也就根本不会进入市场。然而，实证研究得出的数据却指向完全相反的方向。根据著名公司法学者科茨（Coates）教授的研究，① 自 20 世纪 90 年代起，反收购措施被 IPO 公司广泛采用：在 1991～1992 年，只有 34% 的 IPO 公司使用了"分期分级董事会"这一反收购措施；到 1998 年，这一数字上升为 66%；而在 1999 年底，已经有 82% 的公司采用了"分期分级董事会"制度。另外，根据实证研究，在 2007 年，有超过 83% 的 IPO 公司以特拉华州——因"纵容"反收购措施而被学者普遍诟病——作为自己公司的注册地。② 在以自由市场理论为基石的现代公司、证券法领域，IPO 公司的章程条款往往被视为"最优化选择"（Optimal Choice）的结果。③ 面对如此不利的实证数据，股东至上主义者应当如何加以反驳？

科茨教授将矛头指向了处理 IPO 事务的律师事务所。④ 科茨教授认为，是 IPO 阶段律师所面临的特殊利益冲突导致了大量反收购措施的被采用。而这种利益冲突体现在如下方面：第一，自私自利的董事会倾向于设置反收购措施，而律师为了拉拢董事会获得更多的未来业务也倾向于推荐采用反收购措施；第二，不采取反收购措施确实可能微弱地提升公司的 IPO 估值，但是这一提升过于微弱且不会记在律师的功劳簿上，然而，如果律师未设置反收购措施，将来发生要约收购时，股东却会反过来抱怨是律师的疏忽使得公司被过于轻松地收购；第三，让大多数公司都采取反收购措施可以增加未来收购诉讼的数量，从而提升律师行业的整体收入。正是在上述三方面利益冲突的影响下，越来越多的公司采用了反收购措施。然而，

---

① See John C. Coates IV, "Explaining Variation in Takeover Defenses: Blaming the Lawyers", *California Law Review* 89 (2001).

② See Chief Justice Leo E. Strine, Jr., "State of the Judiciary Address 2", (June 4, 2014), http://www.rcfp.org/sites/default/files/docs/20140620151641_ strine speech. pdf, last visit on Nov. 20th, 2016.

③ 现代公司、证券法以"有效率市场"的假说为基础预设；在有效率市场的假说下，市场会对所有章程条款进行准确定价、折价，为最大化公司 IPO 价格（理性人假设），IPO 公司会设置最优化的章程条款。

④ See John C. Coates IV, "Explaining Variation in Takeover Defenses: Blaming the Lawyers", *California Law Review* 89 (2001).

科茨教授的解释却存在重大的缺陷。第一，在 IPO 事务中起主导地位的中介机构，应该是承销商而非律师事务所；即便真的存在任何利益冲突，能够对公司章程条款起决定性作用的也应该是承销商所面临的利益冲突。第二，虽然在未来的要约收购中，股东确实可能因未设置反收购措施，而责怪律师让公司被过于轻松的收购；但是股东也可能因设置了反收购措施，而责怪律师使其失去了获得收购溢价的机会。当这两种可能性并存时，律师为什么会更害怕前者？第三，在一个极其反感反收购措施的市场下，采取反收购措施的公司会逐渐减少，直至为零，此时律师又怎么能够通过采取反收购措施来增加未来的收入？

　　更具说服力的解释，来自另一位著名的股东至上主义者贝恰克教授。[①]与科茨教授不同，贝恰克教授首先承认了反收购措施在 IPO 阶段的效率性。贝恰克教授认为，采取反收购措施可以鼓励控股股东或者董事会在保护其自身正当利益的同时，将有良好发展机会的公司推向证券市场融资，从而促进社会的整体福利。但是，贝恰克教授进一步指出，随着公司 IPO 后股权集中程度的不断下降，反收购措施的存在会损害公司经营的效率，需要加以废除；而这也非常符合公司运作的实践情况：虽然在 IPO 之前公司广泛采用了反收购措施，但是几乎没有公司能够成功地在 IPO 之后增加反收购措施，近来的股东积极行动（Shareholder Activism）更是大量废除了原先存在的反收购措施。这种在 IPO 之后反对增加或者主张废除反收购措施的倾向，恰恰说明反收购措施是不利于公司利益的。然而，是否只有这一种方案能解释股东对反收购措施在不同阶段的不同态度？笔者认为还存在这样一种解释路径：公司为鼓励非股东利益群体向公司做出"专用性投资"（Specific Investment），在 IPO 之前决定采取特定反收购措施；[②]由于市场是有效率的，投资者对采取反收购措施的 IPO 公司进行了折价，双方等价交换、各取所需，一定都做出了对自己最有效率的决定；IPO 之后，由于市场环境变化，公司需要增加反收购措施以进一步鼓励专用性投资；这虽然能够增进公司的长期利益，但会造成公司股价的短期下降，而这一

---

① See Lucian Arye Bebchuk, "Why Firms Adopt Antitakeover Arrangements", *University of Pennsylvania Law Review* 152（2003）.

② 对于反收购措施与专用性投资、非股东利益群体保护之间的问题，本书将在本章第五、第六节详细论述。

定招遭致短视股东的强烈反对；与此同时，"合并套利者"或者其他短视的机构投资者（如对冲基金）为赚取快钱，提议废除原有的反收购措施；此举能够吸引要约收购者竞价公司，从而带动公司股价，自然获得大多数股东的同意。由此可见，IPO 之后发生的反对增加或者主张废除反收购措施的行动，可能并非因为反收购措施有损公司利益，而有可能是短视股东赚取快钱的欲望使然。而从本章第二、第三节（以及接下来的第五、第六节）的内容来看，笔者的解释可能更加符合现实。

四　小结

股东至上主义者主张，反收购措施是董事会自私自利的产物。然而，这种论调却无法解释下述两种市场现实：第一，虽然自私是人类的天性，但并非所有的公司都采取了反收购措施；第二，采取反收购措施的公司非但没有灭亡，反而在市场中显得更为兴旺发达。从本节前述所列的理论与实证研究文献以观，反收购措施非但不是董事会自私自利的产物，还可能是公司基于市场供求关系、向市场传递其具有高质量董事会的信号等因素而做出的最优化选择。若此，我们又应当如何看待反收购措施与董事会在公司治理中的特殊作用？

第五节　实现有效公司治理的反收购措施

一　团队生产理论

股东至上主义者所谓的"反收购措施是董事会自私自利的产物"，其实暗含了两大规范性陈述：第一，董事会是股东会的代理人，采取反收购措施是代理成本的一种形式；第二，反收购措施仅仅促进董事会的私人利益，对公司弊大于利，甚至有百害而无一利。然而，事实却并非如此。除去股东会代理人的身份，董事会在公司治理中还扮演着更为复杂的角色，而反收购措施的存在能够帮助董事会更好地履行职责。

在所有重新理解董事会角色的努力中，布莱尔（Blair）和斯托特两位教授于 1999 年发表于《弗吉尼亚法律评论》的论文《公司法中的团队生产理论》堪称最具影响力的文献。[①] 在这篇论文中，布莱尔和斯托特两位教授首先检讨了有关公司本质的三种传统分析径路："委托代理"（Principle – Agent）、"所有权控制"（Property Rights）以及两者的结合体"科层等级"（Hierarchy）理论。两位教授指出，这三种不同的分析径路虽然存在若干细微的差别，但却具有本质上的共同点，并存在一些共同的重大缺陷。三种不同分析径路的本质共同点在于，它们都将股东视为公司运营的最终受益人或者控制权人；而共同的重大缺陷则主要为：（1）它们无法证立股东独享控制权的正当性；（2）它们仅仅关注了公司生产中的"纵向"面向，[②] 事实上，

---

① 以下内容，若无特别引注，see generally Margaret M. Blair, Lynn A. Stout, "A Team Production Theory of Corporate Law", *Virginia Law Review* 85（1999）。

② 对公司生产中的"纵向"面向的强调，其实更多的是受到了诺贝尔经济学奖得主科斯教授的《企业的性质》（"The Nature Of The Firm"）一文的影响。

许多重要的公司事务都必须通过"横向"合作才能完成。正是传统分析径路对"横向合作"的忽略，才导致了股东被理所当然地视为公司的最终控制人。为了纠正这种偏差，布莱尔和斯托特两位教授主张在公司法研究中引入"团队生产"理论。按照"团队生产"概念的首创者阿尔钦（Alchian）和德姆塞茨（Demsetz）教授的定义，一种生产过程只有同时满足（1）需要使用多种不同的资源，（2）其产品并非所使用的多种资源的简单组合，（3）所使用的资源并不归属于同一所有者这三项条件，才能被称之为"团队生产"。然而，也正是这些条件，若欲完成有效率的团队生产，就必须克服两大重要的难题。第一，如何分配团队生产的收益？最简单的方法当然就是事先确定分配的比例。但是这种做法会引发"搭便车"问题：由于分配的比例已经确定，某些生产参与者就会开始"偷懒"（Shirk）；偷懒的动机则非常清楚，偷懒的收益尽归其所有，而偷懒的成本则由全体参与者分担。另一种方法则是在事后由全体参与者商议分配问题，而这种方法又会导致不同的利益群体拉帮结派，将更多的精力放在"寻租"而不是努力工作之上。第二，由于团队生产必须使用来自不同所有者的多种资源，且产品还不只是不同资源的简单组合，团队生产所使用的资源就必定显现出"专用性"的特性。[①] 而专用性资源特别容易受到事后机会主义行为的侵害（或者说被"锁定"），[②] 如何说服参与者进行专用性资源的投资？传统公司法理论甚至较为新颖的公司合同理论，均将希望寄托于非股东利益群体与公司签订的合同之上；它们认为，非股东利益群体面对的不确定性远较股东为小，其可以通过制订更为完善的合同来进行自我保护。然而，这种解决方案是根本行不通的（具体内容本书将在第三章详述，此处不赘）。有鉴于传统解决方案的无力，布莱尔和斯托特两位教授提出将董事会塑造为团队生产中的"仲裁者"（Mediator）的方案。按照这一方案，董事会将中立于各利益群体之间，就如何分配生产收益和防止机会主义行为做出不偏不倚的决策。而董事会维持其职务的动机、公司

---

① 如果一种资源在转换其用途时会显著减损其价值，这种资源就可以被称为专用性资源。例如，甲为了更好地完成杂志编辑的工作，自费学习 PS 技能（价值 30 元）；当甲转行成为一名厨师时，其自费学习的 PS 技能就不再具有任何价值。此时，相对于杂志编辑的工作，甲自费学习的 PS 技能属于"专用性资源"。

② 关于专用性投资特别容易受到事后机会行为的侵害问题，参见〔美〕罗伯塔·罗曼诺编《公司法基础》第 2 版，北京大学出版社，2013，第 16 页。

法对董事会自利行为的诸多限制以及人性对"公平"与"信任"的追求，都将确保董事会忠实地履行其仲裁者的角色。①

在董事会担任居间"仲裁者"的新语境下，反收购措施又具有何种功能？其中之一就是增强董事会或者公司承诺的可信性。在团队生产中，董事会的一项重要任务就是努力说服资源拥有者们（除股东外，尚且包含管理者、员工、债权人甚至地方政府）尽可能多地进行"专用性"投资。但是，由于专用性投资较易被锁定，公司或者董事会就必须做出不进行事后机会主义行为的承诺；然而口说无凭，公司或者董事会还必须提供某些保证，而这些保证的一种形式就是采取"反收购措施"。举例说明之：A公司为提升业绩，邀请已经赋闲在家的某著名公司前执行总裁B出山；B同意出山，但提出一项重要条件，即A公司不得因短期业绩不佳将其解雇，以便于其实施一项长期投资计划；A公司允诺之，然B仍不放心，于是A公司决定在章程中设置"毒丸计划"与"分期分级董事会"相结合的反收购措施，以确保B及其推荐的董事会人选不会因敌意收购而被轻易替换。再举一例：A公司由于一时投资失败，周转不灵，急需大量银行贷款；C银行与A公司董事会多有商业往来，对其经营稳健性十分信任，故愿意注入巨款；但C银行听闻D公司——以投资激进著称——有意收购A公司，而有所犹豫，为打消其犹豫而及早获得贷款，A公司果断采取严厉的反收购措施。

综上所述，如果我们从"团队生产"的角度，重新把握董事会在公司治理中的复杂角色，就会发现：反收购措施未必是董事会自私自利的产物，它还能起到增强董事会职责履行能力的重要作用。

二　被忽略的"事前利益"

如本章第四节开篇处所述，股东至上主义者往往这样批驳反收购措施的不效率性：反收购措施的存在，使得目标公司股东错失了获取收购溢价的机会，是对后者利益的严重损害。而反收购措施的支持者则认为，反收

---

① 事实上，若真欲使董事会担此重任，还需要进行更多的法律改革。有关于这一内容，本书将在第五章详细阐释。

购措施的存在使得公司可以更好地与要约收购人议价、引发竞争性要约收购，从而最终提升股东所能获取的收购溢价。此时，股东至上主义者又会举出若干实证研究的结果，指出竞争性要约收购产生的"好处"都最终流向董事会。紧接着，不甘示弱的反收购措施支持者又会拿出其他反证。如此这般，两方相持不下，形成僵局。然而，上述这些讨论不仅难以产生有意义的商谈结果，还模糊了商谈的焦点：双方都忽略了反收购措施所具有的事前利益（Ex Ante Benefit）。[①] 当然，有反对意见可能指出，股东至上主义者并非没有从事前的视角研究过反收购措施。例如，股东至上主义者认为，采取反收购措施可能于"事前"导致要约收购可能性的降低，从而弱化外部市场的约束力，造成公司经营的不效率。然而，这种研究的"事前"视角，几乎都仅仅着眼于反收购措施的"事前成本"而非其"事前利益"。这种研究视域上的缺失，导致反收购措施的效率性研究中的一项重大缺陷：原本应当包含"事前利益"、"事后利益"、"事前成本"和"事后成本"这四项内容的算式，在具体演算时只代入了其中的三项，如此，算式可能得出错误的答案；而只有正确代入四项内容的算式，其运算结果才恒为正确。

　　这种对法律制度"事前利益"的研究疏忽或者视域缺失，在公司法研究中着实算得上"出人意料"。事实上，公司法研究一直极其强调法律制度的事前效应。以公司法中著名的"商业判断规则"为例，尽管学者们为其正当性提供了若干理论支撑，其最根本的正当性基础仍在于"防止法官的'事后诸葛亮'（Hindsight）"。当一项商业决策在"事后"被证明为失败时，判断董事是否善尽其职责的法官便会被已经造成的巨大损失所吸引，而不自觉地认为这种损失是本可以避免的，从而下意识地认为董事存在一定程度的行事疏忽。而这种"事后诸葛亮"会对董事会决策造成难以估量的"寒蝉效应"（Chilling Effect），从而严重减损商事效率。虽然对商业决策事后审查的大范围限制，可能会在一定程度上造成公司内部"代理成本"的上升；但在通盘考量制度的"事前利益"及其"事后成本"之后，公司法做出了更多尊重商业决策者智慧的决定。即便我们将目光投射到整体法律系统，对制度的事前利益的强调仍然是普遍存在的。例如，在

非常看重事后补偿和惩治的侵权法、刑法领域，归责制度的正当性仍被建立在其可以阻遏未来不法行为的效果之上。① 其实，这种对"事前视角"的重视，也非常符合"反收购措施法"本身所欲实现的功能。法律规范存在不同的类型区分与体系构建，其中之一便是按照所服务的不同目的而被细分为"行为规范"与"裁判规范"；前者的目的在于"为行为人提供行为指引"，而后者则在于"为裁判者提供裁判依据"。② 从这种区分出发，反收购措施法兼具"行为规范"与"裁判规范"的属性；既然属于"行为规范"的一种、目的在于"为行为人提供行为指引"，立法者便应当更多地从制度的事前利益/成本的角度考量其建构问题。

然而，为什么反收购措施的"事前利益"会被众多的公司法研究者所忽略？斯托特教授在其发表于《斯坦福法律评论》的一篇论文中给出了可能的答案。③ 斯托特教授认为，这种对反收购措施的"事前利益"的研究疏忽或者视域缺失，主要可被归因于两大原因。第一，相较于其事后成本，反收购措施的事前利益更难被计算。反收购措施的事前利益，主要体现为在更长的时间轴上促进团队生产的效率（如本节第一部分所述）；而反收购措施的事后成本则直观地体现为在某次特定的要约收购中股东失去的收购溢价。正是这种"隐形"与"显性"、"长远"与"即时"特征上的差异，使得反收购措施的"事前利益"更容易被忽视。第二，助长代理成本的反收购措施，比促进团队生产的反收购措施更容易引起人们的注意。反收购措施作为公司治理的一种制度设计，必然存在其长处与弊端；使用得当，则团队生产效率倍增；用之不当，则代理成本飙升。然而，无论是大众传媒还是公司法教科书，都往往更加关注运转失常的反收购措施。至于这些运转失常的语境，则往往是由于董事会或者控股股东与公司政策的利益冲突而造成的。因此，从反收购措施本身所具有的两面性而言，其制造失败或者增加成本的一面也就更为引人瞩目。

由此可见，传统股东至上主义者所提供的反对反收购措施的理论与实

---

① 参见〔德〕贝卡利亚《论犯罪与刑罚》，黄风译，中国大百科全书出版社，1993，第 2 页。

② 参见王轶《民法典的规范类型及其配置关系》，《清华法学》2014 年第 6 期。

③ 以下关于该论文的内容，see Lynn A. Stout, "Do Antitakeover Defenses Decrease Shareholder Wealth? The Ex Post/ Ex Ante Valuation Problem", *Stanford Law Review* 55 (2002): 860 – 861。

证研究，往往是不全面的、有失偏颇的。这些理论与实证研究，过多地关注于反收购措施的"事后成本"，而几乎完全忽略了反收购措施的"事前利益"。当然，这也是大部分维护反收购措施（甚至是更为宏观的董事会中心主义）的努力的通病。本部分的内容不仅旨在指出这一问题，更在于提醒人们：只有将反收购措施的事前利益纳入考量，方能真正全面、客观地理解其在公司治理中的复杂作用。

三　特拉华州公司法司法实践中的董事会与反收购措施

如本节开篇处所言，股东至上主义者所谓"反收购措施是董事会自私自利的产物"，其实暗含了两大规范性陈述：第一，董事会是股东会的代理人；第二，反收购措施对公司弊大于利，甚至有百害而无一利。然而，这种论调及其暗含的规范性陈述，早已受到了美国尤其是特拉华州的公司法司法实践的拒绝。而在这些公司法司法实践中，最为著名且重要的，自然就是"*Unocal v. Mesa*"案和"*Paramount v. Time*"案。

1985 年，特拉华州最高法院就"*Unocal v. Mesa*"一案做出判决。① 案件的最终结果为：特拉华州最高法院不仅撤销了其下级法院——特拉华州衡平法院——所颁发的禁止令，更直接认可了优尼科公司董事会所采取的反收购措施。抛开判决所面对的特定问题——董事会是否可以通过"有选择的股权回购"（Selective Repurchase）挫败收购要约——不谈，该案判决在如下两个层面与本小节内容最为相关。第一，董事会的权力与地位。特拉华州最高法院认为，董事会是一个拥有广泛权力的公司机关，然而其权力并非来源于股东，而是源于特拉华州普通公司法第八章第 141 条（a）的授权；伴随这些权力而来的是董事会所承担的一项基本义务和职责，即保护公司作为一个实体的存在而免遭损害，无论损害是来源于其股东还是其他第三人；从公司治理这一大背景来看，即便事关公司的根本性问题，董事会也并非股东的一项消极工具（Passive Instrument）。第二，反收购措施的合法性问题。特拉华州公司法认为，只要董事会有合理的理由认定收

---

① 关于该案的事实及判决内容，see Unocal Corp v Mesa Petroleum，Inc，493 A2d 946（Del 1985）。

购要约会对公司造成损害，其便可以采取合理且必要的手段挫败之；而在判断是否会对公司造成损害时，董事会可以考虑要约价格的充足性、收购要约的性质与时机、收购的合法性以及收购对非股东利益群体的影响等因素。由此可见，特拉华州最高法院并不认可"反收购措施是董事会自私自利的产物"这一论调及其暗含的规范性陈述；恰恰相反，法院认为董事会是一个保护公司实体的自治性机关，而反收购措施可以作为一种实现董事会职权的工具而存在。

在"Unocal v. Mesa"案判决做出四年之后，特拉华州最高法院又对著名的"Paramount v. Time"案做出判决。[①] 案件的最终结果为：特拉华州最高法院维持了其下级法院做出的初审判决，并且拒绝了派拉蒙（Paramount）公司有关该案应当适用"Revlon"规则的主张。同样抛开该案所面对的特殊争点不谈，该案有关"董事会的权力与地位"的判决内容与本小节最为相关。第一，特拉华州最高法院认为，特拉华州普通公司法第八章第141条（a）款向董事会"施加"（Impose）了管理公司事务的职责；这一职责也同时授权董事会制定公司经营方针（Corporate Course Of Action），其中就包括设定提升公司盈利能力的时间表。然而，时间表的设定并非要求董事会固守于一定的投资期限（Investment Horizon），而是可以由其自行决定实现利润的时间与方式。第二，特拉华州最高法院进一步指出，除去少数如 Revlon 案的特殊情形，[②] 即便是在要约收购的语境下，董事会也不负有最大化股东短期利益的义务。这一判决内容，同样在两个层面上否定了"反收购措施是董事会自私自利的产物"及其所暗含的规范性陈述：第一，董事会并非股东的代理人，相反，其拥有自行决定公司经营方针的权力，而无义务最大化股东的短期利益；第二，即便董事会的行动会造成股东短期利益的受损，只要其行动仍符合"为了公司的最佳利益"（in the Best Interest of Corporation）就不会为法院所干涉。

需要首先指出的是，本部分虽然仅仅列举了"Unocal v. Mesa"与"Paramount v. Time"这两项判决，在引证上略显单薄；然而，由于这两项判决是被公认的相关领域的权威、指导案件，从判决内容中体现的公司法

---

① 关于该案的事实及判决内容，see Paramount Communications, Inc. v. Time Inc., 571 A. 2d 1140, 1150（Del. 1989）。

② 本书将在本章第六节详细论述 Revlon 案，此处不赘。

司法态度可以称得上极具代表性。这两项判决及其所代表的司法态度提醒人们这样一个事实：董事会并非股东实现其自身利益（尤其是短期利益）的消极工具，而反收购措施则可以成为董事会履行其法定职责（如 "*Unocalv. Mesa*" 案中的保护公司免受损害）的有力工具。

四　小结

股东至上主义者主张，"反收购措施是董事会自私自利的产物"；这一主张又暗含了"董事会是股东的代理人"和"反收购措施对公司弊大于利，甚至有百害而无一利"这样的规范性陈述。然而这种主张与其暗含的规范性陈述，并非看待或者描述董事会与反收购措施在公司治理中的重要作用的正确视角。从团队生产理论、反收购被忽略的事前利益以及特拉华州公司法司法实践这三个视角出发，我们可以看到，董事会扮演着较之"代理人"或者"消极工具"更为复杂的重要角色，而反收购措施则正是其实现角色价值的不可或缺的道具。

至此，通过本章第四、第五节的论述与努力，本书已经推翻了"反收购措施是董事会自私自利的产物"这一基于股东至上主义的论调。本书接下去的任务是借助本意第六、第七两节的内容，完成对非股东利益群体得分享"是否接受要约收购的决定权"乃至更为宽泛的"公司控制权"的正当性证立。

第六节　非股东利益群体对控制权的
分享：绝非陈词滥调

当股东至上主义本身的正当性基础受到致命挑战时，其支持者往往做出一种"让步论证"：通过否定董事会享有特定权力的正当性，来证立股东对该权力的最终控制。事实上，这种让步论证，是以股东至上主义的"权力二分"为逻辑起点的。然而，正如本章第三节结尾处所言，这一逻辑起点难以回答如下问题：股东独享最终控制权的正当性何在；非股东利益群体为什么不能享有最终控制权。在本书第一章已经完成了对"股东独享最终控制权"的正当性解构之后，本节将完成对非股东利益群体得分享控制权的正当性证立。这一任务的完成，还将抽离股东至上主义者最后的救命稻草——与短视主义划清界限。其原因在于：即便股东至上主义与短视主义完成了界限划清，由于非股东利益群体"应当"分享控制权，其也不可能再独享控制权。

一　控制权分享的判例法与制定法基础

在不同法系的多个法域，基于公司立法现状与法律对契约自由的容忍程度不同，非股东利益群体对公司享有各种不同"来源"（法定授予/约定取得）、不同"形式"（直接权力/间接权力）与不同"程度"（全部/部分公司事务）的控制权。对这些不同法系的多个法域的比较法研究，本书将在第四章第二、第三节关于"历史的其他选择"中加以详述。于本节处，本书将仅仅着眼于美国在"要约收购法"领域所体现的非股东利益群体的公司控制权。

从目前的学术讨论、法院对先例的遵循情况来看，非股东利益群体对"决定是否接受要约"的控制权分享的判例法基础仍然为"*Unocal v. Mesa*"一案。① 当然，在该案判决中，非股东利益群体的控制权是通过一种迂回、曲折的方式加以体现的。② 为了实现排斥股东独享决定权的目的，特拉华州最高法院采用了如下的"三步走"分析法。第一，法院论证了董事会所享有的广泛的公司权力，并将这些权力界定为"法定的"［Conferred By 8 Del. C. § 141（a），］和"固有的"（Inherent），而并非来源于股东的授予。由此，董事会在特拉华州普通公司法第141条（a）款下获取的"管理公司事务"的权力被独立化与自治化。第二，法院认为，"保护公司免受损害"应当被划分至董事会"管理公司事务"的权力范围之内，并将其定性为董事会的一项"义务与职责"。这一举动，不仅合法化了董事会挫败有损公司利益行为的举措，更为其举措增添了"道德伦理"上的正当性。第三，法院认定，要约收购属于会对公司利益造成损害的法律事实，并且允许董事会将要约收购"对其他利益群体的可能影响"纳入公司损害的计算范围。而这最后的一步，不仅赋予了反收购措施以合法性，更直接排斥了股东利益应是董事会决策"主要"甚至"唯一"需要考量的利益的观念。由此可见，虽然法院实现其政策目的的过程迂回曲折，然而其主旨却异常鲜明：在要约收购的语境下，股东并非唯一的控制权主体；董事会享有法定且独立的权力，无须将股东利益视作唯一或者主要的考量对象。

除去迂回曲折的判例法基础，非股东利益群体对控制权的分享还具有相当丰富的制定法基础。③ 1983年，宾夕法尼亚州率先制定并通过了美国第一部"非股东利益群体法案"（Stakeholder Statute）；之后，这一做法迅速得到了其他各州的效仿，截至2003年，美国已共计有41个州颁行了自己的"非股东利益群体法案"。尽管这些法案都分享了共同的时代背景，即20世纪80年代发生的"收购浪潮"，其内容却各有差异。第一，对非股东利益考量的"强制"与"赋权"模式之分。尽管所有的41个州都

---

① 对于该案的主要判决内容，本章已在第五节有所论述，此处不赘。

② 按照本书第四章的分析，这种控制权属于"法定授予的间接权力"。

③ 以下关于美国各州"非股东利益群体法案"（Stakeholder Statute）的介绍，see Kathleen Hale, "Corporate Law and Stakeholders: Moving Beyond Stakeholder Statute", *Arizona Law Review* 45（2003）：833－836。

"允许"董事会考量非股东利益，但只有康涅狄格州"强制性"地"要求"董事会"必须"在做出公司决策时将非股东利益纳入考虑范围。第二，考量非股东利益的公司内部层级之分。在全部 41 个州制定的"非股东利益群体法案"中，制定法都要求董事会及其成员在做出决策时考量非股东利益；而在包括伊利诺伊州的少数几个州中，制定法还将上述要求延展适用至除董事会之外的其他"公司管理人员"（Corporate Officer）。第三，考虑非股东利益的情境宽窄之分。在全部 41 个州中有 22 个州，允许董事会在进行"任何"公司决策时考量非股东利益；然而在其他的 19 个州，制定法仅允许董事会在"要约收购"或者"其他控制权交易"的情境下，考量非股东利益。第四，对非股东利益的考量方法之分。部分州的制定法所要求考量的非股东利益，其实是指董事会可以或者必须考虑公司决策对非股东利益群体可能造成的"损害"；而其他州的制定法，则就是允许或者要求董事会在进行公司决策时，将非股东利益与股东利益并行衡量。然而，虽然各州的"非股东利益群体法案"在内容上各有（很大的）差异，其实质却指向一个共同的主题：提升非股东利益群体在要约收购甚至是全部公司事务中的重要性；拒绝或者不承认股东利益是董事会在决定是否接受收购要约甚至其他全部公司事务时，需要考虑的主要或者唯一利益因素。

针对上述控制权分享的判例法与制定法基础，股东至上主义者会提出如下两项反驳。第一，从判例法的角度来看，"Unocal v. Mesa"案的判决内容，受到同样被奉为权威的"Revlon"规则的极大约束；而后者确立的恰恰是"股东至上主义"的观念。第二，从制定法的角度来看，现有的"非股东利益群体法案"并非理性论证的结果，而仅仅是利益集团游说的结果。由此，若欲完成对控制权分享的正当性之证立，就必须首先完成对这两项兼具"法技术"与"法政策"的两大维度之反驳的再反驳。本部分接下来的内容将首先完成对第一项反驳的再反驳；而本节的第二、第三、第四部分则将联合说明：非股东利益群体对控制权的分享具有深厚的理性基础，而并非单纯游说的结果。

1986 年，特拉华州最高法院就"Revlon v. MacAndrews & Forbes"案

（以下简称"Revlon案"）做出终审判决，确立了著名的"Revlon"规则。①从该案判决的内容来看，所谓的"Revlon"规则，其实质是确立了如下一项有关董事会的行事标准：当公司控制权的转移已经不可避免（Inevitable）时，董事会必须最大化地实现股东可以获取的"收购溢价"。这一规则对股东至上主义及其支持者的意义，可以被归结为如下两点。第一，"Revlon"规则极其契合股东至上主义将董事会视为股东代理人，以及股东利益应是董事会主要甚至唯一考量对象的观念。第二，虽然特拉华州最高法院于1985年，在"*Unocal v. Mesa*"案中做出了对股东至上主义者不利的判决；然而，仅仅一年之后，特拉华州最高法院却又极力主张股东利益的至上性。这种时间上的敏感性，使得股东至上主义者完全可以将"Revlon"规则视为特拉华州最高法院的一次"及时转向"。然而，如果就"Revlon"规则及其后继的学理、司法发展进行深入研究，我们就会发现"Revlon"规则其实根本无法支撑股东至上主义者所寄予其的重大意义。首先，特拉华州最高法院在Revlon案中对股东利益的强调，并非如股东至上主义者所主张的那般绝对。第一，"Revlon"规则仍然承认"*Unocal v. Mesa*"案作为先例的有效性，并再次确认在控制权移转的语境之下，董事会对公司其他利益群体的利益考量的正当性。第二，"Revlon"规则提出，董事会对其他利益群体的利益考量，必须以该利益与股东利益存在某种程度的"合理关联"（Rationally Related）为前提。仅从这一前提出发，根本无法确定地推导出股东利益的至上性；相反，它可以是在一种"帕累托最优"或者"卡尔多－希克斯效率标准"的意义上所使用的利益关联，即某一利益群体的利益增加，应当不减损其他利益群体的利益，或者能够补偿其他利益群体所遭受的利益减损。而从Revlon案的特殊案情——董事会所采取的公司举措过分照顾了债权人利益，而忽视了股东利益——来看，后一种解释似乎更为可取。其次，后继的学理与司法发展，都大幅度地限缩了"Revlon"规则的内容。第一，于"Revlon"规则确立后的第四年，特拉华州最高法院便在"*Paramount v. Time*"案中，将"Revlon"规则的适用范围从"控制权移转"的语境，下调至"公司拆分完全不可避

---

① 关于该案的具体案情及判决内容，see Revlon, Inc. v. MacAndrews & Forbes Holdings, Inc., 506 A. 2d 173（Del. 1986）。

免"的情况。这种适用范围的大幅缩减，其实也宣告了"Revlon"规则在特拉华州公司法中的不断式微。第二，尽管"Revlon"规则要求董事会对其他利益群体的利益考量，应以与股东利益具有"合理关联"为前提；然而，近来的学理、司法研究却已经完全摒弃了这一要求。例如，美国法律研究院所推出的《公司治理原则》便规定，即便对非股东利益群体的利益考量无法产生任何经济回报甚至会产生净经济损失，董事会仍可以在进行公司决策时对非股东利益群体的利益加以考虑。① 由此可见，股东至上主义针对非股东利益群体分享控制权的判例法基础，所进行的法技术反驳是站不住脚的。

至此，本小节的论述完成了如下工作：展示非股东利益群体分享控制权的判例法与制定法基础；并就股东至上主义者提出的"法技术"反驳进行检讨。需要再次提醒读者注意的是，接下去的第二、第三、第四部分将联合完成控制权分享的"法政策"证立。

二 非股东利益群体对公司的重要意义

在股东至上主义的视域之下，股东利益是"至上"的，股东对公司控制权的享有几乎是"先验式"的。受这种视域的支配，公司法学术研究所致力完成的，是如何降低乃至消除"股东与管理层"之间因利益分野造成的"代理成本"。虽然其间偶有来势汹汹的挑战者，如企业社会责任理论；但股东至上主义作为一种学术范式的地位，却从未如今天这般稳固。这种学术范式地位的确立，使得股东至上主义又借助法学院、商学院等重要平台，形成对未来法学研究、商业实践的巨大影响。最终，可能无足轻重的股东利益（第一章第三节所引米歇尔教授之实证研究）被轻易地神圣化，而对公司不可或缺的非股东利益群体却被弃之如敝屣。若欲纠正此种视域上的偏差或者缺失，首先说明非股东利益群体对公司的重要意义之所在便极为重要。而非股东利益群体对公司的重要意义，又可以在下述三项理解企业（公司）本质的理论中得以展现。

---

① See, e. g., 1 Am. Law Inst., "Principles of Corporate Governance: Analysis and Recommendations § 2. 01 cmt. f.", (1994).

如何理解企业（公司）的性质、企业在市场中的存在原因，一直以来都是法学与经济学共同研究的话题。继"黑箱"这种躲避问题的理论之后，率先成为通说的是诺贝尔经济学奖得主科斯教授的"交易成本"与"科层等级"理论。① 在其代表作《企业的性质》一文中，科斯教授提出，企业的存在及其发展的边界，取决于其自己生产的成本，与通过市场交易获取相同产品的成本之间的比较；当前者低于后者时，企业便会在市场中脱颖而出并且不断壮大，直到前者等于或者高于后者。然而，为什么自己生产的成本会低于市场交易的成本？科斯教授认为，这是由于企业（公司）作为一种市场机制"允许某一权威指挥资源，确实地节省了交易成本"。如何理解这一解读？在市场中，人们总是可以通过缔结个别契约的方式来合作完成特定产品的生产；这种方式建立在等价交换、各取所需的基础之上，能够提升每一个人的福利。然而，这种缔结个别契约的方式存在显著的交易成本问题：第一，为重复生产再次订立契约的缔约成本；第二，在生产过程中随时可能面临的违约成本；第三，因在特定时间内无法找到交易相对方而产生的时间成本。为了控制以上成本，各项资源的所有者将自己对资源的"指挥权"移交给"企业家"（Entrepreneur）行使，以换取对资源使用所产生的收益。在这种"权威指挥资源"的模式之下，个别缔约的交易成本得以控制，也使得企业这种市场机制兴盛发达起来。尽管科斯教授理论的关注核心为"交易成本"，然而其论证企业本质的方法却已经说明了非股东利益群体的重要性。第一，科斯教授在讨论权威所指挥的资源时，并非仅仅关注股东所提供的资本资源；相反其在举出例证时，大量讨论了雇员、债权人与供货商等非股东利益群体所投入的"资源"。第二，科斯教授将企业（公司）在市场中获得成功的原因，归结为其对不同资源进行整合的较低成本，而非对股东利益的最大化实现。第三，权威指挥资源对交易成本的降低，必须依赖两项前提条件的满足，即权威的确立以及存在可供指挥的资源；而这两项前提条件的满足又必须借助非股东利益群体的积极配合，而不可能由股东独立完成。由此可见，尽管科斯教授没有也不可能（受限于论文主旨）说明非股东利益群体的重要性；然而，其完成论证的方法和结论已经透露出对非股东利益群体重要性的暗示。

---

① See Ronald Coase, "The Nature of the Firm", *Economica* 4 (1937).

与上述针对交易成本理论的解读与暗示阐明不同，团队生产理论对非股东利益群体重要性的说明，则显得相当直白。[①] 如前文所述，一种生产过程只有同时满足了（1）需要使用多种不同的资源，（2）其产品并非所使用的多种资源的简单组合，（3）所使用的资源并不归属于同一所有者这三项条件，才能被称为"团队生产"。在现实生活中，确实可能存在这样一种公司类型（且数量不少），即公司所使用的全部资源都来自同一所有者——股东。然而，在社会分工不断细化、公司规模不断扩大的今天，"团队生产"无疑是公司运作的一种主流模式。在"团队生产"的模式之下，股东向公司投入的资源（资本）固然重要，却也不过是所需的众多资源中的一种；非股东利益群体的参与与资源投入，构成了团队生产不可或缺的一部分。在团队生产模式之下，股东不再被置于公司金字塔的顶层，而仅仅被视为"横向"资源整合中的一位参与者。至于团队生产的效率，也不再仅仅取决于"股东与管理层"之间的代理成本问题，而需要更多地关注非股东利益群体所面临的"事后机会主义风险"（即专用性投资所面临的锁定难题）。总而言之，团队生产理论在两个维度上凸显了非股东利益群体的重要性：第一，公司的生产不仅有"纵向权威"的面向，更有"横向合作"的需求；而在实现"横向合作"时，非股东利益群体的参与与配合是"必不可少"的；第二，"股东与管理层"之间的"代理成本"不过是决定公司生产效率的一个方面；如果不能解决非股东利益群体面临的"事后机会主义风险"，公司也无法成为替代"缔结个别契约"的有效市场机制。

与团队生产理论极为相似的是，作为现代公司法基本研究范式的"公司合同理论"或者"合同关系束理论"也非常强调公司的"横向合作"面向。按照"公司合同理论"的理解，"公司不是一个物，而是一系列'显性和隐性契约'的连锁，这些契约明确了组成公司的各个生产要素输入者之间的权利和义务"[②]。在这种合同关系束的视角之下，公司不再是单纯的股东所有物，其内部关系也不再局限于"股东"与"管理层"之间的利益纠葛；相反，公司应当被视作一个契约联结，其所需处理的冲突关系

---

① 关于"团队生产理论"，参见本章第五节第一部分的内容。

② 〔美〕斯蒂芬·M. 贝恩布里奇：《理论与实践中的新公司治理模式》，赵渊译，法律出版社，2012，第25页。

还包括股东与公司、公司与非股东利益群体、股东与非股东利益群体、非股东利益群体相互之间的各种利益冲突。值得注意的是，公司合同理论拒绝先验性地将股东视作公司的所有权人，并认为非股东利益群体与股东一样向公司投入了至关重要的资源；因此，公司合同理论主张，股东至上主义必须寻求股东所有权以外的理论支撑。当然，从目前主流的公司法研究来看，公司合同理论似乎仍然与股东至上主义相捆绑。然而，造成这种捆绑的却是两大理论上的谬误：第一，股东是公司的唯一剩余风险承担者；第二，与股东所面临的不确定性不同，非股东利益群体可以借由事前的合同条款，充分地保护自己。如果能够充分意识到这两大理论的错误所在，[①]就会发现公司合同理论本身其实并不证成股东利益的至上性；相反，却能说明非股东利益群体在公司运作中的不可或缺性。

综上所述，非股东利益群体对公司的重要性可以概述如下：从"权威指挥"的视角来看，若非非股东利益群体进行的资源投入、资源指挥权的让度，企业（公司）根本无法发挥其降低交易成本的市场功能；从"团队生产"的观念出发，非股东利益群体是"横向合作"的重要参与者，若不能保障其专用性投资的完全性，公司便不可能取代"缔结个别契约"这一市场交易模式；而就"公司合同理论"以观，非股东利益群体是合同关系束的共同缔造者，与股东一起向公司投入了至关重要的资源。

有人也许会提出这样的反驳：上述重要性不过是一种理论上的推演，未必符合社会现实。对于这一反驳，笔者存有如下回应：第一，本书"第一章第三节"所引证的米歇尔教授与艾克尔斯教授的两篇实证研究文献已经说明，与传统观念恰恰相反，是非股东利益群体而非股东自身对公司的成功做出了最重要的贡献；第二，如若有心观察，在现实生活中其实存在大量的事例可以证明，非股东利益群体的资源投入对公司存续、发展的极大意义；第三，本节第四部分的内容，也会列举若干"非股东利益群体对公司的重要意义"的实例。

至此，本部分完成了对非股东利益群体分享控制权的"充分条件"的

---

① 关于这两大理论的错漏之处，请参见本书"第一章第三节"与"第三章第四节"的分析与论述。

证成，接下来的两部分将会继续完成对"必要条件"的证立。

三　控制权：非股东利益群体保护的必要工具

按照股东至上主义者的观点，董事会不能善尽其职责而导致的公司经营效率低下，是要约收购发生的主要原因；如此，目标公司股东所获取的"收购溢价"、要约收购人事后从目标公司处实现的经济利益，应当主要来自公司经营效率的改善。然而，从现有的大量实证研究文献来看，上述"溢价"或者"经济利益"很可能并非来自经营效率的改善，而系由非股东利益群体处"榨取"得来。[①]

与传统的经济学、法学研究不同，在面对要约收购导致的目标公司股价大幅上升时，施莱弗（Shleifer）和萨门斯（Summers）两位教授提出了一项大胆而又新颖的理论假设：这种大幅上升的股价，所体现的并非公司经营效率的改善，而是公司财富在非股东利益群体与股东之间的横向流动。在一份为美国国家经济研究署所撰写的报告中，两位教授具体阐述了这种理论假设的内容：作为一种合同关系束，公司是由"显性"与"隐性"的两种合同类型共同组合而成；基于对公司会履行隐性合同的信任，包括雇员在内的其他利益群体会做出大量的专用性投资；而要约收购人可以通过违反隐性合同的方式，来实现公司财富的再分配。[②] 根据这一假设，两位教授对"大多数员工为工会成员"（Majority - Unionised Worker）的（美国）目标公司展开了案例研究，并得出了如下结果：在要约收购完成后的 5 年之内，大量加入工会的员工被裁撤；而新加入公司的员工则大多不隶属于任何工会，且领取更少的薪水。两位教授认为，这种案例研究的结果完全证实了其所提出的"横向流动"假说。事实上，两位教授的理论假设，还得到了更大范围的实证研究的支持。例如，针对英国于 1987 ~ 1995 年所发生的 67 起要约收购，实证研究者得出了如下结论：在要约收

---

① 以下所列举的全部相关实证研究文献，若无特别引注，see generally Chrispas Nyombi, Tom Mortimer, Rhidian Lewis, "Shareholder Primacy and Stakeholders' Interests in the Aftermath of a Takeover: A Review of Empirical Evidence", *International Business Law Journal* 2（2005）: 173 – 177。

② See Andrei Schleifer, "Breach of Trust in Hostile Takeovers", Cambridge: National Bureau of Economic Research, 1989.

购发生后的 5 年之内，公司员工的数量下降了 11%，且员工的工资也受到了大幅度的削减；一份针对瑞典制造业的实证研究则发现，在要约收购发生之后，公司裁减了超过 10% 的员工；而另一项针对欧洲的实证研究则指出，在要约收购发生之后，英国的就业率下降了 12.4%，而在欧洲大陆，这一数字为 7.9%。除去上述员工裁撤与工资下调的证据之外，其他的实证文献更凸显了"横向流动"的可能性。例如，一份在 1987 年发表的实证研究发现，股东在做出出售股份的决定时，几乎未曾考虑公司雇员的利益（在短视主义盛行的今天，情况应该更是如此）；另一份在 1988 年公布的实证研究则指出，在要约收购发生后的几年内，目标公司大多违反了其与雇员在要约收购前签订的合同。

除雇员之外，债权人的处境也不容乐观。从较为宽松的标准来看，债权人不仅包括银行等金融机构，还包括供货商（Supplier）这样的短期信用授予者。在一份时间跨度为 1993~2012 年的实证研究中，研究者专门就要约收购与供货商之间的利益冲突进行研究。该研究指出，基于不同的协商能力，在目标公司的 CEO 因要约收购被更替后，供货商的销售额至少下降了 20%。在另一份可以对其进行补充说明的实证文献中，研究结论认为，正是因为要约收购对供货商的不利影响，公司很难与供货商形成长期的合作关系。其他针对银行等金融债权人的实证研究，则给出了更多印证"横向流动"的证据。例如，一份于 20 世纪 80 年代的收购浪潮中做出的实证研究发现，在目标公司股价飞涨的同时，债权人却遭受着巨大的因债务违约而引发的损失；在专门针对杠杆收购（Leveraged Buyout）的一份实证研究中，研究者发现，因杠杆收购的实施与完成，目标公司的债券价格平均下降了 1.42%；在一份样本较小、仅包含 17 起杠杆收购的实证研究中，研究结果显示，17 家目标公司中的 7 家被下调了信用等级，有 8 家则被评定为需要"信用观察"（Credit Watch）。

在上述专门针对要约收购与债权人利益关系的实证研究之外，着眼于其他领域的实证研究也向人们展示了非股东利益在股东至上主义的公司法下所可能遭受的损害。[①] 例如，在一份研究激励薪酬与股东、债权人利益

---

① 关于以下实证研究文献，see Edward B. Rock, "Adapting to the New Shareholder – Centric Reality", *University of Pennsylvania Law Review* 161 (2013): 1928 – 1929。

的实证文献中，研究者发现，管理层薪酬与股价挂钩的程度越高，公司的债务违约率也越高；由龚帕斯（Gompers）、石井（Ishii）和梅特里克（Metrick）三位教授共同设计的 G 指数则显示，股东控制权与银行债务、公司债券的成本与风险成正比。

除去以上所列举的各种负面影响之外，相较于股东，非股东利益群体在要约收购等语境下，还处于一种"先天"的不利地位，即难以分散自己的投资风险。如本书第一章第三节所言，在所有向公司输入资源的群体之中，股东是最能规避投资风险的一个群体；这一点可以通过资本资产定价模型或者投资组合理论加以证实。例如，若股权投资者预测当年夏天将以多雨气候为主，其便可大量买入雨伞制造公司的股权；然而这种投资可能面临预测失灵、一季无雨的风险；此时，为规避风险，该投资者可以对冲买入遮阳伞制造公司的股权。然而，与股权投资相反，其他利益群体向公司输入的资源，往往具有"专用性"的特征，难以规避投资风险。例如，供货商往往为了合作公司的特殊生产要求，培训具有特定技能的员工、添置满足特别要求的生产线等，一旦合作公司违约或者破产，其投资便将全部沉淀；公司管理层为了提升公司业绩，改善公司治理质量，需要对特定公司进行大量的细致研究、制定个性化的经营战略，一旦公司控制权移转或者破产，其投资也难以为其他公司所用。

综上所述，从非股东利益群体所面临的严重的利益减损及其投资多呈现"专用性"的特征来看，赋予非股东利益群体以一定的控制权，对其利益的保护是相当必要的。

四　控制权分享的经济学支撑

如果非股东利益群体对公司至关重要、不可或缺，而其又正在遭受股东独霸控制权带来的巨大损害，股东至上主义者还有什么理由拒绝其分享控制权的要求？也许这最后的一层窗户纸，便是股东至上主义者经常挂在嘴边的"经济效率"。一般来说，股东至上主义者总是从一个基本面出发，以论证控制权分享（包括公司社会责任）在经济学上的不效率：控制权分享会造成"一仆侍二主"的不效率局面。至于"一仆侍二主"产生不效率的原因，又体现在如下两个方面。第一，具要求董事会同时对多个利益群体负责，结果就是其对任何群体都不负责。例如，董事会总是可以将自己对股东利益群体的不负责任，推脱为对债权人群体的负责，反之亦然。第二，"一仆侍二主"会分散公司资源、模糊公司目标，最终带来经济效率的下降。虽然这种论证控制权分享的基本路径已然成为学术研究的通说，然而近年来不断涌现的理论与实证研究文献，正在极大地动摇这一通说的正当性。出于对本书论证体系的考虑，对"一仆侍二主"可能产生的第一种不效率，本书将在第五章第二节进行详细反驳；而本小节将专注于证明控制权分享本身不会造成经济效率的下降。

首先值得关注的是针对公司实施"雇员健康保护项目"（Employee Wellness Program）的实证研究。自 1979 年开始，强生（Johnson & Johnson）公司开始实施旨在提升雇员健康状况的内部项目。在 2002 ~ 2008 年，研究者对该内部项目的效果展开了实证研究。该实证研究得出了如下结论：第一，与相同规模的其他公司相比，强生公司为其雇员支出的年均医疗费用下降了 3.7%；第二，得益于该项目的实施，公司雇员的患病率显著下降；第三，该项目"每年"能够为强生家族公司节省"人均"565 美元的医疗支出，这一数字意味着，强生公司投入在该内部项目上的每一美元，能够换回 1.88 ~ 3.92 美元的回报。根据上述结论，研究者预测认为，由于大多数成年美国人都供职于不同的公司，若更多的公司能够实施与强生公司相同的健康保护项目，国民整体健康水平和经济效率都会得到显著提升。[1] 事实上，如果不单单计算因计划实施节省的医疗费用，这种雇员健康保护项目对经济效率的提升还将更为显著。例如，雇员健康状况的改善，还将减少因病假导致的工作时间减少、因身体虚弱导致的工作质量下降等。另外，其他相关实证研究显示，公司实施雇员健康保护项目，还可以显著地提升雇员对公司的忠实度与工作责任心。[2] 这种忠实度和责任心的提升，又可以鼓励雇员对公司进行更多的"专用性投资"，从而有助于团队生产的高效完成。而上述这些效益，都是不能为"节省的医疗费用"所涵

---

[1] 关于该实证研究的具体内容，see Rachel M. Henke et al. , "Recent Experience in Health Promotion at Johnson & Johnson: Lower Health Spending, Strong Return on Investment", *Health Affairs* 30 （2011）。

[2] See Leonard L. Berry, Ann M. Mirabito, William B. Baun, "What's the Hard Return on Employee Wellness Programs?", *Harvard Business Review* Dec. 2010: 104 – 112.

盖的。

除去雇员利益，公司对更大范围的利益群体的照护，也能极大地增加公司经营的成功可能性。1962 年，雀巢（Nestle）公司得到印度政府的官方许可，得以在印度北部的摩加（Moga）地区开设炼奶厂。然而，由于贫穷，当地的农民缺乏必要的冷冻、运输及检测牛奶质量的装备；这一现状使得雀巢在当地制成的牛奶难以辐射至整个印度市场。为了改变这一现状，雀巢牺牲了短期的公司利润，对当地农民进行了大量金融资助，以帮助其提升生活质量和工作能力。经过较长时间的努力，与 1962 年相比，雀巢能够雇用的当地农民已经从 180 人上升至 75000 人，奶牛的死亡率下降了 75%，牛奶的产量则增加了 50 倍。基于生产能力的大幅提高，雀巢得以向当地农民支付更高的工资；而当地居民贫困率的下降，又反过来增加了对牛奶等消费品的需求。① 与雀巢极其相似的是挪威化肥生产商雅苒（Yara）公司在非洲的成功经历。② 作为全球最大的化肥生产公司，雅苒公司通过公共私营合作制的方式，在非洲帮助建设与农产品相关的储存、运输和港口等基础设施，希望以此发挥非洲土地未被实现的生产力。在这一过程中，雅苒公司雇用了大量的当地贫困居民，从而大幅改善了当地居民的生活水平。随着土地生产潜力的不断挖掘、当地居民收入水平的日益提升，非洲市场对雅苒公司的化肥制品的需求也急剧上升。需要指出的是，本部分虽然只列举了雀巢和雅苒公司这两个案例，却并不代表其内容不具有普遍性。事实上，当今世界的许多公司，也是以对非股东利益群体之利益的高度关注而实现成功的。例如，美国最大的分类广告公司克雷格列表（Craigslist）、最大的社交网络平台脸书（Facebook）和最大的车辆分享公司优步（Uber）都非常注重顾客、所在社区乃至更大范围的非股东利益群体的利益。另外，一份针对中国 1149 家上市公司的实证研究表明，"在10% 的显著性水平上"，"建立健全利益相关者治理机制"，"有助于提高公司的盈利能力"、"运营效率、成长能力"，提升 "净资产收益率、总资产

---

① *See* Michael E. Porter, Mark R. Kramer, "Strategy & Society: The Link Between Competitive Advantage and Corporate Social Responsibility", *Harvard Business Review* Dec. 2006: 90.

② 以下关于 Yora 公司的案例研究，see David Million, "Two Models of Corporate Social Responsibility", *Wake Forest Law Review* 46（2011）: 531 – 532。

收益率、每股净资产、加权每股收益、总资产年度增长率"。①

除去上述有力的实证研究数据，不少的经济学理论也可以为控制权分享提供支撑。第一，资本资产定价模型与控制权分享。根据资本资产定价模型的理论内容，任何理性的投资者都会进行分散投资，而且这种分散投资不是简单地持有数种股票或者其他证券；相反，这些理性的投资者会按照不同证券（包括股票、债券）在整体金融市场中的比重，配置自己的投资组合。因此，理性的投资者不仅仅持有特定公司的股票，还会持有该公司的债券；不仅仅持有特定公司的股票，还会持有该公司供应商或者债权人的股票。对于这样的理性投资者而言，其最大化自身投资价值的方式，必定不是最大化特定公司的股票价格，而是最大化其所持投资组合的收益。在这样的投资理念之下，股东至上主义或者仅仅要求董事会最大化股东利益的观念，不可能成为理性投资者的选择。另外，如果考虑到单一个体在社会中所扮演的角色的复杂性，即其既可能是公司股东，也可能是公司的供应商、债权人、员工或者受公司活动影响的第三人，理性投资者也不会赞成公司控制权为股东所独享。第二，"单一所有者原则"与控制权分享。在经济学理论中一直存在着这样一项原则，② 即"为求实现效率，若对某一资源的使用涉及另一主体，则应当最大化资源对两方主体的共同价值"；这一原则要求人们在处理资源利用冲突时，思考若该资源由单一所有者利用，其会如何最大化该资源的价值。例如，甲有两种方法来使用某块土地，方法一会给甲带来 100 美元的收益，但会给相邻土地的所有者带来 60 美元的成本；方法二虽然仅给甲带来 70 美元的收益，却只会对相邻土地造成 10 美元的损害。从甲个人的效率来看，其应当选择方法一；但如果从单一所有者原则出发，甲应当按照方法二来利用土地，因为这种选择能够最大化社会的整体福利。将该原则扩展适用至公司法的语境之下，我们应该能够得到这样的结论：公司的控制权不应当仅仅被用以最大化股东利益，相反，其应当实现公司全部利益群体的利益最大化。

至此，本节通过"非股东利益群体对公司的重要意义"、"控制权：非

---

① 南开大学公司治理研究中心公司治理评价课题组：《中国上市公司治理指数与公司绩效的实证分析——基于中国 1149 家上市公司的研究》，《管理世界》2006 年第 3 期。

② 以下关于"单一所有者"的介绍，see Hans – Bernd Schafer, Claus Ott, *The Economic Analysis Of Civil Law* (Cheltenham：Edward Elgar Publishing Ltd. , 2004)，pp. 440 – 441。

股东利益群体保护的必要工具"和"控制权分享的经济学支撑"，完成了对股东至上主义所主张的"非股东利益群体法案"系单纯利益集团游说结果的反驳。通过这一反驳，本节也完成了开篇处所确立的完成对控制权分享的证立目标；而这一证立则完全击溃了股东至上主义关于其独享控制权的"让步论证"。如果股东独享控制权并无任何正当性基础（详见第一章），而非股东利益群体对控制权的分享又有深厚的理论支撑，控制权是否还应当为股东所独享？答案显然是否定的。

第七节　小结

　　如果人们已经开始怀疑股东至上主义作为一种信仰体系的正当性，对其宣战的"第一枪"一定要在"要约收购"这一领域打响。其原因在于：在要约收购领域，股东至上主义对董事会中心主义的抨击最为猛烈；其对公司控制权的把控欲最为膨胀；其与非股东利益群体之间的利益冲突最为凸显。传统的股东至上主义者，总是从如下三个方面来证成其对收购要约的决定权：第一，股东是更好的决定主体；第二，反收购措施是董事会自私自利的产物；第三，非股东利益群体对控制权的分享不符合经济学效率，至于现存的各种控制权分享立法不过是政治游说的结果。针对上述三项理论支撑，本章用六节、三个单元对其进行了一一的驳斥。在第一节中，通过论证董事会利益冲突的可控性、要约收购语境下股东所面临的特殊的"集体行动"与"搭便车心理"问题，本章完成了对股东控制权在法技术上的质疑。而在第二、第三两节，本章又借助大量剖析股东短视主义危害的理论与实证研究文献，从法政策上推翻了股东独享控制权的正当性。然而仅仅推翻股东控制权的证立是远远不够的，其原因在于：若其他主体对控制权的享有会制造更大的危害，则基于两害相权取其轻的原则，控制权仍会为股东所独享。有鉴于此，本章在第四、第五节对董事会与反收购措施在公司治理中的作用进行了反思。与"要约收购是公司的有效监督机制"、"董事会是股东的代理人"和"反收购措施对公司弊大于利甚至有百害而无一利"的传统观念不同，近来的众多理论与实证研究恰恰得出了相反的结论：第一，当股东至上主义与短视主义紧密结合时，要约收购不仅并非公司治理的监管机制，还可能从"事前"与"事后"两个层面对公司造成不可估量的损害。第二，即便在要约收购的语境下，董事会也并非股东的代理人、实现股东利益的消极工具；相反，其肩负着保护公司免受损害、协调团队生产、为促进专用性做出有效承诺等一系列重大的公司职责；第三，虽然不能否认制度滥用的存在，但反收购措施作为一种"由市场供求关系所决定"、"能够向市场传递公司具有高质量董事会的信号"和"最大化公司内外部参与者利益"的公司治理机制的重要作用也不应当被忽视。至于非股东利益群体对控制权的分享问题，本章则通过第六节有关"控制权分享的判例法与制定法基础"、"非股东利益群体对公司的重要意义"、"控制权：保护非股东利益群体的必要工具"和"控制权分享的经济学支撑"完成了证立。由此，本章也完成了对股东独享控制权的全部理论支撑的根本否定。

需要在此指出的是，本章第六节所列举的"控制权分享的判例法与制定法基础"并非理想的实现控制权分享的路径。然而，在指出更为理想的控制权分享路径之前（详见本书第五章），本书还将追问如下两大问题：第一，股东至上主义是不是一个可靠的法律分析范式？第二，如果股东至上主义并非可靠，其又是如何获得今天作为一种"信仰体系"的地位的？

第三章 CHAPTER 3

股东至上主义：不可靠的法律分析范式

第一节 "*Dodge v. Ford*"：夸大与误读

公司的目的是什么？董事会的信义义务应当向谁承担？诸如此类的问题，总是萦绕在公司法学研究者的心头。从 20 世纪 60 年代的企业社会责任论战开始，不同派别的学术观点在这些问题上始终未能达成一致。然而，为什么股东至上主义或者公司应当最大化地实现公司利润这样的观点，在法学教育或者法学教授与学生的对话中占据了主流？这一现状在很大程度上可以被归因为一份法律判决，即密歇根州最高法院于 1919 年针对"*Dodge v. Ford*"案做出的法律判决。在股东至上主义者的眼中，这一法律判决确立了"公司应当为股东最大化地实现其利润"的教条；这一教条又借由大量的法学教科书、法学论文（中国的许多法学教科书、论文也以该案作为对公司目的的经典解读），在法学院与商学院的培养过程中掌控了话语支配权。然而，暂且抛开股东至上主义所面临的种种法技术与法政策上的挑战（详见本书第一、二章），"*Dodge v. Ford*"案本身就存在诸多可被质疑之处。确立股东至上主义到底是不是"*Dodge v. Ford*"案判决的真意？它究竟是"股东压迫"（Shareholder Oppression）还是"公司目的"领域的有效先例？后继法院包括密歇根州最高法院，又如何看待其被法学教育附加的权威性？它本身是否真的符合经济效率的分析？它如今的历史地位和未来走向又是如何？诸如此类的问题已经开始得到学术、实务界的高度关注。本书也将从这些问题或者质疑着手，开始对股东至上主义作为一种法律分析范式的可靠性的剖析。

一 "*Dodge v. Ford*"：案情与判决①

1903 年 6 月 16 日，被告福特汽车公司（以下简称"福特"）于美国密歇根州正式设立。在公司成立之初，福特的注册资本仅为 15 万美元。经过 5 年的成功经营，在将公司的全部留存利润转赠为注册资本后，福特的注册资本增加至 20 万美元。随后，由于福特生产的汽车十分契合大众的需求，且被以一种相当有利可图的方式销售，福特的业务不断扩张。在 1910 年 9 月 30 日前，福特共计向市场销售了 18664 辆汽车，销售利润为 4521509.51 美元；而截至 1916 年 7 月 31 日，这两项数字已经分别激增至 472350 辆和接近 6000 万美元。至于公司资本盈余，也从 1912 年的不到 1500 万美元，逐年上升至 1916 年的 11200 万美元左右。伴随销售额和资本盈余的大幅上涨而来的，则是福特向其股东进行的持续高额派息。除去按照注册资本（20 万美元）向股东进行的月利率 5% 的常规分红之外，福特董事会还多次派发特别股利：自 1911 年 12 月 13 日至 1915 年 10 月 13 日，福特进行了 11 次特别分红，共计派发了 4100 万美元的特别股利。值得注意的是，由于市场竞争的不断加剧、规模化生产导致的成本降低，福特所销售的汽车的价格也从每辆 900 美元以上，下降至 1916 年 8 月 1 日的每辆 360 美元。为了提升汽车产量，福特开始自己生产一些原本从第三方处购买的汽车零部件；在这一过程中，福特已经从一家简单的汽车拼装公司，演变为一家超大型的汽车制造公司。然而，正当公司经历着极为迅猛的发展之时，从 1915 年 10 月之后，福特却再也没有派发过任何一次特别股息。与此同时，自 1915 年 6 月开始，福特董事会还开始考虑增设至少一家汽车制造厂。根据该计划，在公司汽车产能增加之后，福特汽车的销售价格还会继续下降。福特公司停发特别股利与进一步降低汽车销售价格的计划，激起了作为少数股东（持有公司股权约 10%）的道奇（Dodge）兄弟的愤怒和不安。而这种愤怒和不安，又因为时任福特董事会主席、持有 Ford58% 股权的亨利·福特（Henry Ford）的一系列表态而被放大。这一

---

① 以下关于 "*Dodge v. Ford*" 案的案情与判决内容的介绍，see Dodge v. Ford Motor Co. ，170 N. W. 668（Mich. 1919）。

系列表态包括：第一，亨利·福特通过媒体宣称，其雄心是要雇用更多的员工，将汽车工业所产生的利益辐射至整体社会，以帮助人们更好地建设自己的生活；第二，据称，亨利·福特在私下对道奇兄弟表示，经过多年的分红，公司股东早已取回了数倍于其投资的利益，其已经没有正当权利要求获得除常规分红以外的任何股利派发了。在多次要求福特停止公司扩张、派发特别股利无果之后，道奇兄弟于 1916 年向设立在韦恩（Wayne）郡的巡回法院提起诉讼；由于对一审判决不满，其又向密歇根州最高法院提出了上诉。

除去有关特定历史背景下的公司资本管制问题之外，密歇根州最高法院主要围绕董事会决定是否派发股利的自由裁量权的行使边界问题，展开了自己的论述。法院首先重申了其自己在 "*Hunter v. Roberts，Throp & Co.*" 案中所确立的司法规则：决定是否派发股利的权力被确定无疑地归属于董事会行使；除非存在明显的欺诈或者滥用，否则法院不能也不应当加以干涉。这一司法规则一方面强调司法克制，而在另一方面又为司法干涉提供了空间。然而，如何判断 "欺诈或者滥用" 的存在？法院试图通过援引当时被视为权威的公司法教科书来加以说明。其中与该案判决最相关联的，是如下内容："然而同样明确的是，即便是公司的控股股东，作为代理人的董事会也不能任意专横地保留公司利润……组建普通商事公司的股东总是期待以常规股利的方式获取其投资收益；仅仅为了扩大公司的商业规模而保留全部利润，显然会挫败他们的这项正当期待；当公司事业已经成功兴旺起来，且也已经为其未来发展进行了必要的准备之后，公司利润中的合理部分就应当被用以进行股利派发。" 在完成了上述有关董事会权力行使和司法干预的界限确定之后，密歇根州最高法院开始探讨福特拒绝派发股利的行为是否构成 "欺诈或者滥用"。在衡量了涉案两造所提供的证据之后，法院认定如下。第一，从福特的财务状况和其所计划实施的业务扩张来看，增设汽车制造厂以及降低汽车销售价格的行为，不仅使得福特的盈利能力较以往有所下降，还会使得福特不能实现其本应实现的盈利能力。这种盈利能力的下降，将立即导致股东投资价值和回报的减损。第二，从亨利·福特的一系列表态来看，其似乎认为福特已经赚取了太多的利润；尽管福特在未来还会获取大量的利润，但这些利润应当通过降低汽车价格的方式与社会大众分享。这使得法院完全有理由相信，是亨利·福特的博爱之情与利他精神，促使福特采取了停止派发股利与进一步扩张的公司政策。针对被告律师提出的答辩意见，法院指出：尽管营利性公司并非不能从事人道主义的活动，然而本案与所有支持这一活动的先例截然不同；在后者中，公司活动所产生的人道主义影响只是"附随性的"（Incidental）。基于上述所有分析，法院做出了如下判决：任何商事公司设立与运营之"主要目的"应当是实现股东利益；若董事会计划或者实施公司业务的主要目的是为了他人的利益，或者仅仅将股东利益放在附随性的地位，其行为就已经构成了对法定权力的滥用。最终，密歇根州最高法院推翻了一审判决，要求福特向其股东派发股利。

二 "Dodge v. Ford"：力量与局限

从股东至上主义的角度以观，密歇根州最高法院就"Dodge v. Ford"一案做出的判决着实称得上掷地有声、振聋发聩。从三个维度上，该案判决呈现出其支撑股东至上主义的强大力量。第一，无论在制定法还是判例法上，决定是否派发股利一直被视为董事会所享有的一项法定职权；这项法定职权的行使同时还受到"商业判断规则"的强力保护。在"Dodge v. Ford"案中，密歇根州最高法院也承认，在该案之前，几乎所有要求法院干涉股利派发的诉讼，都为法院所驳回。正因如此，密歇根州最高法院以"任何商事公司的主要目的应当是实现股东利益"为由积极介入公司事务，这无疑彰显了法院捍卫股东至上地位的决心与信念。第二，针对与股东至上主义不相符合的先例，密歇根州最高法院进行了至关重要的"区分"（Distinguish），即认为过往被认可的人道主义活动是公司活动的"附随性"结果。这一"附随性"认定，不仅凸显了非股东利益群体的次要性或者可忽略性，更有力地约束了董事会进行公司决策的动机——不允许董事会出于增进非股东利益群体利益的角度进行决策。另外，这种"区分"事实上还维持了"Dodge v. Ford"案与其他先例之间的和谐性，从而提升了该案判决的合法性。第三，密歇根州最高法院明确使用了"主要目的"（Primary Purpose）一词。"主要目的"这一语词的使用，一扫过往判例在使用"公司利益"一词时所残留的模糊与混沌。一旦将"股东利益"定性为营利性公司的主要目的，股东至上主义者就可以理直气壮地将"公司利益"等同于"股东利益"，并排斥非股东利益群体在公司内部的话语权了。然而，仅就该案判决本身而言，其力量真如股东至上主义者所设想的那般巨大吗？答案显然是否定的。

第一，基于所呈现的事实与证据极具特殊性，该案判决的适用范围其实相当狭窄。在"*Dodge v. Ford*"案中，法院主要借助于两组证据——福特的各类财务报表与亨利·福特关于公司政策的一系列表态——完成了自己的法律推理过程。而这两组证据或者事实又极具特殊性。（1）从福特的资产负债表来看，截至1916年7月31日，福特的资本盈余已经接近11200万美元。这一数字已经远远超过了福特进行公司扩张所需要的必要资金（法院估算为2422万美元）。这种盈余与公司扩张所需资金之间的巨大差距，使得法院能够极为简单地认定拒绝派发股息的行为是"任意专横"的。（2）亨利·福特本人在法庭内外多次明确表示，其拒绝进行股利派发主要是为了造福非股东利益群体。例如，其本人在媒体公开表示希望能将福特在汽车工业领域获取的利益与大众分享；其本人在法庭上也明确承认将通过雇用更多员工、大幅度降低汽车价格的方式来提升社会福利。正是这两组极为特殊（异常明确）的证据，导致法院认定董事会行为存在滥用现象。然而，这样的证据是可遇不可求的。一旦当事人将其动机深深隐藏而不予表露，或者法院难以认定留存的利润超过未来发展所需（而这又恰恰是同类法律诉讼的常态），其便难以做出与密歇根州最高法院相同的判决。相反，这些法院反而会更倾向于采用商业判断规则，驳回少数股东的诉求。

第二，密歇根州最高法院所做的"区分"并没有抓住问题的本质，也就难谓完美。针对被告律师的答辩意见及其所列举的众多先例，密歇根州最高法院做出了一个极富创新精神的区分，即"主要目的"与"附随效果"之分。然而，这一区分并未抓住公司权力行使的本质问题。事实上，如密歇根州最高法院所言，所有先例的落脚点并非股东利益（非股东利益）是否是公司决策的主要目的（附随效果），而在于公司决策是否符合"公司的最佳利益"。试举一例以说明其中的不同：甲公司董事会做出一项公司决策，该决策会附随地增加非股东利益群体的福利，但却有害于公司，则该公司决策的合法性如何？若按密歇根州最高法院所做的区分进行判断，似乎仍属合法，因为非股东利益仅为公司决策的附随效果；若依

"公司的最佳利益标准"予以判断，则应认定为不法。孰优孰劣，一目了然。事实上，对公司而言，只要某一决策符合公司最佳利益，无论其以促进何种利益为主要目的，都属于正确、合法的决策。

第三，"*Dodge v. Ford*"案对公司计划有损股东利益的论证，充斥着短视主义的影子。密歇根州最高法院认为，在市场对福特汽车的需求无法得到满足的情况下，福特主动下调汽车价格，不仅使得公司的盈利能力较以往有所下降，还会导致公司无法实现其本应实现的盈利能力；这种盈利能力的下降，将直接减损股东的股权价值和投资回报。除此之外，法院还在事实上认为，一项旨在提升雇员或者整体社区福利的项目也是不利于股东利益的。上述论证其实都体现了密歇根州最高法院的短视主义倾向。（1）汽车销售价格的下降，不仅仅是福特的自愿行为，也有市场竞争和制造成本下降的因素；如果在这种背景下福特汽车的价格依然居高不下，反而会被其他竞争者取代，失去自己未来的持续盈利能力。（2）作为当时美国最大的汽车制造公司，人们本身就倾向于福特进行回报社会的行动；过分专注于榨取利润，反而会减损福特的品牌价值和口碑。（3）增加就业、提高雇员工资乃至改善整体社区的生活，也具有增强员工忠诚度与工作热情、社会整体消费能力等长远利益。密歇根州最高法院仅仅关注短期利益，而忽视长期利益的论证方法，本身就存在严重的缺陷。

第四，"*Dodge v. Ford*"案的判决结果也并非全然有利于股东至上主义。尽管密歇根州最高法院在判决中要求董事会进行股利派发，但法院并没有否认福特的公司扩张计划的合法性。与其本可以实现的激进干预不同，密歇根州最高法院保持了一定的克制；其对扩张计划的合法性论证可被简述如下：除去对短期利润的追逐，任何公司都需要制订计划以实现其长远发展；而福特过往的成功经历，也证明了其董事会在这方面的才能。虽然在公司发展的过程中，亨利·福特与其他公司管理人员获取了高额的薪水；然而仅仅依凭这一点，还无法证明公司的扩张会威胁到股东利益的实现。对公司扩张计划的合法性确认，从两个方面限缩了该案的股东至上主义意味。（1）只有在为公司未来发展预留了足够的资金之后，股东方能获取合理的股利派发。这一点意味着股东利益并"不等同于"公司利益；相反，股东利益与公司利益存在某种程度的冲突，而且当冲突发生时，应当首先实现公司利益。（2）对公司利益的实现不能仅仅着眼于短期利益，还应当顾及公司未来的长远发展。这不仅印证了第（1）点中得出的结论，还直接与密歇根州法院自己先前进行的短视主义分析产生了矛盾。

综上所述，虽然"*Dodge v. Ford*"案可以做有利于股东至上主义的解读，然而由于其判决内容存有如上诸多局限或者问题，其对股东至上主义的支撑力是极其有限的。若对该案进行更符合法政策考量的全新解读，其还可以被用作建构一种新的公司法信仰体系（详见本书第五章）。

三　"*Dodge v. Ford*"：相左的其他权威先例

尽管"*Dodge v. Ford*"案的判决内容本身存在诸多论证不明之处，股东至上主义者似乎还可以这样自我安慰：无论如何，"*Dodge v. Ford*"案最终确立的仍是"公司的主要目的应当是实现股东利益"的教条；而这一教条将作为一项有效的先例，影响其后的司法活动。事实上，这一自我安慰的功效取决于对两项前置问题的回答。第一，"*Dodge v. Ford*"案是否仍受后继法院之尊重，是否不存在与其判决相左的其他权威？若无法得出肯定的答案，则"*Dodge v. Ford*"案将丧失其有效先例的地位。第二，"*Dodge v. Ford*"案是否是有关"公司目的"的先例？若其所解决的并非股东与其他利益群体之间的利益冲突，而仅仅是控股股东与少数股东之间的压迫问题，其可被适用的范围将被进一步限缩，难以肩负支撑股东至上主义的重任。接下来，本节将分三、四两小节对上述两项问题进行论述。在这一小节中将首先介绍与"Dodge v. Ford"案判决相左的其他权威先例。

第一，"*Shlensky v. Wrigley*"案。[①] 该案系一起指控董事（同时亦为控股股东）违反信义义务的股东派生诉讼。在该案中，原告主张，被告董事及公司拒绝在球场安装夜间照明设置、举行夜间棒球赛的行为，不符合最大化股东利益的公司目的。除去直接引证"*Dodge v. Ford*"案的判决之外，原告还向法院提交了两组证据。（1）截至提起诉讼之时，美国职业棒球联盟的 20 家俱乐部中有 19 家举行夜间赛事；举行夜间赛事的目的则是为了最大化球场的上座率，从而提升俱乐部的营收。而被告芝加哥小熊队却一

---

① Shlensky v. Wrigley, 237 N. E. 2d 776（Ill. App. Ct. 1968）.

直拒绝在夜间进行比赛，导致其主场的上座率远远不如在夜间举行的其他客场比赛。原告相信，正是这种比赛时间安排上的差异，使得芝加哥小熊队在1961~1965年期间连年亏损。为了进一步增强其主张的可信性，原告对芝加哥小熊队与同属美国职业棒球大联盟、同在芝加哥的白袜队的上座率进行了比较：在周末，两支球队都在下午进行比赛，上座率几乎相同；而在周中，由于白袜队进行夜间赛事，其上座率便远超小熊队。（2）芝加哥小熊队拒绝在夜间举行棒球赛事，并非出于对公司最佳利益的通盘考量，而是由于时任小熊队的董事会主席、持有球队约80%股权的里格利（Wrigley）的个人情感。根据原告提供的证据，里格利曾明确表示，棒球应当是一种日间体育项目，而且在夜间举行比赛会对球场周边的环境造成负面影响。正是基于上述证据，原告认为，在明知拒绝在球场安装夜间照明设置、举行夜间棒球赛并不能最大化公司营收，而仅仅是出于里格利的私人感情的情况下，被告董事会的行为违反了其应当承担的信义义务。尽管原告直接引证了"*Dodge v. Ford*"案作为先例，主审法院伊利诺伊州上诉法院却驳回了原告的诉求。在判决中，主审法院既没有承认被告及其公司行为的合法性，也没有以"*Dodge v. Ford*"案作为根据加以否定；相反，法院认为原告所提交的证据，并不能清晰地证明不举行夜间赛事与俱乐部亏损之间存在直接关系。虽然主审法院对该案做了极其技术化的处理，然而在该案与"*Dodge v. Ford*"案具有实质相似性（公司短期利润受损、控股股东明确承认其私人情感）的情况下，主审法院并没有直接采纳"*Dodge v. Ford*"案的判决，这就足以透露出其对后者的不认同。

第二，"*A. P. Smith v. Barlow*"案。该案是一起关乎原告公司向普林斯顿大学所进行的无偿捐赠是否"越权"或者超越"公司目的"的法律诉讼。原告A. P. 史密斯（A. P. Smith）公司（以下简称"史密斯公司"）于1896年设立，以制造和销售消防用品为其主业；自成立以来，史密斯公司便经常性地对外进行无偿捐赠。1951年7月24日，史密斯公司董事会做出决议向普林斯顿大学进行1500美元的无偿捐赠；董事会认为，这一做法符合史密斯公司的最佳利益。在这一决议受到公司股东质疑之后，史密斯公司旋即向法院提起诉讼以确认捐赠行为的合法性。在法庭辩论期间，公司股东以下列两项理由反对史密斯公司进行的捐赠：（1）史密斯公司的公司章程大纲并未明确许可进行无偿捐赠，另外，依据史密斯公司所在的新泽西州的普通法原则，史密斯公司也并无进行该种捐赠的默示或者附随性的权力；（2）尽管新泽西州的制定法明确授权公司进行无偿捐赠，然而史密斯公司成立在该制定法颁布之前，故该制定法于本案无适用之余地。而史密斯公司的董事会却给出了两项正当化其捐赠的理由。（1）公司向慈善组织（包括学校）进行的捐赠是为社会公众所普遍期待的；因此，这种捐赠可以提升公司在社会中享有的商誉，从而为其商业运作提供良好的市场环境。（2）公司向类似普林斯顿大学这样的文科院校（Liberal Arts Institution）进行捐赠，会最终受益于可供公司雇用的人才的增加。在考虑了包括"Dodge v. Ford"案在内的诸多先例之后，新泽西州最高法院认定史密斯公司对普林斯顿大学的捐赠是合法有效的。法院的判决理由可被大致分为四个部分。（1）没有证据显示系争捐赠与董事会成员之间具有任何利益冲突关系。（2）董事会的捐赠符合制定法的限制性要求。（3）自由而具活力的非政府教育机构之于民主政治与自由企业制度的重要意义，已经得到了全社会的认同；如果收回公司进行系争捐赠的权力，无疑将严重威胁这些非政府教育结构的存在。（4）任何股东都不被允许仅着眼于眼前的利益，而舍弃公司未来的长远发展、作为现代社会组织结构的一分子所应当承担的崇高义务。该案对股东至上主义的打击可谓是毁灭性的，其原因在于：（1）法院在考虑了"Dodge v. Ford"案之后，仍然做出了完全不同的判决意见；（2）法院甚至允许董事会追求实现民主政治与自由企业制度的宏愿，这不仅使得密歇根州最高法院所做的"主要目的"与"附随效果"的区分不再被坚持，更极大地扩张了公司目的的范围、否定了股东利益作为"主要目的"的地位。

四　"Dodge v. Ford"：并非"公司目的"领域的有效先例

除去与之相左的其他权威判例，斯托特教授还对"Dodge v. Ford"案作为"公司目的"领域之先例的有效性提出了四点质疑。第一，时至今日，"Dodge v. Ford"案已经具有上百年的历史，涉案当事人与主审法官也均已逝去；当有众多更为现代的先例可供援引时，我们为什么还要依赖这一历史悠久的判决意见？第二，就美国公司法领域的法院权威性而言，最受人尊重的当属特拉华州法院，紧随其后的是加利福尼亚州和新泽西州；

至于马萨诸塞州法院做出的判决，则在封闭公司的判例法中极具影响力。而就"*Dodge v. Ford*"案做出判决的密歇根州法院，却从未被视为权威法院。第三，尽管"*Dodge v. Ford*"案判决最终涉及的是"公司目的"问题，其判决法理却主要建基于控股股东对少数股东所负担的信义义务之上。第四，在过去 30 年的时间里，特拉华州法院（美国最重要的公司法法院）仅引证过"*Dodge v. Ford*"案"一次"；且这仅有的一次也并不是在有关"公司目的"的案件中被引证的。① 在这四点质疑中，第一、第二点虽具一定说服力，却未必能给股东至上主义以致命一击。其原因在于：虽然"*Dodge v. Ford*"案已具逾百年之历史，然判例之权威性并不会随时间之逝去而自动削弱；公司法中目前仍被广泛引证的判例不少也已有三五十年之历史，而仍未见为其他判例所取代的可能性。是论证所依赖之法理、判决与社会发展之契合程度，而非时间远近决定了先例所具权威性的高低；同样的道理也可以被适用至关于法院权威性的质疑之上。然而，斯托特教授所提出的第三、第四点质疑，却可谓切中肯綮。若"*Dodge v. Ford*"案根本不是有关"公司目的"的案例，或者其几乎完全被处理该种案型之法院忽视，其便不能被视作公司目的领域的有效先例！

在对"*Dodge v. Ford*"案的庭内庭外因素进行了全方位的历史探究之后，美国公司法权威学者戈登·史密斯（Gordon Smith）教授认为，"*Dodge v. Ford*"案所解决的是"股东压迫"而非"公司目的"问题。就这一主张，戈登·史密斯教授进行了如下论证。② 第一，"*Dodge v. Ford*"案存在着一个备受人们忽略的面向，即封闭公司语境下的少数股东压迫问题；案件的起因是作为控股股东的亨利·福特拒绝向少数股东派发股利，而这是一种典型的"挤出"（Squeeze - Out）策略。第二，各种影响判决的庭内庭外事实，都指向压迫的存在，而非公司能否进行利他活动的问题。（1）1913年，道奇兄弟从福特董事会辞职，停止向福特供应汽车零部件，并开始自己生产汽车与福特展开竞争。（2）为获取资金，道奇兄弟希望向亨利·福特出售其所持有的福特股权，但遭到了后者的拒绝。（3）1916 年，由于市

① See Lynn A. Stout, "Why We Should Stop Teaching Dodge v. Ford", *Virginia Law and Business Review* 3 (2008): 166 – 168.

② See D. Gordon Smith, "The Shareholder Primacy Norm", 23 *Journal of Corporate Law* 23 (1998): 315 – 320.

场竞争关系，道奇兄弟与福特渐生嫌隙；福特尝试切断前者发展汽车事业所需要的必要资金；这种尝试在 1916 年发展到极致，福特宣布停止派发特别股利，并将进一步扩大汽车生产规模、降低汽车销售价格。（4）系争公司扩张计划原由亨利·福特自己独立开展，但在道奇兄弟再度提出股权买断建议后，改由福特利用留存利润进行。（5）无论是在庭内抑或庭外，亨利·福特都毫不掩饰其将公司对利润的追求视为附随效果的态度。（6）在一审判决福特派发股利之后，亨利·福特以另行组建公司威胁其他福特股东，成功低价买断了多名股东的股权。从法庭内外所呈现的事实（在当时的美国可谓家喻户晓）来看，涉案双方、主审法院所关注并为之吸引的都是与"压迫"而非公司能否进行利他活动有关的事实。第三，法院的论证思路与解决压迫问题的一般方法高度相似。（1）法院特别强调了亨利·福特的控股股东地位，并指出福特的任何公司决定非经亨利·福特同意都无法获得通过。（2）在指出公司的主要目的应是实现股东利益的同时，法院顺势将这一要求界定为控股股东对少数股东所负担的"义务"。（3）法院特别援引了权威公司法教科书对股东"合理期待"的论述。（4）最终，法院将拒绝派发股利的行为界定为"欺诈或者滥用"。而这种从"控股股东的信义义务"、"少数股东的合理期待"等角度进行的法律论证，与一般解决股东压迫的法律论证过程是完全一致的。[①]

　　事实上，将"*Dodge v. Ford*"案视为股东压迫而非公司目的的先例，已经成为相当多美国公司法学者的共识。[②] 这种针对"*Dodge v. Ford*"案的案型归类，显然还得到了来自判例法的有力支持：第一，如本小节开篇处所引之数据，在近 30 年的特拉华州公司法判例中，"*Dodge v. Ford*"案仅被引证"一次"，且对其进行引证的案件也并不涉及对公司目的的争议；第二，其他处理股东与非股东利益群体之间的利益冲突的权威案件，如"*Unocal v. Mesa*"、"*Paramount v. Mesa*"、"*Shlensky v. Wrigley*"和"*A. P. Smith v. Barlow*"等，都没有采纳"*Dodge v. Ford*"案的判决。由此可见，"*Dodge*

[①]　关于美国公司法上针对股东压迫问题的法律解决路径，参见楼秋然《〈公司法〉第 20 条中"滥用股东权利"的理论与实践》，《西部法学评论》2016 年第 3 期。

[②]　除去 Gordon Smith 和 Lynn Stout 教授的文献之外，see also Lyman Johnson, "The Delaware Judiciary and the Meaning of Corporate Life and Corporate Law", *Texas Law Review* 68（1990）：874；Lawrence E. Mitchell, "A Theoretical and Practical Framework for Enforcing Corporate Constituency Statute", *Texas Law Review* 70（1992）：601 – 603。

v. Ford" 案判决已不再是"公司目的"领域的有效先例。

五　小结

作为一个信仰体系或者一种法学研究范式，股东至上主义试图借助"*Dodge v. Ford*"案的司法权威来提升其自身的可靠性。而该案格言（Dicta）式的判决意见，也成了股东至上主义向前推进的桥头堡。然而，至少从三个维度之上，该案判决难以支撑起股东至上主义所赋予其的重要意义：第一，该案判决本身存在诸多可被限缩、论证不明、自相矛盾之处；第二，从公司目的的其他权威先例来看，"*Dodge v. Ford*"案不仅未得到有效先例应有的对待，反而成了格格不入的反对意见；第三，从对"*Dodge v. Ford*"案的深入剖析、后继法院的引证情况来看，"*Dodge v. Ford*"案也并不被视为公司目的（而是股东压迫）领域的判例。综上所述，股东至上主义借助"*Dodge v. Ford*"案提升其可靠性的努力，是完全不成功的。

第二节　股东至上主义：近乎绝对的
自由裁量权或者短视主义

一　导向近乎绝对自由裁量权的股东至上主义

如本书第一章所述，按照股东介入公司事务的能力差异，股东至上主义可以被大致划分为"温和"与"激进"两大类型。然而，无论在何种类型的股东至上主义之下，总有或多或少的公司权力必须（在法律或事实上）由董事会行使。而董事会所享有的这些权力又总是呈现"自由裁量"（Discretionary）的性质。如果"*A. P. Smith v. Barlow*"、"*Shlensky v. Wrigley*"等案，而非"*Dodge v. Ford*"案才是描述股东至上主义的正确方法，董事会所享有的各种自由裁量权便会呈现"近乎绝对化"的趋势。接下来，本部分将主要从"普通商事活动决策权"、"是否接受收购要约的决定权"和"无偿捐赠权"这三个角度，来论述这种"近乎绝对化"的趋势。

第一，受商业判断规则保护的自由裁量权。按照重要性之不同，任何公司事务都可以被细分为普通商事活动和结构性公司事务两种类别。无论在何种股东至上主义之下，第一类公司事务均由董事会行使自由裁量权，且受"商业判断规则"的强力保护。根据商业判断规则，只要董事会与所决策的事项之间并无利益冲突，其决定便会被推定为"知情"、"善意"和"符合公司的最佳利益"。[①] 这一规则给予董事会自由裁量权的保护，主要体现在如下三个方面。（1）股东（而非董事）需要承担有关公司决策正当性的证明责任。（2）除去利益冲突或者浪费公司资财，股东只能就决策的

---

① See Aronson v. Lewis, 473 A. 2d 805, 812 (Del. 1984).

"程序"而非"实质"缺陷进行攻击。（3）在商业判断规则之下，法院被要求保持高度的司法克制；只要公司决策存在（哪怕十分微弱）的合理理由，法院都不会质疑董事会行动的合法性。除去规则内容，商业判断规则的法理基础也十分偏向董事会：法院并非商事活动的专家，制定法与判例法规定董事会而非法院是公司事务的管理者；法院不应当以自己的"后见之明"揣测董事会在复杂商事环境下做出的决策；为了鼓励董事会进行高风险的商事活动，法院应当容忍善意的错误。法院对董事会的这种高度顺从，在"*In Re The Walt Disney Company Derivative Litigation*"案（以下简称"Disney 案"）中显露无遗。① 1995 年 8 月，迈克尔·奥维茨（Michael Ovitz）与迪士尼（Walt Disney）公司签署了一份工作协议；根据该协议，迈克尔·奥维茨将在未来的 5 年之内担任迪士尼公司的总裁。然而，仅仅 14 个月之后，迈克尔·奥维茨便被迪士尼公司"无理由解雇"（Terminated Without Cause）；② 为此，迪士尼公司需向迈克尔·奥维茨支付约 1.3 亿美元的违约金。为此，愤怒的公司股东以董事会违反信义义务为由，向特拉华州衡平法院提起诉讼；此后，因对一审判决不满又上诉至特拉华州最高法院。除去工作协议的内容明显不利于迪士尼公司之外，董事会行事也存在若干缺陷，例如：（1）在批准系争工作协议之前，并非所有薪酬委员会的成员都审阅了协议草案；（2）薪酬委员会根本没有考虑提供其他类型的工作协议的可能，以及该协议会对公司造成的任何影响；（3）会议记录中未记录向迈克尔·奥维茨提供无过错解雇利益的理由，对于这一点，无论是特拉华州衡平法院还是最高法院都承认并非公司治理的"最佳实践"（Best Practice）。然而最终，两审法院都以"事前有利"、"实质知情"（Materially Informed）为由，支持了董事会的决策。在援引商业判断规则、驳回原告有关"浪费公司资财"的诉讼请求时，特拉华州最高法院指出，浪费公司资财只会在极其罕见的情况下（如公司董事会毫无理性地挥霍或者放弃公司财产）被认定；只要董事会的决

---

① 以下有关 Disney 案的事实与判决内容，see In Re The Walt Disney Co. Derivative Litigation，906 A. 2d 27（Del. 2006）。

② 根据 Michael Ovitz 与 Walt Disney 公司签署的工作协议，只有在出现重大过失等严重失职行为时，后者才能进行"有理由解雇"；而前者主要是因为与董事会其他成员之间的理念差异、公司业绩不佳等原因而离职，故后者只能进行"无理由解雇"。

策可以与任何合理的公司目的相联系，就有商业判断规则适用的余地。由此可见，在普通商事活动决定权的领域，董事会的自由裁量权是近乎绝对的；只要不存在极其过分、毫无理性的行为，法院便不会干涉董事会的任何决定。

第二，受判例法与制定法保护的要约收购决定权。针对普通商事活动决定权的"绝对化"，存在这样一种反驳：董事会的行动最终仍受要约收购这种市场力量的约束。然而，暂且不论要约收购本身的巨大局限（详见第二章第三节），在判例法与制定法的双重掩护之下，董事会对收购要约还享有近乎绝对的裁量权。由于董事会与要约收购之间存在天然的利益冲突，不少人主张应当将该权力移交股东会行使。但是，在1980年做出判决的"*Johnson v. Trueblood*"案中，美国联邦第三巡回法院认为：① 仅仅指出董事会拒绝收购要约存在保存其控制权的动机，尚且不足以否定商业判断规则的适用；董事会在进行其他任何公司事务时，也都可能存在巩固其控制权的动机；因此，只有原告能够证明董事会拒绝收购要约的"唯一"或者"主要"目的是维持其控制权，才能排除商业判断规则的适用。沿着这一先例所确立的方向，特拉华州最高法院在1985年做出判决的"*Unocal v. Mesa*"案中认为：（1）只要董事会有合理的理由相信，一项收购要约的发出会对公司造成损害，其便可以采取任何与该损害相适应的反收购措施；（2）在证成损害的存在时，董事会被允许考虑要约收购对非股东利益群体可能造成的负面影响；（3）当反收购措施与要约收购的损害之间存在"合理且成比例"的关联时，董事会的决策应当受商业判断规则的保护。当"*Johnson v. Trueblood*"、"*Unocal v. Mesa*"案与商业判断规则相结合时，董事会在要约收购领域所享有的自由裁量权便获得了极大的扩张。其原因在于：（1）虽然商业判断规则不保护存在利益冲突的董事会决策，然而"*Johnson v. Trueblood*"案要求这种利益冲突必须成为决策"唯一"或者"主要"的动机；（2）商业判断规则保护任何具有合理目的的董事会行动，而"*Unocal v. Mesa*"案则将"非股东利益群体保护"也纳入了合理目的的范围之内。而这第（2）种扩张，还借由"*Paramount v. Time*"案得到了进

---

① 关于该案的事实与判决内容，see Johnson v. Trueblood, 629 F. 2d 287, 292 – 293（3d Cir. 1980）。

一步的延展。在该案中,① 原告主张其对时代(Time)公司发出的"现金换股权"的收购要约,对公司不会造成任何损害;而被告则认为,其所提出的收购要约会破坏时代公司的企业"文化"(Culture),即对新闻真实性的一贯追求(Journalistic Integrity)。最终,特拉华州最高法院通过明确"*Unocal v. Mesa*"案判决的"开放性"(Open – Ended)特征,支持了被告董事会的主张。这一判决对董事会自由裁量权的扩张在于:将对企业文化的保存纳入了"合理目的"的范围。事实上,企业文化是一个相当宽泛的概念,几乎难以为其寻找到一个合理的边界。经常进行慈善捐赠的公司,可以以对社区的高度责任感作为自己的企业文化;强调用户体验的新型科技公司,可以主张亲近顾客是自己的企业文化。在极其强调市场个性、企业品牌效应的今天,企业文化已经成了公司内部建设的必要部分。若将保存企业文化作为一项合理理由,就等于无限地扩大了董事会受商业判断规则保护的可能性。另外,如本书第二章第六节所述,在美国已有41个州颁行了"非股东利益群体法案"。这些法案不仅允许甚至强制性地要求(如康涅狄格州)董事会在决定是否接受收购要约(乃至其他全部公司事务)时,考虑要约收购对非股东利益群体的可能影响。而这种制定法要求,也在相当大的程度上扩展了董事会所享有的自由裁量权。由此可见,由于判例法与制定法的双重保护,董事会对要约收购所享有的自由裁量权也已经近乎绝对化。

第三,受公司正当性保护的无偿捐赠权。与附随性地导致非股东群体受益的公司决策相比,董事会进行的无偿捐赠恐怕更容易受到股东的反感甚至敌视。从公司的营利属性、股东最大化其投资回报的合理期待来看,公司似乎不应该进行或者过多地进行无偿捐赠。然而,法院却总是尽其所能地维护着董事会对外捐赠的权力。虽然案件的核心问题另有指向,但"*Trustees Of Dartmouth College v. Woodward*"案(以下简称"达特茅斯学院案")仍被视为确立公司对外捐赠权的权威先例。在该案中,② 美国联邦最高法院进行了如下论证:被允许设立之公司,其目的必与允许其设立之政

---

① 关于该案的事实与判决内容,see Paramount Communications, Inc v Time Inc, 571 A2d 1140(Del 1989)。

② 关于该案的事实与判决内容,see Trustees Of Dartmouth College v. Woodward, 17 U.S.(4 Wheat.)517(1819)。

府所欲推进之目标相契合；这些目的被认为于社会整体有利；这种目的构成了政府允许公司设立的对价，有时甚至是唯一的对价。换言之，既然公司的正当性或者被允许设立的原因在于其所欲完成的是对社会整体有利的目的；其进行对社会有利的无偿捐赠也就自然无可非议了。这一思路得到"A. P. Smith v. Barlow"案的法院继承且进一步发展。如本书第三章第一节所述，该案法院认为，任何股东都不被允许仅着眼于眼前的利益，而舍弃公司未来的长远发展以及作为现代社会组织结构的一分子所应当承担的崇高义务，即维护民主政治和自由企业制度。当公司进行对外捐赠的权力已经被建基于公司本身的正当性、对民主政治和自由企业制度的维护时，董事会的对外捐赠权还是否存在约束？答案显然是否定的。当然有人会这样反驳：无论如何，哪怕是对民主政治和自由企业制度的维护也可以被视为股东的长期利益；董事会的决策最终还是必须回到对股东负责的轨道上来。然而，当实现利益的时间轴可被无限拉长时，长期利益究竟意味着什么？套用著名政治经济学家凯恩斯（Keynes）的一句话，"从长远来看，我们都死了"。从另外一个视角来看，若即便维护民主政治和自由企业制度这样（在和平年代）看来有些虚幻的利益都能与股东利益和谐相处，那么股东至上主义作为一种信仰体系还具有存在的价值吗？将股东利益与公司利益简单等同的观念还能成立吗？值得注意的是，如今越来越多的制定法与模范法典，已经开始允许董事会进行与公司利润完全无关的捐赠活动（详见本章第三节的介绍）。在这种时代背景下，董事会的无偿捐赠权也正在变得近乎绝对化。

综上所述，若"Dodge v. Ford"案并非描述股东至上主义的正确方法，则股东至上主义大有绝对化董事会自由裁量权的趋势。

二　股东至上主义与不效率的公司治理

当然，近乎绝对的自由裁量权，并不能打乱股东至上主义的阵脚。原因很简单，这不过是股东至上主义已能熟练应对的"代理成本"问题而已。为了减少乃至消除代理成本，股东至上主义在过去的三四十年间，使用（创造）了不少看似行之有效的法律对策。这些法律对策主要包括：（1）使管理层薪金与股票价格挂钩的"激励薪酬"；（2）以更换管理层为主要威胁的要约收购市场；（3）更多强调"用手投票"的股东积极行动主义；（4）旨在减少利益冲突的独立董事制度。然而，这些法律对策不仅实效了了，而且还导致了不效率的公司治理的产生。在第二章第二节的第二、第三两部分中，笔者已经详细论述了第（1）第（2）项法律对策所可能导致的不效率问题。在接下去的内容中，笔者将仅对第（3）第（4）项法律对策展开论述。

第一，股东积极行动主义与不效率的公司治理。作为最近兴起的公司法改革潮流，股东积极行动主义主要试图从两个维度改善公司治理：（1）呼吁股东改变以往对行使公司权力所抱持的"理性冷漠"态度，更加积极地投身公司治理；（2）扩张或者抢夺原本由董事会所享有的公司权力。配合以保护中小投资者的政治正确，股东积极行动主义迅速获得了立法者、证券市场监管者的积极响应。例如，为了约束董事会成员的普遍高薪，机构投资者发起了"向高薪说不"（Say No on Compensation）的投票策略，这一策略最终被固定为"恳求性投票权"（Precatory Vote）制度；为了增强在董事会任免上的话语权，机构投资者的积极行动最终促使《多德－弗兰克法案》第971条对1934年证券法进行修改，使美国证监会得授权股东将自己的董事会人选写入公司的投票权征集材料之中。然而，这一看似指向效率提升的改革浪潮，却最终引出了不效率的公司治理。股东积极行动主义的这一不效率性，主要可以被归纳为"加剧信息不对称"和"短视行动"这两点。[1]

（1）加剧信息不对称。沙夫曼教授认为，[2] 按照在证券市场中所扮演的不同角色，股东可以被划分为五大类型：（a）内部人股东，这种股东主要是指董事会或者高级管理层等拥有公司内部消息，但被限制或禁止以该种信息赚取利益的股权持有者；（b）流动性交易者（Liquidity Trader），这种股权持有者并不收集、分析与公司有关的信息，而仅仅根据自己的资金需求进行证券交易，主要表现为进行消极持股的指数型投资者；（c）噪声

---

[1] 出于主题、体系上的考虑，本书将对股东积极行动主义的分析安置在此处；但是，从内容上，其也可被视为第二章第一节"不符合决策效率的股东决定权"的补充与延伸。因此，若欲寻求更全面的理论图景，烦请读者将本节与第二章进行一体思考。

[2] See Bernard S. Sharfman, "Why Process Access Is Harmful to Corporate Governance?", *Journal of Corporation Law* 37 （2012）.

交易者（Noise Trader），这种股权持有者往往采取分散投资策略，却进行非理性的证券交易；虽然其也依赖信息进行交易，却往往依靠"小道消息"或者在收集、分析信息方面存在其他不效率问题；（d）做市商（Market Maker），相比于特定公司的专用性信息而言，这种类型的股权持有者对整体证券市场的供求关系更为懂行；（e）信息交易者（Information Trader），这种股权持有者投入大量资源对特定公司的专用性信息进行收集、分析，并以此为基础做出投资决策，其中包括但不限于对冲基金、共同基金等机构投资者，正是这种交易者的存在，证券市场才可能呈现其"有效率市场"的面向。由此可见，就对公司专用性信息的知情程度来看，内部人股东显然最优，信息交易者次之，而流动性交易者最劣。其原因在于：尽管信息交易者投入大量资源对公司专用性信息进行收集、分析，但其所能掌握的一般是已经在市场中公开的信息；而内部人股东不仅知晓所有已公开消息，还控制着未公开的其他内部消息，例如公司正在进行的长期投资等。从决策的信息效率最优化来看，公司事务的决定权显然应当被更多地分配给内部人股东。然而股东积极行动主义的目标却恰恰相反，其目标是要将决定权从内部人股东处析出而转移至其他股东，特别是信息交易者手中。这显然会加剧公司决策的信息不对称，造成不效率的公司治理问题。这种信息效率上的差异还可以从股东的提案类型中获得间接体现。作为典型的信息交易者，机构投资者的公司治理提案集中/局限于董事会结构、管理层薪酬、反收购措施和秘密投票这四大类型之上。[1] 而这四大类型的提案分享着一项共同的特征，即可以被重复使用于多个不同公司，且与公司专用性信息联结不紧密。另外，在不同的公司中，股东的类型构成也大有不同。若持有公司多数股权的股东并非信息交易者，而系噪声交易者甚至流动性交易者，则公司决策的信息效率会进一步受到减损。由此可见，股东积极行动主义会因为加剧公司决策中的"信息不对称"而制造不效率的公司治理。

（2）短视行动。本书第二章第二节便已指出，自 20 世纪 60 年代以来，股东的投资视野急剧收窄，且这种短视主义在机构投资者的推动之下

---

[1]　See Roberta Romano, "Less Is More: Making Institutional Investor a Valuable Mechanism of Corporate Governance", *Yale Journal on Regulation* 18 (2001): 187 – 208.

愈演愈烈。而看似惠及全体股东的股东积极行动主义和伴随而来的股东权力扩张，实质上只是成全了短视股东的经济利益。在两份针对机构投资者参与公司治理的实证研究中，研究者指出，在机构投资者介入公司治理之后，公司进行的股利派发和股权回购大幅增加；[①] 在进行股利派发和股权回购的资金中，有23％来自留存现金、44％源于公司资产出售、13％取自营业收入、17％通过公司举债筹集。[②] 这些实证研究的结果极佳地反映出机构投资者参与公司治理的短视倾向：（a）尽管大规模的股利派发和股权回购会损害公司的长远发展，但机构投资者却能从中实现"投资红利"和"即时股票价格上涨"这两项短期利益；（b）大部分股利派发和股权回购资金系牺牲公司持续发展能力的结果这一事实，充分体现了机构投资者并不关心公司长期利益的实质。除去上述实证研究，学者还给出了更多将"短视"与"积极行动主义"联系在一起的事例。[③] 值得注意的是，这种短视主义不仅借助股东积极行动主义得以实现，还将伴随着后者的日益发展而不断植根于公司治理之中。当董事会的公司权力被不断剥离、公司权力的核心日渐滑向短视的股东，当董事会的业绩标准也被转换为季度、月甚至日盈利率时，董事会所能做的也就只剩盲目地追求公司的短期利益。

第二，独立董事与不效率的公司治理。从应然的角度来看，独立董事制度不仅能够降低因所有权与控制权分离而导致的代理成本，还有助于消除因股东短视主义所带来的公司不效率。其原理至明：与内部董事、股东相比，独立董事的独立性——与公司任一利益群体均无明显的金钱利益关系[④]——能够确保其从更全面、更长远的视角行使公司权力。然而，这种应然假设却无法得到实证研究的支持。例如，巴哈特（Bhagat）和布莱克

---

① See Alon Brav et al. , "Hedge Fund Activism: A Review", *Foundations and Trends in Finance* 4（2010）：222 – 225.

② See William W. Bratton, "Hedge Fund and Governance Targets: Long – Term Results" 11, 13, 16 – 17（Univ. of Penn. Law Sch. Inst. for Law and Econ. , Research Paper No. 10 – 17, 2010）, *available at* http：//papers. ssrn. com/sol3/papers. cfm? abstract_ id = 1677517, last visit on Nov. 20th, 2016.

③ See David P. Porter, "Institutional Investors and Their Role in Corporate Governance: Reflections by a 'Recovering' Corporate Governance Lawyer", *Case West Reserve Law Review* 59（2009）：672 – 678.

④ 〔美〕莱纳·克拉克曼、亨利·汉斯曼等：《公司法剖析：比较与功能的视角》第2版，罗培新译，法律出版社，2012，第66页。

（Black）教授的实证研究便指出，公司业绩与独立董事的人数之间非但不存在正相关，反而存在显著的负相关。[1] 除去实证研究，近来的一系列现实案例也非常不利于独立董事制度。例如，作为 21 世纪最大的公司治理丑闻的制造者，安然公司的董事会便是由大多数（精英级别的）独立董事所组成的；在 2008 年金融危机爆发之前，独立董事也丝毫没有起到遏制过度冒险行为的作用。[2] 若此，我们应该如何解释这种应然与实然之间的差异？首先被指出的，是一些技术性的缺陷。这些缺陷包括但不限于：[3]（a）管理层在独立董事任免上的事实支配权；（b）执行董事对公司决策议程的安排与操控；（c）不够严苛的"独立性"法定标准；（d）独立董事与内部董事之间过分相似的职业、人生背景；（e）不愿成为"异见者"的人类心理学倾向。这种解释方案及其相对应的法律改革，当然有助于立法者、监管者重塑独立董事制度。然而，如果继续忽视造成应然与实然之脱节的"观念"因素，这种重塑也注定难以取得成功。而这种"观念"便是股东至上主义。在股东至上主义之下，作为独立董事之正当性基础的"与公司任一利益群体均无明显的金钱利益关系"的前提假设，其实是根本不能证立的。借助法律所赋予的最终控制权，股东至上主义事实上向全部董事提出了"股东利益至上"的规范性要求；在这一要求下，无论是独立董事还是内部董事，都必须尽力实现股东的"合理期待"。而这最终会被固定为一种"股东文化"，即任何对股东有利的，便是对公司有利的；任何对股东不利的，便是对公司不利的。这种股东文化最终导致独立董事也成为"短视主义"或者不效率公司治理的帮凶，而非纠正者。其原因在于如下几方面。（a）由于股东（尤其是机构投资者）同样能够左右其任免，出于对个人利益的保护，独立董事往往会屈从于股东的（短期）利益诉求；加之实现股东利益本就是其使命之所在，对股东诉求的顺从，还具有伦理上的正当性。（b）因为内部董事薪酬与股票价格挂钩，独立董事拒绝任何短视提案的举动，都会被内部董事视为释放不友好的信号；另外，当对短期利益的

① See S. Bhagat, B. Black, "The Uncertain Relationship Between Board Composition and Firm Performance", *Business Lawyer* 54 (1999).

② See Wolf – Georg Ringe, "Independent Directors: After the Crisis", *European Business Organization Review* 14 (2013): 402.

③ See Marleen A. O'Connor, "The Enron Board: The Perils of Groupthink", *University of Cincinnati Law Review* 71 (2003).

追逐已经成为市场通例时，这种拒绝还会得到内部董事所谓"过时"、"过于保守"和"不关注股东利益"之类的批评。（c）当市场对董事表现的评判标准已经简化为盈利能力或者股价涨跌，且长期投资的收益难以在短时间内体现时，独立董事从保住工作、职业声誉的角度出发（个体理性）也会选择加入市场的"不理性"之中。（d）由于是股东或者追求股东利益的管理层左右其任免，独立董事从自利和职业伦理的角度，都会更偏向股东而非其他利益群体。一言以蔽之，当股东至上主义是法律的规范性选择、顺从股东诉求是伦理与实现自我利益的双重要求时，独立董事就已经与股东发生了紧密的利益联系，产生了利益冲突。当然，有人可能这样反驳：只要股东至上主义克服了短视主义的弊端，上述论证就会变得毫无意义。然而，问题的关键仍然在于，如果股东至上主义追求的是"长期利益"，长期利益又意味着什么？是否又重新导致近乎绝对的董事会自由裁量权？另外，即便长期利益得到精确界定（而这是不可能的），股东又为什么能够独享控制权？独立董事又该如何摆脱与股东群体存在的天然的利益冲突？这些问题显然是股东至上主义本身所无法回答的。

综上所述，若约束近乎绝对的自由裁量权的方法是"激励薪酬"、"要约收购"、"股东积极行动主义"以及"独立董事"，则股东至上主义很可能导向另一种不效率的公司治理。

三　小结

在常态（而非危机）阶段，范式的功能一方面在于向科学工作者抛出待解的难题，另一方面则为后者解决难题提供必要的工具。[①] 作为一项范式，股东至上主义向法学研究者所提出的待解难题，在于如何减少乃至消除代理成本。而董事会自由裁量权的绝对化趋势，绝对是这一代理成本的一种极端表现形式。自《现代公司和私有财产权》一书问世以来，公司法学界已经提出了若干有望解决这一难题的法律路径。然而，从本节第二部分的论述来看，这些法律路径在解决一个问题的同时，却也可能制造另一个更大的问题，即如何处理这些路径本身的不效率。快刀斩乱麻的方案

---

① See Aulis Aarnio, *Essays on the Doctrinal Study of Law* (Dordrecht: Springer, 2011), p. 185.

是，克服短视主义、不再使用激励薪酬、收紧控制权市场、拒绝股东积极行动主义和减少对独立董事的依赖。若真如此，则股东至上主义如何解决"代理成本"？股东至上主义还能否成其为股东"至上"主义？事实上，本节所提出的问题，恰恰是股东至上主义本身所隐含的"悖论"：若其放弃解决代理成本的法律路径，则董事会自由裁量权将"绝对化"；若不愿使自由裁量权绝对化，则股东至上主义将制造不效率的公司治理。当此悖论存在且难以破解时，股东至上主义还是否是一种应被坚持的法学范式？答案显然是否定的。

第三节　股东至上主义：缺乏解释力的法学范式

范式的力量，在于其解释力。而解释力的高低，则取决于范式无法解决的异常现象的多寡。当异常现象越多、越触及范式的核心领域时，范式的解释力也就越低。随着解释力的降低，范式便迎来了自己的"危机"阶段。最终，旧范式会被新的范式所取代，如此循环往复，永不停歇。当然，并不是任何一种异常现象，都足以动摇范式；任何原则都存在例外，只有当例外多于原则或者例外才是范式所应当提供解释的常规事项时，范式才失去其解释力。作为一项法学范式，股东至上主义也必须接受来自异常现象的挑战。在本节接下去的论述中，笔者将列举股东至上主义无法解释的四大异常现象。而这些异常现象，将从"质"与"量"的不同层面，否定股东至上主义的法学范式地位。

一　难以执行的利润至上教条

按照股东至上主义者的观点，公司存在的唯一目的乃在于最大化其利润；实现利润的最大化是公司所应尽的最重要的社会责任。从而董事会的信义义务也就自然指向实现公司利润的最大化；任何牺牲公司利润实现其他社会目标的行为都会被视为"代理成本"，应当予以消除。然而，主要公司法国家或者地区的法律，不仅没有将"利润至上"作为强制性规定，相反却存在诸多允许公司承担社会责任的判例或者制定法。当然，股东至上主义者可能这样反驳：（1）对社会责任的承担将最终有助于公司利润的实现；（2）利润最大化乃不言自明之理，无须做出特别的法律规定；（3）相反，承担社会责任之行为属于例外，非得法律许可不能进行；（4）这种原则与例外的关系，恰恰说明利润仍然具有至上性。根据这一反驳，利润至上作为一项教条，并不意味着公司只能进行带来即时利益的行为；而只是排除董事进行与公司（长期）利润无关的社会责任承担。由此，利润至上教条必须按照如下的方式被严格执行：（1）正当化一切实现公司利润的董事会决策；（2）识别并惩处一切以实现公司利润为伪装的董事会行动。然而，这种"严格执行"是否可能？

法理学家认为，由于信息不完全且无法完美地界定与裁决不具可欲性的行为，即便进行了理想化的无偏见决策，法律制裁（Sanction）也绝无可能充分阻却或者惩治所有不具可欲性的行为。而任何试图消除这些信息不完全、界定与裁决的不完美的举措，不仅不切实际、代价高昂，而且也会因过多的法律监视而制造在法律原则上更不可欲的损害。因此，考虑到信息的不完全、界定与裁决的不完美，我们所能获得的最佳法律制裁，事实上只能在"不完全"惩治不具可欲性的行为与"过度"阻却可欲行为之间选择最优化的方案。① 接下来，让我们将这一法理运用至对利润至上教条的严格执行中来。假设利润至上这一教条是理性化的无偏见决策结果，而非利益集团游说的结果，其所欲制裁的不具可欲性的行为是"与公司（长期）利润无关的社会责任承担"。然而，在阻却这种不具可欲性的行为时，法院（或者其他仲裁者）同样面临信息不完全、不能完美界定与裁决"何种社会责任承担与公司（长期）利润无关"等问题。其中的原因非常简单：由于市场环境极其复杂，未能创造利润的公司活动未必存在何种质量上的缺陷；相反，动机纯良、质量极高的公司决策，也可能因为不可控的市场因素而导致公司失败。在这种语境下，有两种方案供法院选择：（1）法院可以制裁任何不能带来即时利润的公司决策，而这会"过度"阻却那些原本可以实现公司长期利润的决策；（2）法院完全顺从董事会制定的利润实现时间表，而这又会"不完全"地惩治与公司（长期）利润完全无关的社会责任承担活动。由此可见，利润至上作为一种教条是不可能被严格（完美）执行的。而如果法院采用上述方案中的任意一项进行自欺欺

① See Stephen McG. Bundy, Einer Elhauge, "Knowledge About Legal Sanctions", *Michigan Law Review* 92 (1993): 267 – 279.

人式的严格执行，其结果也一定是不效率的。

事实上，在上述两项选择之中，法院应该（而且在事实上①）会更偏向于第二项。其原因在于：（1）由于法院并非商事活动的专家，出于对专业分工的尊重、受知识局限性的制约，法院在介入公司内部事务时倾向于保持克制；（2）在自由市场经济制度下，法院过分地干涉董事会的自由裁量、过多地否决董事会决策，会被视为对自由企业制度的破坏，从而在政治正确上遭受抨击；（3）公司对社会责任的承担，往往符合和顺应了社会公众对公司制度的特殊期待，若法院过多地排斥这种对公众期待的满足行动，其判决还会失去伦理上的正当性。

即便不考虑利润至上为人所诟病的其他严重缺陷，其现在还面临着难以被执行的尴尬境地。这种"难以被执行"不仅对利润至上的"教条"地位发起挑战，更是股东至上主义作为一种范式所难以解释的"异常现象"。

二 与股东至上主义无关的股东派生诉讼权

在公司法中，为股东所"独享"的两项权利——投票权和派生诉讼权——可被视为其"至上"地位的有力证明。尽管主要国家或者地区的公司法都没有最大化公司利润的强制性规定，但这些公司法却无一例外地将"投票权"和"派生诉讼权"交由股东独享。股东至上主义者当然可以顺势主张，若非其至上地位，何以公司法做出如此制度安排？然而，这两项权利是否真为股东所独享，其行使又是否是为了维护股东的至上地位？对于投票权而言，其并非一项为股东所独享的权利。笔者在他处已经指出，投票权作为公司治理的工具之一，会因应商业组织参与者的不同投资需求，而被全部或者部分地分配给非股东利益群体所享有；② 一旦其为非股东利益群体所享有，投票权也就不再只是为了维护股东的至上地位。而本部分接下去的内容则将说明，与股东至上主义的主张不同，股东派生诉讼权其实是一项与股东至上主义无关的公司法制度安排。

第一，从派生诉讼权的基本运作模式来看，其并非专为股东利益而

---

① 详见本书第三章第二节第一部分"导向近乎绝对自由裁量权的股东至上主义"的论述。
② 参见楼秋然《股权本质研究——范式的提出与运用》，硕士学位论文，中国政法大学，2015。

设。董事会违反信义义务对公司造成损害，是股东行使其派生诉讼权的常见情形。但由于商业判断规则的存在，从胜诉可能性的角度出发，股东又往往以董事会违反忠实义务为由提起派生诉讼。作为信义义务的一项组成内容，忠实义务主要禁止董事会进行各种形式的"自我交易"，包括但不限于抢夺公司机会和挪用公司资产等。而在实际的司法运作中，法院又倾向于仅在极为特殊的情境——涉案董事未就自我交易获取无利益冲突董事或者股东的授权，且涉案董事从自我交易中取得显著金钱利益，或者该自我交易使公司遭受金钱损失——之下，才会判决董事违反了忠实义务。①由此可见，忠实义务的主要功能在于防止董事对公司进行"公然"（Blatant）的"盗窃"（Theft）；而由于这种盗窃减损了公司作为一个整体的价值，其不仅损害了股东的利益，也损害了包括债权人和雇员在内的其他利益群体的利益。②由此可见，派生诉讼权并非专为保护股东利益而设；相反，派生诉讼权所维护的是更大范围的公司作为一个整体的利益。事实上，这一点还可以在派生诉讼的提起条件和效果归属中得到印证。在公司法中，股东享有两种不同类型的诉权，即直接诉讼权和派生诉讼权。直接诉讼权的行使，以股东利益受损即为已足；而派生诉讼权的行使，则必须满足"公司"作为整体的利益遭受损失这一预设前提。当公司利益不能被简单等同为股东利益时，这一预设前提便在法律与事实上产生了两种效果：（1）股东不能仅仅以其自身利益受损为由提起派生诉讼；（2）股东行使派生诉讼权的结果是保护了包括非股东利益在内的公司整体的利益。另外，股东派生诉讼的法律效果归属"公司"而非"股东"；这一点也从侧面证明了股东利益与公司利益之间的可能偏离。由此可见，从其基本运作方式来看，股东派生诉讼权并非专为股东利益而设。

第二，就对股东派生诉讼所设置的法律限制来看，派生诉讼也并非旨在维护股东的"至上"地位。从目前主要国家或者地区的公司法内容来看，股东至上主义主要受到两项程序性的法律限制，即持股时间与比例、提供诉讼担保。虽然这两项法律限制的落脚点有所不同，但分享同一的法

---

① See Robert C. Clark, *Corporate Law*, （New York: Little, Brown & Co., 1986）, pp. 141 – 167.

② See Margaret M. Blair, Lynn A. Stout, "Director Accountability and the Mediating Role of the Corporate Board", *Washington University Law Quartery* 79 （2001）: 427.

理基础，即防止非为公司整体利益的滥诉。其原因在于以下两点。（1）对诉讼发起人进行"时间"与"比例"的双重限制，可以防止个别股东为实现私利而提起诉讼。这其中蕴含了这样一个假设前提，即持股达到一定比例与时间的股东，更可能从长远的公司整体利益的视角看待公司活动。（2）要求诉讼发起人提供诉讼担保，则不仅可以体现股东对胜诉的信心，还可以保障公司作为整体的经济利益不受损失。由此可见，从程序性的法律限制来看，派生诉讼所主要维护的是公司这一整体的利益，而非狭窄的股东利益。即便如此，派生诉讼却的确可能成为维护股东至上地位的工具。当派生诉讼权被排他性地赋予股东、董事会始终忌惮于在派生诉讼中败诉的可能性时，股东仍然可能借助其法律地位以及董事会对责任承担的恐惧，来提升其在公司治理中的话语权。然而，至少在美国公司法中，早已存在这样一项法律对策，即要求任何一项派生诉讼都必须接受由无利益冲突董事的特别审查，只有在后者认为该派生诉讼有利于公司整体的利益时，派生诉讼才能继续进行。例如，在 1979 年做出判决的 "*Auerbach v. Bennett*" 案中，纽约州上诉法院便认为，[1] "针对董事提起派生诉讼的权利最终仍然属于公司……是否及其在多大程度上推进这项诉讼，仍然取决于董事会的判断和决定……行动与否必须建立在保护和增进公司利益的考量之上。这在本质上是董事会所应当承担的角色和责任，法院不应当介入其中"；而在 1981 年做出判决的 "*Zapata Corp. v. Maldonado*" 案中，特拉华州最高法院不仅重申了董事会所享有的驳回派生诉讼的权力，更认为即便授权特别调查委员会的董事会与代决事件之间存在利益冲突，也不妨碍特别调查委员会驳回派生诉讼的权力的正当性。[2] 这一法律对策在法律与事实上产生了如下效果：（1）再次强调了派生诉讼作为一项法律制度，所推进的主要不是股东利益，而是公司作为一个整体的利益；（2）尽管派生诉讼权为股东所独享，其行使却受到无利益冲突董事的特别约束，若非为公司整体利益而行使，派生诉讼不得启动或者继续。而这两点都极大地否定了派生诉讼与股东至上主义之间的内在关联性。这里需要再次指出的是，虽然对公司利益的维护最终"可能"反映为股东利益的实现，然而一则这仅仅是一

---

① See Auerbach v. Bennett, 393 N. E. 2d 994（N. Y. 1979）.
② See Zapata Corp. v. Maldonado, 430 A. 2d 779（Del. 1981）.

种"可能"，因为确实存在股东利益不能等同于公司利益的情况；二则对公司利益的维护最终惠及的其实是全部利益群体，而绝非股东一家。

综上所述，尽管派生诉讼权被法律排他性地赋予了股东，然而从派生诉讼权的基本运作方式、法律限制的目的与实效来看，其并非一项维护股东"至上"地位的法律制度。而这种派生诉讼与股东至上之间的无关联性，同样构成了股东至上主义难以解释的"异常现象"。

三　信义义务的非单一性

若公司法律制度以股东至上主义为其蓝图，则董事会在公司法上所承担的信义义务应当呈现"单一性"的特征。这种单一性是指，董事会仅向股东承担信义义务、仅有股东才是董事会行动的最终受益人（Beneficiary）。自然这种单一性也就要求当股东利益与其他利益相冲突时，董事会应当首先满足股东利益。然而，信义义务的实际运作却指向完全不同的方向。

第一，信义义务并非仅对股东承担。即便是从实证法的角度出发，董事会的信义义务也绝非仅对股东承担。例如，早在 1991 年做出判决的 "*Credit Lyonnais Bank Nederltmd N. V. v. Pathe Communications Corp.*" 案中，特拉华州衡平法院就确立了所谓的"濒临破产"规则。按照这一规则，当公司已经或者可能濒临破产时，董事会应当对债权人而非股东承担信义义务。而最近的经济学理论则指出，任何公司在任意时刻其实都处于濒临破产的境地；无论财务看似如何健康的公司，只要进行一项足够冒险的投资，都可能瞬间支付不能或者资不抵债。[1] 因此，如果信义义务的承担对象应当与剩余索取者相对应的话，董事会也应当始终对债权人承担信义义务。这一观点同样有其判例法上的基础：在 1939 年做出判决的 "*Pepper v. Litton*" 案中，美国联邦最高法院的大法官们一致认为，信义义务的制度目的乃在于保护作为共同体的公司的利益，而这一共同体不仅包括股东也包括债权人；因此，债权人也有权要求董事会履行其信义义务。[2] 如果不考虑濒临破产规则的可能扩张，股东至上主义者可以这样反驳，即濒临破

---

① 以上论述详见本书第一章第三节的内容。
② See Pepper v. Litton, 308 U. S. 295（1939）.

产规则只是公司法中的一项例外；公司法在主体上仍是以信义义务对股东的承担为核心的。然而，这一主张的实证法依据何在？当投票权与派生诉讼权或者并非股东独享，或者并非以维护股东之"至上"地位为主旨，当实现民主政治与自由企业制度这样"虚幻"的追求都可以用来正当化董事会决策时，股东如何能被视为信义义务的唯一承担对象？

第二，信义义务与横向财富流动。若信义义务确实具有单一性，则董事会进行的将股东利益"横向"转移至非股东利益群体的行为，应当被视为不法。然而在事实上，公司法对这种行为往往"视而不见"，甚至还采取支持的立场。在商业判断规则的保护之下，董事会可以拒绝采取对债权人不利的过于冒险的投资策略、推进雇员健康保护计划、对教育机构进行无偿捐赠等；而法院的审查只会涉及是否存在利益冲突、是否经过了知情的决策程序，而不会考虑这些商业决策是否最终会实现利润的最大化。这种以商业判断规则为基础的法律审查，可以视为公司法对横向财富流动的"视而不见"。而在前文提及的"Unocal v. Mesa"和"Paramount v. Time"等案中，法院甚至还明确支持董事会进行的横向财富流动。例如，在"Paramount v. Time"案中，法院便允许董事会以保存企业文化为由，拒绝对股东而言可能条件更为优厚的竞争要约；而这就是一种典型的将股东利益"横向"转移至非股东利益群体的行为。此时，股东至上主义者还可以这样反驳，上述情形不过是法院没有严格执行股东至上主义的错误而已。然而，股东至上主义可能被严格执行吗？本节第一部分和本章第二节的论述已经给出了否定的回答。

第三，信义义务与利益冲突交易。在利益冲突交易的语境之下，股东利益可能遭受直接的损失。此时，若信义义务果真具有单一性，则法院不仅应当给予股东相应的救济，而且应当以股东利益受损作为这种救济的基础。然而，根据美国公司法权威学者米歇尔教授的介绍，在美国，绝大多数法院在处理利益冲突交易时，都不会提及股东作为最终受益人的利益受损问题；相反，法院的着眼点仅仅在于董事会作为受托人的行为违法性；阻止董事会的不法行为是利益冲突交易法的首要目的，至于确定最终受益人的身份不过是第二性的问题。[1] 事实上，除去确定最终受益人的身份并

---

[1] See Lawrence E. Mitchell, "A Theoretical and Practical Framework for Enforcing Corporate Constituency Statute", *Texas Law Review* 70 (1992): 595 – 598.

非首要目的之外，法院的这种做法还基于如下原因。（1）如联邦最高法院在"*Pepper v. Litton*"案中所言，信义义务的制度目的在于保护作为共同体的公司的利益，而非单纯的股东利益；若此，法院当然不可能将股东确定为唯一的最终受益人。（2）如本节第二部分所言，任何对利益冲突交易的惩处，其效果都最终惠及作为整体的公司的利益，或者说全部利益群体；在这一法效果之下，法院也不可能将股东视为唯一的最终受益人。（3）当公司利益不能被简单等同于股东利益时，从严格的法律推理出发，法院不能也不应当将股东确定为唯一的最终受益人。

综上所述，由于董事会的信义义务并非仅向股东承担、股东也并非董事会行动的最终受益人，股东至上主义所主张的信义义务的单一性是难以成立的。而这种信义义务的"非单一性"，则构成了股东至上主义所无法解释的另一项"异常现象"。

四　与股东利益无关的董事会行动

假设股东至上主义确为公司法的一项基本范式，则任何董事会行动都应当以股东为其依归。然而，从本章第二节以及本节前三部分的论述来看，这一点相当值得怀疑。当然，股东至上主义者还有最后的解释方案，即只要董事会的行动最终能够实现股东利益，则其仍然与股东至上主义的要求相吻合。这一方案当然具有一定的吸引力。只要董事会做出有助于民主政治与自由企业制度的决策时，其动机仍是为了最终实现股东利益，则这一决策就仍然是"股东至上式"的。事实上，这种在时间上被"拉长"、从包容性上被"放宽"的股东至上主义，不仅能够在一定程度上化解其无力解释诸多异常现象的尴尬，还被认为"本来"就是股东至上主义的真正内涵。① 然而，这一解释方案存在两项显见的缺陷：（1）一旦股东利益被无限"拉长"、"放宽"，"意味着一切"的股东至上主义事实上也就无所指向；（2）从最近公司法的发展来看，董事会已经被允许进行与股东利益无关的公司行动。对于第（1）点，本章已经在第二节和本节的前三部分

---

① 例如，汉斯曼和克拉克曼两位公司法权威教授便认为，公司法的最终目的应当是提升股东的长期利益。See Henry Hansmann, Reinier Kraakman, "The End of History for Corporate Law", *Georgetown Law Journal* 89 (2001)。

进行了论述；接下去的内容将仅仅围绕第（2）点展开。

针对董事会行动与股东利益之间的关系，由美国法律研究院编纂制定的《公司治理原则》特别规定，① 即使公司利润和股东利得并非因此得到增加，公司在开展其商事活动时亦得：（1）在一定程度上被要求如自然人一般遵守法律的规定；（2）可以将与负责任的商事活动合理相关的道德伦理因素纳入考量；（3）可以为公共福利、人道主义、教育或者其他慈善目的进行合理数量的无偿捐赠。② 针对这一特别规定，美国法律研究院的评注进一步指出，诸如为避免外交政策恶化而拒绝进行营利性销售、帮助员工完成工作转换而过渡性地保留亏损的工厂、向已退休的员工发放养老金或者其他以社会成本为考量因素的公司行动，都是被许可的。③ 尽管这一特别规定及其评注的大多数内容仍被牵强地视为符合股东至上主义的内涵，然而，其开篇即提出的"即便公司利润和股东利得并非因此得到增加"就完全有悖于股东至上主义的核心，即最终实现股东利益了。事实上，这种有悖于股东至上主义核心内涵的表述，不过是对以往判例法的重述而已。当判例法已经明确许可董事会考虑非股东利益、对横向财富流转视而不见甚至表达赞成、对纵向冲突中的最终受益人确定不感兴趣时，董事会其实早就被允许进行与股东利益无关的公司行动了。

另外，在制定法层面，也已经出现了允许董事会进行与股东利益无关的行动的法案。例如，纽约州商事公司法便规定，董事会可以进行慈善捐赠而无须顾及公司利润问题。④ 这种看似乖张的制定法规定，其实也可以与既存的判例法、其他制定法和谐相处。其原因在于：既存的判例法或者其他制定法，虽然并没有大张旗鼓地允许公司进行与股东利益无关的捐赠，然而当无偿捐赠的正当性可以上溯至对民主政治和自由企业制度，或者其他任何目所不能及的长远利益之上时，其已经在事实上允许董事会进

---

① 尽管《公司治理原则》并非有约束力的规范性文件，但其在美国却是类似"法律重述"的软法；其意见往往不仅符合权威先例的意见，也带有一定的前瞻性。

② See, e. g., 1 Am Law Inst., "Principles of Corporate Governance: Analysis and Recommendations § 2.01 (b) (2) - (3) & cmt. d", (1994).

③ See, e. g., 1 Am Law Inst., "Principles of Corporate Governance: Analysis and Recommendations § 2.01 cmt. i, illus. 13, 20, 21", (1994).

④ See Jill E. Fisch, "Measuring Efficiency in Corporate Law: The Role of Shareholder Primacy", *Journal of Corporation Law* 31 (2006): 654.

行与股东利益无关的无偿捐赠了。

综上所述，对与之相偏离的判例法和制定法，股东至上主义者虽然给出了看似可行的实现"股东长期利益"的解释方案；然而，当"法律重述"、"软法"甚至制定法都已经直接允许董事会进行与股东利益无关的行动时，这种解释方案也注定将破产。而这一解释方案的失败，也使得与股东利益无关的董事会行动，成了股东至上主义难以解释的另一项"异常现象"。在此需要提醒读者注意的是，本部分所指的"与股东利益无关"主要是指决策"动机"而非"结果"上的无关。当然，即便是从结果上来看，动机与股东利益无关的决策，也可能在结果上与股东利益毫无牵涉。

五　小结

如本节开篇处所言，任何范式的可靠性都取决于其解释力；而解释力则又受制于"常规现象"与"异常现象"之间的力量对比。当范式所面对的异常现象在"质"与"量"上都压倒了常规现象时，范式的解释力也就大打折扣甚至不能称其为范式。因此，若欲证立其范式地位，股东至上主义不仅需要证明股东利益的"至上"性、公司法围绕股东"至上"地位进行构建的真实性，还必须在总体上令人满意地解释一切重要的异常现象。然而就前文进行的论述而言，股东至上主义根本无法完成这一证立工作。其目前所面对的包括"难以执行的利润至上教条"、"投票权和派生诉讼权并非专为股东利益而设"、"信义义务的非单一性"和"与股东利益无关的董事会行动"这四大异常现象，不仅是其所无力解释的，更直接否定了其必须坚持的核心主张。当一项范式不仅难以回应涌现的异常现象，也已经失去了其核心主张的时候，其是否还能被称为一项"范式"？答案显然是否定的。由此可见，从解释力的视角进行观察，股东至上主义绝对算不上一项可靠的法学研究范式，其甚至已经无法被称为一种"范式"。

第四节 难以实现自我保护的
非股东利益群体

一 弱势股东与强势的非股东利益群体：股东至上主义的视角

现代的公司法研究，已经不再纠结于有关法人本质的"实在"与"拟制"之争，[①] 而是更多地从"合同关系束"的角度理解公司。从这一视角出发，公司不过是"一系列显性或者隐性契约的组合，而公司法则赋权合同参与各方，根据宏观经济环境下的不同风险与机遇，选择最优化的契约安排"。[②] 换句话说，公司"不过是对公司事业所产出的利润与产品享有请求权的各方主体之间的一种合同性安排"[③] 而已。而在形成这一合同关系束的过程中，"全体公司利益相关者——股东、债权人、员工、供应商和顾客等——都被视为自愿加入这些界定其权利与义务的显性或者隐性契约之中"[④]。这种可被称为"合同关系束"或者"公司合同"的理论，在一定程度上重塑了公司、股东与其他利益相关者之间的关系，却也与传统的公司理解方案之间分享着本质上的共同点。所谓的重塑在于，按照合同关系束的理解，非股东利益群体与股东一样，都对公司投入了资源、都是公

---

① 关于法人本质的传统论说，参见王泽鉴《民法总则》增订版，中国政法大学出版社，2001，第 148 ~ 150 页。

② See Frank H. Easterbrook, Daniel R. Fischel, "The Corporate Contract", *Columbia Law Review* 89 (1989): 1418.

③ See Jonathan R. Macey, "Fiduciary Duties as Residual Claims: Obligations to Nonshareholder Constituencies from a Theory of the Firm Perspective", *Cornell Law Review* 84 (1999): 1266.

④ See Antony Page, "Has Corporate Law Failed? Addressing Proposals for Reform", *Michigan Law Review* 107 (2009): 984.

司合同的缔结者；所分享的本质上的共同点则在于，公司合同理论也要求将公司的最终控制权交给股东。对于这种"重塑"与"共同点"之间的反差，应当做何解释？除去已被证明为不具说服力的"剩余索取权"理论，股东至上主义还给出了另一种解释方案，即相比于非股东利益群体，股东更为弱势，更需要控制权的保护。至于股东的弱势地位，股东至上主义主要通过如下两项理论加以阐释。

第一，相较于股东，非股东利益群体更能借助订立"完全合同"以实现自我保护。尽管公司可被视为一系列显性或者隐性契约的组合，然而这些契约之间却存在着一项显著的区别，即不同程度的不确定性。一般而言，股东与公司缔结契约关系是为了获取合理的投资回报。即便这一目标清晰明确，但能否以及如何实现这一目标却具有极强的不确定性。即便股东投资加入的是一家经营战略非常成熟的公司，一旦公司内外部环境发生变化（而这种变化的发生是一定的），股东便必须就是否对外融资、是否更换管理层人选、是否进行公司结构性改变甚至是否解散公司等事务做出决定。这些决定虽然与股东能否实现其投资回报休戚相关，却是股东在与公司订立初始合同时所无法完全预见的。另外，即便股东已经预见了某些事项的发生，其最佳解决方案还是必须视当时的市场环境而定，而难以在加入之初便被完美确定。因此，股东与公司之间的契约关系具有"不确定性极高"、大部分契约内容需要"临事而决"的特征。同股东与公司之间的契约关系不同，非股东利益群体无论是在所面临的"不确定性"方面，还是在"事前"解决不确定性的能力上，都显著优越于股东。其原因在于如下两点。（1）大多数利益相关者对公司进行的投资，具有"还本付息"的特征，从而在投资结果上面临更小的不确定性；（2）这种投资结果上的不确定性，还可以通过要求公司提供担保、在契约中订入包括"平等位次条款"、"消极担保条款"、"财务约定事项"和"保持资产条款"等保护性内容来实现自我保护；（3）即便上述法律条款往往仅被金融债权人所运用，其他利益相关者却可以"搭"金融债权人的"便车"，间接消除其可能面临的不确定性。由此可见，非股东利益群体与公司之间的契约关系具有"不确定性相对固定"且可以通过事前契约安排加以最小化的特征。若此，则由于非股东利益群体更能通过订立完全合同来实现自我保护，公司的控制权应当分配给在缔约能力上处于"弱势"的股东。

第二，相较于股东，非股东利益群体能进行更为有效的利益游说。对于这一点，股东至上主义者主要借鉴了所谓的"比较制度分析"（Comparative Institutional Analysis）理论。[①] 根据这一理论，在确定由何种机构行使监管权时，应当比较分析相竞争的机构各自的优势与缺点。以对立法权的分配为例，比较制度分析所关注的主要是国会、法院和市场在实现特定公共政策方面的能力。而这种实现特定公共政策的能力，又受到包括是否会因利益集团游说而导致"少数主义"或"多数主义"偏见等因素的影响。由于公司法中也存在多利益群体对控制权的争夺问题，比较制度分析理论很快被延伸适用至公司法领域。股东至上主义者认为，考虑到控制权分配与各利益群体的平衡保护直接相关、控制权主要提升的是特定利益群体的司法救济能力等因素，控制权应当被分配于最不能对立法进行利益游说的群体手中。而在这种比较中，股东完全处于下风，其原因在于如下两点。（1）由于（上市）公司的股东往往人数众多且仅持有微量股份，其必须克服"集体行动"、"搭便车"等诸种困难才能进行有效的利益游说；而对这些困难的克服即便不能被认定为不可能，也势必耗费大量的成本。（2）与股东不同，包括债权人、管理层和雇员在内的其他利益相关者，不仅在理论上能够更方便地形成合作团队，而且在事实上也更多、更成功地进行着立法领域的利益游说。由此可见，即便不赋予其控制权，非股东利益群体也能通过影响立法等手段实现自我保护；而股东则由于不能进行有效的利益游说，必须借助控制权、司法诉讼才能保障自己投资的安全性。

从以上论述内容来看，第二项理由，亦即"相较于股东，非股东利益群体能进行更为有效的利益游说"是相对容易反驳的对象。（1）随着"机构投资者"、"机构投资者股东服务组织"等市场主体的出现，股东在进行利益游说方面所面临的集体行动成本可谓大幅下降；而股东积极行动对最近许多公司立法的重大影响，也印证了这种成本的大幅下降。（2）从利益游说有效性的角度观察，某一利益群体的成员同质性越高、目标越单一，则该利益群体的游说有效性也就越高；而按照股东至上主义者的主张，则似乎相较于同质性较低的非股东利益群体，股东的游说有效性应该更高才对。（3）即便承认非股东利益群体确实可以进行有效的"分别"游说，但

---

① 以下有关"比较制度分析"理论及公司法对其运用的内容介绍，see generally Jill E. Fisch, "Measuring Efficiency in Corporate Law: The Role of Shareholder Primacy", *Journal of Corporation Law* 31 （2006）: 664 - 668。

由于各利益群体之间存在"利益冲突"，则这些利益群体的游说效果也会因妥协而下降；而一旦将控制权排他性地分配于股东，使股东可以单独影响董事会与司法裁判，这反而制造了利益保护的"不平衡"。至于第一项理由，即"非股东利益群体更能借助订立'完全合同'以实现自我保护"，则涉及更为复杂的理论与实证问题；本节将通过接下来的第二、第三、第四部分对其进行深入的反思与检讨。

二　非股东利益群体保护与完全合同

股东至上主义者认为，与股东不同，非股东利益群体更能借助订立"完全合同"以实现自我保护。然而，这一主张从一开始就面临着来自社会现实的挑战。由于经济地位等因素，雇员、供货商和顾客等利益相关者不可能与公司订立包括平等位次、消极担保、保持资产等条款在内的完全合同。对于这一点，股东至上主义者提供了一种简单明了的解决方案：由于金融债权人（债券持有者和银行贷款人）具备订立上述合同的意愿和能力，其他利益相关者可以通过搭便车的方式间接实现自我保护。至于这一解决方案的有效性，则势必首先取决于金融债权人"是否"以及"在多大程度上"借助完全合同的订立实现了自我保护。

按照经济学的经典文献，对（企业作为债务人的）债权合同中所使用的"限制性条款"可做如下分类：（1）对企业生产或者投资政策的限制，例如对企业处置资产的限制；（2）对企业财产进行分配的限制，如对股东进行的股利分配与股权回购；（3）对企业后续融资的限制，主要针对企业发行清偿顺位更优的债券或者为其他债权人提供担保；（4）报偿调整条款，包括允许债转股或者提前清偿等；（5）反馈活动（Bonding Activity）条款，即要求债务人定时提交财务报告等。① 而根据金融债权人的缔约环境之不同，其又可以下分为"私债"（Private Debt）合同持有人和"公债"（Public Debt）合同持有人两类。私债合同持有人以银行贷款人为典型，由于人数较少且经济地位较高，可以较低成本与公司进行债权合同的（再）协商；而公债合

---

① See Clifford W. Smith, Jr., Jerold B. Warner, "On Financial Contracting: An Analysis of Bond Covenants", *Journal of Financial and Economics* 7 (1979): 118 – 119.

同持有人则以公开发行的债券持有人为主，由于持有者多且分散（协商成本较高），往往只能接受公司提供的标准合同。① 从经济学实证研究的结论来看，"私债"合同持有人的合同完备性远高于"公债"合同持有人。例如，经济学家布拉德利（Bradley）和罗伯茨（Roberts）便发现，前述五类限制性条款在"私债"合同中出现的概率都超过了70%，而在公债合同中出现的概率却普遍低于25%，最高也不多于44%。另外，在1993～2001年期间，对后继债务、股权发行和资产出售进行限制的条款在私债合同中出现的比例急剧增加（分别从18%、32%、75%上升到81%、94%、75%）；与此同时，这些条款在公债合同的比例却不断下降。② 针对这一实证研究结论，我们可以做出如下解释：即便是在金融债权人中，也只有缔约能力较强者方能借助完全合同来实现自我保护。这一解释，还可以得到有关债券持有人（典型的公债合同持有人）无法在杠杆收购中实现自我保护的实证研究的支持。众所周知，在杠杆收购中，债券持有人与股东之间的利益冲突最为显著。而债券持有人进行自我保护的最为有效的合同条款是所谓的"控制权转移条款"（Change In Control），即当公司控制权发生转移时，公司应当对所发行的债券进行"溢价回购"。③ 从理论上来说，这一条款应当为大多数债券持有人所采用；然而，实证研究却给出了相反的结论。例如，一份实证研究表明，在20世纪80年代，仅有13%的新发行债券采用了控制权转移条款；而到了21世纪初期，这一数字则上升为41%。④ 而另一份实证研究也给出了大致相同的数据，即在2000～2003年（杠杆收购浪潮期间），控制权转移条款被使用的概率为42.4%。⑤

① See Edward B. Rock, "Adapting to the New Shareholder – Centric Reality", *University of Pennsylvania Law Review* 161 (2013): 1931.

② See Michael Bradley, Michael R. Roberts, "The Structure and Pricing of Corporate Debt Covenants" (May 13, 2004), available at https://papers.ssrn.com/sol3/papers.cfm?abstract_id=466240, last visit on Nov. 26ht, 2016.

③ See Edward B. Rock, "Adapting to the New Shareholder – Centric Reality", *University of Pennsylvania Law Review* 161 (2013): 1933 – 1934.

④ See Matthew T. Billett, Zhan Jiang, Erik Lie, "The Effect of Change – in – Control Covenants on Takeovers: Evidence from Leveraged Buyouts", *Journal of Corporate Finance* 16 (2010): 6.

⑤ See Chenyang Wei, "*Covenant Protection, Credit Spread Dynamics and Managerial Incentives*" (Nov. 29, 2005), available at http://pages.stern.nyu.edu/~cwei/JobMarket_CovenantsSpreadCEOIncentive_ChenyangWei.pdf, p. 20, last visit on Nov. 26, 2016.

当然，股东至上主义者还可以继续给出这样的解决方案，即公债持有人可以通过搭私债持有人便车的方式实现自我保护。考虑到公司融资主要依赖私债而非公债的事实，[1] 这一方案似乎具有一定的可行性。然而，事实却并非如此。（1）即便各类限制性条款在私债合同中出现的概率都超过了 70%，而这也同时意味着这些条款不在私债合同中出现的概率也几乎达到了 30%；另外，上述 70% 的概率仅是"个别"条款出现的概率，而并非指向私债合同同时包含这五类条款的概率。（2）尽管公债合同持有人可以采取搭便车的策略，但是公司董事会或者管理层也可以通过向私债合同持有人提供"贿赂"（而代价往往是财富从公债合同持有人向私债合同持有人的横向流动）的方式来对限制性条款进行再协商；一旦这些限制性条款被修改甚至废除，公债合同持有人便陷入了"无车可搭"的境地。（3）如果私债合同持有人所选择的限制性条款仅是消极担保或者平等位次这样的条款，公司便仍具有对公债合同持有人进行机会主义行为的可能性。（4）尽管从整体来看，私债是企业债务融资的主要方式；但也存在以公债为主要融资方式的公司，此时公债合同持有人同样不可能搭上私债合同持有人的便车。如果这样的解释是令人满意的，那么股东至上主义者提出的"非股东利益群体可以通过搭金融债权人的便车实现自我保护"的主张，也同样是难以成立的。

除去搭便车理论的破产，股东至上主义的主张还存在一项根本性的缺陷，即非股东利益群体不可能订立"完全合同"。而合同的"不完全性"则主要来源于如下三个方面。（1）有限理性。尽管人类是一种理性的存在，能够进行理性的计算，然而这种理性始终是"有限"的；任何人都只能预见未来发展的有限部分，而不可能在"事前"就做到面面俱到。（2）交易成本。即便能够突破理性的有限性，人类也不可能订立"完全合同"。因为对未来所有可能发生的事项及其解决方案写入合同之中，不仅会大幅增加缔约的经济成本，也会显著地延宕商事合作的进度。因此，合同参与各方都倾向于在缔约时仅就常态事项加以协商，至于偶发事项则可以临事而决。（3）维持合作的信任氛围的必要。公司作为实现团队生产的

---

[1]　See Joel Houston，Christopher James，"Bank Information Monopolies and the Mix of Private and Public Debt Claims"，*Journal of Finance* 51（1996）：1871 - 1873.

一种制度工具，不仅需要各方的资源投入，还需要合作者的相互信任。另外，从人情交际的角度观察，大多数合同参与方都不会在缔约初期，就提出未来可能发生但当下提出会破坏信任氛围的假设性问题。因此，即便合同参与方预见了某些偶发现象的发生，也会基于维护信任的需要而选择沉默；这种沉默也许在事后可能显得荒谬，但在事前却是理性决策的结果。事实上，即便没有现代经济学的解说，合同的不完全性也早就得到了法学的承认。早在18世纪时，著名法官曼斯菲尔德勋爵便指出，"任何交易都应以诚信为其基础"。① 这种"诚信"和被近现代合同法奉为帝王条款的"诚信原则"，在很大程度上都是为了应对合同所具有的不可避免的"不完全性"。如果我们承认（无论如何精细的）合同都注定是不完美的，金融债权人或者其他非股东利益群体，通过完全合同自我保护的可能也就不攻自破了。

综上所述，与股东至上主义抛出的搭便车理论不同，真实的市场运作是"无车可搭"。当非股东利益群体甚至是金融债权人都无法借助订立完全合同以实现自我保护时，股东至上主义关于"强势的非股东利益群体"的论调就显然难以成立。

值得注意的是，除去搭便车理论，股东至上主义者还可能提出这样的主张，即非股东利益群体完全可以寻求"合同法中的诚信原则"、"市场机制的约束"和"商业判断规则下的自由裁量权"的保护，而无须与股东分享对公司的控制权。对于这些主张，本书将在接下去的内容中分两部分加以回应。

三　非股东利益群体保护与诚信原则

如前文所述，为应对合同所具有的不可避免的"不完全性"，现代合同法特别设置了"诚信原则"以资应对。如果这种应对可算得上成功的话，股东至上主义者是否可以此为主张，来拒绝非股东利益群体对公司控制权的分享？答案仍然是否定的。其原因在于，以诚信原则的存在来否定

---

① See Edmund Heward, *Lord Mansfield* (Chichester and London: Barry Rose (Publisher) Ltd. 1979), p. 102.

信义义务对非股东利益群体的可能承担，或者非股东利益群体对公司控制权的分享，不仅有其"不足"，也有其"自相矛盾"之处。

第一，诚信原则对非股东利益群体的保护不足。诚信原则是一项为大陆法系国家或者地区的合同法所普遍承认的法律制度。"它表明一种诚实、忠诚、考虑周全的行为标准——对另一方当事人利益给予应有关注的行事标准，并且它还暗含和包括对合理信赖的保护"。① 由于诚信原则的存在和要求，合同从一种对立双方追求各自利益最大化的市场机制，衍化为对彼此利益有所关照、在一定程度上体现人类"利他"精神的制度安排。若此，则诚信原则似乎不仅可以填补合同的不完全性，还对合同参与方提出了实现相对人利益的要求。从上述对诚信原则作用的表述来看，似乎只要非股东利益群体善用诚信原则，则其利益不必通过参与公司治理的方式就可以得到保护和推进。然而，诚信原则对相对人利益的保护是十分有限的。（1）诚信原则"以特别关联为前提，也就以信赖的最小值、即在参与者间达到忠实合作准备的最小值为前提"。② 这种所谓的最小值在法律上往往体现为对相对方所承担的"通知"、"协助"和"保密"等义务；③ 在行为内容上则体现为在进行自利活动时不以损害他人为主要目的。④ 由此可见，尽管诚信原则体现了一定的"利他"精神，但在总体上仍将合同相对方放在对立的位置上。（2）虽然诚信原则提出的行为标准已较不违反"公序良俗"原则为高，但是其仍然不能与控制权或者信义义务相提并论。"信义义务要求受托人在履行职责过程中以受益人最佳利益为行动出发点，这种行为标准超越了公正和诚实的要求"。⑤ 而如前文所述，公司在本质上是一系列显性或者隐性契约的组合。而至少对隐性契约（如员工所抱持的努力工作会得到更多福利的期望）的实现而言，其不仅需要公司决策不以损害该契约为主要目的，还需要公司进行最大化其可能利益的行动。正因如此，仅仅通过诚信原则对非股东利益群体进行保护是远远不够的。

---

① 〔德〕莱因哈德·齐默曼、西蒙·惠特克主编《欧洲合同法中的诚信原则》，丁广宇、杨才然、叶桂峰译，法律出版社，2005，第23页。

② 于飞：《公序良俗原则与诚实信用原则的区分》，《中国社会科学》2015年第11期。

③ 如《中华人民共和国合同法》第60条第2款。

④ 如属于诚信原则分支的权利滥用原则。

⑤ 朱圆：《论信义法的基本范畴及其在我国民法典中的引入》，《环球法律评论》2016年第2期。

第二，在承认非股东利益群体对公司也承担着剩余风险（详见本书第一章第三节）、非股东利益群体无法订立完全合同的前提下，如果股东至上主义者仍然认为"诚信原则"已经足以保护非股东利益群体，那么这一主张至少存在三项自相矛盾之处。（1）同非股东利益群体一样，股东与公司之间的关系也可以被定性为"合同关系"。当两种合同关系并无本质不同，而诚信原则又据信可发挥完全保护的功效时，为什么股东不满足于诚信原则的存在？这种股东的不满足或者对控制权的争夺，是否就意味着两种保护手段之间存在重大差异？若认为存在差异，则股东至上主义者如何能以诚信原则的存在否定控制权分享的必要性？若认为不存在差异，则为什么要进行手段上的区分？（2）认为诚信原则可以如控制权或者信义义务一般发挥功效，就已经在实质上否定了股东至上主义。如前文所述，所谓的股东至上主义，强调的是股东的"至上"地位，要求的是董事会行动始终以股东利益为依归。若诚信原则能够导致董事会对股东与对非股东利益群体的行为标准同一化，岂不是就已经在根本上否定了股东至上主义？（3）即便允许实质效果等同、仅是外在形式不同的保护手段的存在，受到等同保护的利益群体一旦发生利益冲突，也会要求公司法在"合同关系束"或者"共同体"的语境下提供解决"诚信"冲突的方案。而这种解决方案的实质其实也就是控制权分享或者信义义务的去单一性。由此可见，仅仅以诚信原则的存在，否定非股东利益群体对控制权的可能分享、信义义务向复合主体承担的观点是"自相矛盾"的。

合同法上的诚信原则不仅具有填补合同漏洞的功能，还在一定程度上对合同参与方提出了照护相对人利益的要求。然而，仅仅如此还根本不能满足非股东利益群体的要求。以诚信原则搪塞非股东利益群体，其实是未能充分认识非股东利益群体在公司法中的角色的体现。如前文所述，非股东利益群体一方面同样承担着公司的剩余风险，另一方面也是公司这一团队生产必不可少的组成部分。在这一认识之下，非股东利益群体之利益保护的必要性一点儿也不比股东来得逊色。有鉴于此，认为仅凭诚信原则即可提供完全保护的主张，是完全不能被接受的。

四　非股东利益群体保护与市场机制、商业判断规则

除去控制权和完全合同，"市场"是对非股东利益群体提供保护的另

一可能机制。由于公司是包括资本和劳动力在内的多种市场的"重复博弈者"，市场的"事后"惩罚很可能在"事前"就要求其对非股东利益群体的利益进行妥善处理。然而，市场机制对非股东利益群体所提供的保护也并非没有（重大）缺陷。（1）市场并非公司活动的最佳甚至有效监督者。艾森伯格教授在其雄文《公司法的结构》中即已指出，由于多种因素的存在，市场无法对董事会或者管理层的代理成本进行有效的约束。[①] 这一论断同样也可以被适用至市场对非股东利益群体的保护之上。例如，当劳动力市场处于"供过于求"（事实上也往往如此）的状态时，即便公司对雇员采取了严重的机会主义行为，市场也无法提供有效的事后惩罚；其原因在于，当供过于求时，总有潜在的雇员愿意以承受可能的利益损失的代价来换取工作的机会。再如，当市场经济状况处于过热状态时（2008 年金融危机之前的状态），冒险公司所提供的盈利机会是众多投资者争相抢夺的资源；此时，只要机会主义行为并未将投资回报率压低到存款利率之下，资本市场便不可能通过切断公司资金链的方式来进行惩罚。（2）熟知经济学理论的读者一定不会对"囚徒困境"这一概念感到陌生。在囚徒困境的语境之下，由于担心相对方可能的机会主义行为，博弈参与者最终无法做出对双方最为有利的选择。至于这一困境的有效解决方法则被认为是"重复博弈"。然而，这种"重复博弈"必须是"无限次"的，或者博弈参与者并不知晓其进行的是"最后一次博弈"。否则，重复博弈也无法彻底解决囚徒困境。这种博弈次数的有限性或者最后一次博弈问题，也可以被完美地延展适用至非股东利益群体的保护问题上。即便由于重复博弈的需要，公司在日常的商事活动中不会对非股东利益群体进行过分的压榨；然而，在要约收购、杠杆收购、重大资产出售或者公司解体这样的"最后一次博弈"出现时，缺乏控制权的非股东利益群体便不可能借助市场的"事后惩罚"进行自我保护。（3）由于市场的约束力存在局限，市场中便会出现两种博弈参与者——进行机会主义行为的公司和不进行机会主义行为的公司。由于是否进行机会主义行为的信息难以向市场透明化，非股东利益群体便会按照"平均可能性"决定向团队生产投入的资源的数量和

[①]　See Melvin Aron Eisenberg, "The Structure of Corporation Law", *Columbia Law Review* 89 (1989).

质量。此时，市场便出现了"柠檬化"的趋势；而这显然是不效率的。要解决这种柠檬市场的不效率性，仅仅依靠市场本身的事后惩罚显然是不足够的；因为，市场已经在事前被破坏了。由此可见，将对非股东利益群体的保护，寄托于市场的事后惩罚或者公司的重复博弈者身份是难以成功的。

商业判断规则及其赋予董事会的自由裁量权，则是另一项可能可以为非股东利益群体提供保护的制度安排。如前文所述，由于商业判断规则的存在，法院大量地正当化了董事会进行的有利于非股东利益群体的行动。针对这种近乎绝对化的自由裁量权，股东至上主义者可能如此主张：与非股东利益群体相比，似乎股东更需要进一步的保护。然而，事实却并非如此。社会心理学方面的实证研究发现，人类进行自利或者利他行为的倾向，直接受制于其与另一主体之间的"心理"或者"物理"距离；随着心理或者物理距离的增加，人类进行"利己"甚至"损人"行为的可能性都明显上升。① 这一实证研究结论，也可以被用来解释商业判断规则对非股东利益群体保护不足的问题。（1）自 20 世纪八九十年代以来，公司尤其是上市公司都普遍采用了"激励薪酬"以解决被视为公司心腹大患的代理成本问题。这种将董事会薪酬与股价挂钩的公司治理安排，不仅导致更多短视行为的出现，也使董事会与股东形成了较为紧密的利益共同体。而这则在无形之中拉近了董事会与股东之间的心理距离，使得前者更可能优先考虑后者的利益诉求。（2）虽然股东至上主义作为一种信仰体系本身存在诸多漏洞，其却在相当长的时间（直到现在）里占据了话语的主导权，甚至被普遍视为公司内部必须遵守的伦理道德规则。而这种理念上的霸权，也拉近了股东与董事会之间的心理距离。（3）尽管已经存在若干允许或者要求考虑非股东利益群体之利益的法案，然而公司事务的投票权尤其是董事会的任免权仍由股东独享；另外，股东还可以借助股东"会"的形式对董事会行使提案甚至质询的权利。这两者则同时在"心理"和"物理"上拉近了董事会与股东之间的距离。（4）虽然非股东利益群体的"抱怨"也能在一定程度上吸引董事会的注意，然而这种抱怨始终无法在重要性上与

① See Nestar John Charles Russell, "Milgram's Obedience to Authority Experiments: Origins and Early Evolution", *The British Journal of Social Psychology* 50 (2011).

"股价涨跌"、"司法诉讼"这样的事件相提并论。而董事会对股东利益所需保持的随时的、高度的关注，也不断拉近了董事会与股东之间的距离。在拉近董事会与股东之间距离的同时，上述四大因素也使得董事会不断疏远了非股东利益群体。因此，尽管商业判断规则赋予了董事会近乎绝对的自由裁量权，然而从社会心理学的角度观察，这种自由裁量权会被更多地用以增进股东的利益。

综上所述，无论是市场机制还是商业判断规则，都难以为非股东利益群体提供充分且有效的保护。

五　小结

将非股东利益群体塑造成自我保护的行家里手，是股东至上主义正当化股东控制权的重要一步。一旦非股东利益群体可以借助利益游说、完全合同、诚信原则、市场机制和董事会自由裁量权，实现充分而有效的自我保护，其参与公司治理和分享控制权的要求便毫无道理可言。然而，21世纪初期的公司治理丑闻、2008年爆发的金融危机等事实，以及本书前述展开的理论阐释却证明，所谓的自我保护是如何的虚妄。因此，要求非股东利益群体进行自我保护的股东至上主义实不足取。

第五节　小结

作为一项强调股东利益的至上性、股东独享公司控制权的法学研究范式，股东至上主义必须满足如下四项条件：（1）是被明确且一贯地适用的立法或者司法规则；（2）符合范式预期的实际运作状态；（3）应对异常现象时所能体现的强大的解释力；（4）解决因股东利益至上、拒绝控制权分享而引起的利益冲突的妥当性。

首先，股东至上主义者以著名的"*Dodge v. Ford*"案作为其满足第一项条件的证据。尽管该案的确提出了"任何商事公司的主要目的应当是实现股东利益"的教条，然而该案判决本身却受制于"狭窄的适用范围"、"并不完美的先例区分"、"助长短视主义"和"自相矛盾"的问题而难以被视为"良法"（Good Law）。另外，从与其他权威先例的关系、后继法院尤其是特拉华州法院的引证情况来看，"*Dodge v. Ford*"案本身也难谓一项有效的先例。事实上，如果对"*Dodge v. Ford*"案的诉因、庭内庭外的历史背景和法院所使用的推理方法进行深入研究，"*Dodge v. Ford*"案所解决的核心问题其实并非公司目的，而系股东压迫中的少数股东救济问题。值得一提的是，迄今为止，主要国家或者地区的公司法也从未设置任何要求最大化股东利益的强制性规定。由此可见，股东至上主义根本不是一种被明确且一贯适用的立法或者司法规则。

其次，作为一项强调股东至上地位的法学范式，股东至上主义所预期的公司法运作状态应当是：（1）董事会的任何行动都以股东利益为依归；（2）即使出现了应然与实然的偏差，其也能"有效率"地加以解决。然而从事实来看，这种预期已然落空。从对董事会决策的受约束程度来看，由于商业判断规则的存在、立法者和法院对维护公司政策、长期利益和正当性的强调，董事会在公司法下所享有的自由裁量权已大有绝对化的趋势，而不必对股东利益亦步亦趋。尽管股东至上主义为此提出了包括激励薪酬、控制权市场、股东积极行动主义和独立董事等法律应对方案，然而，这些应对方案或者加剧了股东至上主义的"短视面向"，或者进一步恶化了因信息不对称而导致的公司治理的不效率。这种绝对化的自由裁量权以及无法有效解决问题的现状，使得股东至上主义的实际运作完全脱离其预期。

再次，随着社会经济的不断演变、公司法逐步革新，股东至上主义也开始面临越来越多、越来越重要的异常现象的挑战。从对"利润至上"这一教条的执行来看，由于信息的不完全、无法完美界定与裁决不具可欲性的行为，法院根本无法严格执行股东至上主义的要求。而就投票权与派生诉讼权的分配和行使而言，两者或者并非为股东所排他性的独享，或者根本与维护股东的至上地位无甚关联。至于股东至上主义一直强调的信义义务的单一性，也已经受到了众多判例法和制定法的"解构"。另外，伴随着直接允许董事会进行与股东利益无关的公司行动的"软法"与制定法的出现，股东至上主义的核心领域也受到了极大的侵蚀。当股东至上主义已经无法回应上述种种与其核心主张直接冲突的异常现象时，其范式的地位已经岌岌可危。

最后，股东至上主义者试图将非股东利益群体塑造成自我保护的行家里手，以此来解决拒绝控制权分享所可能导致的利益冲突问题。从理论上来说，非股东利益群体确实可能通过"有效的利益游说"、"订立完全合同"、"合同法中的诚信原则"、"市场约束机制"和"商业判断规则"来实现极强的自我保护。然而，无论是从理论还是实证研究的角度来看，这些手段所能提供的保护都存在极大的局限性，而无法满足对非股东利益群体的必要保护。

综上所述，本书认为，股东至上主义并非一项可靠的法学研究范式。

行文至此，好奇的读者可能会提出诸如"股东至上主义为什么会在历史的长河中脱颖而出"、"是否存在与之不同的公司法建构方式"等问题。而事实上，这些问题不仅关涉股东至上主义的正当性，更直接与本书将会提出的替代股东至上主义的方案相关。因此，在接下去的一章，本书将围绕这些问题展开专门的论述。

股东至上主义：并非历史的必然选择

第四章 CHAPTER 4

第一节　股东至上主义的时代：历史的
非理性变迁

对于十分晚近的公司法以及法学院学生来说，股东至上主义似乎是一种被确定的"先入之见"。这种"先入之见"首先表述了在公司法这一场域进行理性商谈的"最低限度的价值共识"①，即（1）公司的主要目的在于实现股东利益；（2）董事会的信义义务应当且仅应当向股东承担。而在这一价值共识之下，公司法的基本研究范式被固定为解决因所有权和控制权分离而导致的代理成本；公司法的核心实体论证规则应是，在无充分且正当之理由时，公司权力应当由股东（大）会行使。随着企业社会责任理论的不断式微、公司法经济学分析的蓬勃发展，股东至上主义（至少在学术研究上）的"霸权"地位可谓相当稳固。然而这一霸权地位是否伴随公司法发展的始终？舍此股东至上主义之外，在公司法的历史上是否还存在过其他的信仰体系？而股东至上主义又是如何取得了今天的话语支配权？对这些问题的回答，不仅有助于我们更为全面地理解公司法及其历史，也将促使我们反思和检讨股东至上主义作为"先入之见"的偶然与理性因素。

一　20 世纪之前的公司法历史：为了"公共利益"的公司

早在中世纪时期，欧洲就已经出现了依特许状而设立的"公司"

---

① "先入之见，即最低限度的价值共识"，王轶：《民法价值判断问题的实体性论证规则》，《中国社会科学》2004 年第 6 期。

（Chartered Corporation）；不过这些最为古老的公司并非如今所谓的"商事公司"，而主要从事的是"宗教"、"市政"和"慈善"方面的事业。直到 16 世纪晚期，真正意义上的商事公司才以"海外贸易企业"（Foreign Trading Venture）的形式在英国出现。① 然而，正是 1600 年在英国成立的"东印度公司"，开启了欧洲现代公开公司的先河；在这一原型之下，只要总管（Gournor）、副总管（Deputie）和由 24 人组成的委员会无法完成与公司事务相关的任何工作，股东便可以随时、任意地行使其任免权。② 很快，借助英国殖民势力的扩张，英国的公司法不仅被传播至美国，而且被早期的美国公司法所大体继受。③ 模仿或者照搬英国公司法的成例，美国早期允许公司设立的令状往往会对股东与董事会的权限做如下划分：（1）授权股东选举 3~12 人不等的公司董事，但是可以任命全体管理人员的董事会主席却由董事选举产生；④（2）公司制定章程的权力由董事会享有，但董事会制定的章程可被股东会议所修改；（3）股东拥有确定董事薪酬的权力，且董事无权因其越权行为而向股东请求任何报偿；（4）董事会应当向股东会议汇报其职权履行情况，有些特许状还会特别授权股东检查公司内部文件；（5）（尤其是在银行业）禁止交叉董事（Interlocking Director）的出现；（6）股东行权一般遵循"一股一票"的原则。而及至 19 世纪中后期，股东权力获得了进一步的扩大。根据 1862 年允许泛太平洋铁路公司设立的特殊法案，股东已经获得了对任何与公司相关之事务的处置权，以及制定一切其认为合适而必要之章程、规则和规章之权力；至于董事会的权力则被压缩至实现允许公司设立之法案的目的的必要行动之上（主要是指雇用员工、收缴认购股权的股款等）。借助这段简短的 20 世纪之前的公司法历史介绍，我们似乎可以得出这样的结论，即自公司诞生以来，股东至上主

---

① See James Willard Hurst, *The Legitimacy of the Business Corporation in the Law of the United States*, 1780 - 1970 (Charlottesville: University Press of Virginia, 1970), pp. 2 - 4.

② See Sabrina Bruno, "Directors 'Versus Shareholders' Primacy in U. S. Corporations Through the Eyes of History: is Directors'Power 'Inherent'?", *European Company and Financial Law Review* 4（2015）: 427.

③ 以下关于美国早期公司法对股东权利的规定情况，see generally Sabrina Bruno, "Directors 'Versus Shareholders' Primacy in U. S. Corporations Through the Eyes of History: is Directors'Power 'Inherent'?", *European Company and Financial Law Review* 4（2015）: 428 - 431。

④ 但是，包括高速公路公司在内的部分特许公司的股东还同时享有选举董事会主席的权力。

义便是确定的"最低限度的价值共识"。这一结论自然有其支持：当股东
享有选举董事甚至董事会主席、制定一切其认为合适而必要之章程的权力
时，股东显然具有"至上"的地位。然而，这并非1900年代之前的公司
法之全部，选举权和章程制定权也并不等于至上的地位。

事实上，与自法律规定得出的直观感受不同，公司自其诞生之日，就
不被视为专为"股东利益"而设的法律制度；相反，其更多地被看作实现
公共利益的工具。在提及当时出现的商事公司的目的或者存在意义时，作
为英国普通法权威的威廉·布莱克斯通（William Blackstone）便认为，公
司是为了"公共的利益而被创设的：公司的主要益处在于其永续性
（Perpetual Life）"；另外，威廉·布莱克斯通还进一步指出，"在我国（即
英国），任何贸易公司都不被允许自行创制章程；因为，这种创制章程的
权力可能妨碍国王的君权，或者人民的共同利益"①。有过之而无不及的
是，公司在早期的美国更是被视作"必要之恶"而处处受限。尽管为了落
实权利平等的原则，美国从一开始就没有沿袭英国限量发行特许令状的惯
例；② 然而，直到1811年，纽约州才颁行了美国第一部授权公司无须特许
令状即可设立的法案，且这部法案的适用对象还被局限在生产纺织品、玻
璃、钢铁和油漆的公司之内；而最早到1837年，康涅狄格才成为美国第一
个允许公司得为任何合法目的而设立的州。③ 这一公司法发展的"延滞"，
在很大程度上可被"归咎"于美国立宪者们对公司力量的担忧与恐惧。④
在制宪会议上，詹姆斯·麦迪逊（James Madison）提议允许由国会颁发特
许令状以创设公司，以满足"公共利益"（Public Good）的特殊要求。然
而，其他的制宪者，如托马斯·杰斐逊（Thomas Jefferson），则担心拥有强

---

① 以上关于 William Blackstone 观点的论述，see Leo E. Strine, Jr., Nicholas Walter, "Originalist or Original: The Difficulties of Reconciling Citizens with Corporate Law History", *Notre Dame Law Review* 91 (2016): 891 – 894。

② See Sabrina Bruno, "Directors' Versus Shareholders' Primacy in U. S. Corporations Through the Eyes of History: is Directors'Power 'Inherent'?", *European Company and Financial Law Review* 4 (2015): 426.

③ See John Steele Gordon, *An Empire of Wealth: The Epic History of American Economic Power* (New York: Harpercollins Publishers, 2004), pp. 228 – 229.

④ 以下关于美国立宪者对公司的评价，see Leo E. Strine, Jr., Nicholas Walter, "Originalist or Original: The Difficulties of Reconciling Citizens with Corporate Law History", *Notre Dame Law Review* 91 (2016): 894 – 895。

大经济实力的公司会导致贵族统治的再现，毁灭初生的美国。最终，制宪
会议拒绝了詹姆斯·麦迪逊的提议，仍然仅允许州层面的特许令状的颁
发，以限制公司的可能壮大。这场宪政论辩体现了公司在早期美国法中的
地位：（1）法律应当限制其发展，因为其可能对民主、自由造成威胁；
（2）法律又不能对其予以禁止，因为其能够促进公共利益。这种要求公司
实现公共利益以正当化其设立的观念，还体现在当时颁发的公司特许令状
之上。例如，在纽约州于 1790 年颁发的一份令状中，其明确规定公司的目
的在于"建立工厂，并向诚实、勤奋的穷人提供工作"①。这种更多将公司
的目的视作实现公共利益的早期公司法观念，得到了学者的如下总结：非
营利性公司曾经而且直到现在，都被认为是通过服务于公共利益而换取其
特许令状的；这一观念被同样地适用到对合股公司（营利性公司）的令状
获取之上。② 事实上，除上述内容之外，早期被特许设立的公司较为集中
的行业领域，也在一定程度上体现了公司与公共利益的紧密关联。据学者
统计，在美国作为殖民地的整个历史时期中，只有 7 家公司被获准而特许
设立。③ 然而，在 1787 年美国建国之后，被特许设立的公司却大幅增加。
而这些公司的绝大多数都是基础设施建设公司、保险公司、银行或者制造
业公司；而这些公司之所以能在美国对公司仍有颇多忌惮的时刻被特许设
立，正是因为它们对公共利益之实现的高度重要性。④

　　由此可见，尽管在 1900 年代之前，股东就已经享有了选举董事会和制
定章程这样重要的权力；然而，当时的公司更多地是为了"公共利益"的
实现而存在的；对股东利益或者地位至上性的确认或者追求，还不是当时
公司法的最低限度的价值共识，"现代类型的股东权利和股东大会制度"

---

① See Leo E. Strine, Jr., Nicholas Walter, "Originalist or Original: The Difficulties of Reconciling Citizens with Corporate Law History", *Notre Dame Law Review* 91 (2016): 894 – 897.

② See Alan Trachtenberg, *The Incorporation of America: Culture and Society in the Gilded Age* (New York: Hill and Wang, 1982), pp. 5 – 6.

③ See John Steele Gordon, *An Empire of Wealth: The Epic History of American Economic Power* (New York: Harpercollins Publishers, 2004), p. 228.

④ See Leo E. Strine, Jr., Nicholas Walter, "Originalist or Original: The Difficulties of Reconciling Citizens with Corporate Law History", *Notre Dame Law Review* 91 (2016): 896 – 897.

直到后来（甚至直至 20 世纪 70 年代中后期之后）才逐步发展出来。①

二　1900～1970 年代中后期的公司法历史：董事会中心主义

如前文所述，1900 年代之前的公司法非常注重公司的"公共利益"面向，而的这则在很大程度上偏离了股东至上主义的标准模型。当然，不可否认的是，在 1900 年代之前的公司法之下，股东仍然享有对公司的最终控制权、股东会议仍可被称为公司内部的最高权力机关。然而，在 20 世纪前后，公司法及其学术研究迎来了一场巨变。②

当时的欧洲学者首先指出，与 20 世纪之前的公司法历史不同，20 世纪的公司在权力的实际运作状态上发生了如下转变：（1）与法律之规定不同，股东会议在事实上已经十分虚弱；（2）公司已经完全为董事会或者控股股东所主宰；（3）股东之间的"能力差异"、"对公司事务的冷漠程度"、"党派之争"和"利益分歧"日渐扩大；（4）公司权力已经在事实上转移至其组成不受分散股东控制的董事会手中；（5）股东的同意权已经日趋消极、技术化，甚至已在事实上放弃了对这些权力的行使；（6）尽管从表面上看，公司是一个小型的民主共和体；然而在事实上，其已经演变为董事会的权力行使不受股东会议干涉的享有独立自治权的"寡头统治政府"（Oligarchy）。受这一社会事实之转变的影响，德国民法学者基尔克（Gierke）教授提出了与"法人拟制论"相对的"法人实在论"。很快，基尔克的法人实在论便从德国传播至英国［著名法学家梅特兰（Maitland）在 20 世纪初期率先将这一理论引介至英国］，并最终影响了美国法学界。

法人实在论的大获成功，促成了公司法基本建构的根本性改革，即世界范围内的几乎全部公司法都将原本由股东行使的"最高权力"（Supermacy）转移至董事会手中。作为法人实在论发源地的德国，其 1937 年股份公司法（Aktiengesetz）的第 103 条便直接废弃了过去视股东会议为

---

① 参见仲继银《迷失的董事会中心主义》，《董事会》2014 年第 2 期。
② 以下关于 20 世纪的公司法及其学术研究的巨变，若无特别引注，see generally Sabrina Bruno，"Directors'Versus Shareholders'Primacy in U. S. Corporations Through the Eyes of History：is Directors'Power 'Inherent'？"，*European Company and Financial Law Review* 4（2015）：437 – 443。

公司"最高权力机关"的观念。这一做法受到了 1942 年意大利民法典（民商合一的民法典）的效仿。这部法典不仅直接规定董事会是与股东会议地位相等的公司内部机关，还废除了以往将董事会视作股东"代理人"的规定、明确了董事会之权力并非来自股东而具有法定性，并特别禁止股东会议干涉董事会对公司事务的管理。与前述大陆法系国家相比，英美法系更是早已开展了相应的法律变革活动。在 1906 年做出判决的"*Automatic Self - Cleansing Filter Syndicate Company*，*Limited v. Cuninghame*"案中，英国法院首次没有将股东会议视作公司"法律上"（Ex Lege）的最高权力机关。随后，1908 年的英国公司法更是规定，只要不与法律、章程和股东会议制定的规章相冲突，公司的全部权力都应当由董事会行使。尽管从法案的表面规定来看，股东会议仍然可以对董事会权力进行约束；然而，在 1943 年做出判决的"*Scott v. Scott*"案中，法院在就 1908 年公司法的相关条文进行解释时指出，任何由股东会议制定、指示董事会如何行使公司权力的"决议"（Resolution）都因与授权董事会独享公司权力的章程相抵触而无效。由此可见，在 20 世纪的英国公司法中，股东也已然失去了其原本可能享有的"至上"地位。紧随英国公司法的这一发展，美国在 1918 年做出判决的"*Manson v. Curtis*"案中第一次完成了公司法上的"权力移交"。在该案中，纽约州上诉法院认为，董事会的权力是"原生的"而非"受托的"，股东未曾授权也就不可能撤回这些权力；以会议形式集结的董事是公司权力的主要掌控者，他们肩负着管理公司内部事务和使用公司财产的职责。这一司法判决并非孤例，而是当时美国公司法（判例法与制定法）及其学术研究的重要缩影。除欧美公司法之转型外，1904 年颁行的《大清公司律》也在本质上采行了董事会中心主义；其第 67 条规定，"各公司以董事局为纲领，董事不必常川住公司内，然无论应办应商各事宜，总办或总司理人悉宜秉承于董事局"。[①]

　　由以上论述可见，自 20 世纪开始，公司内部的最高权力已经完成了由股东向董事会移交的过程；而这种以董事会为公司权力核心的法律构建方式，被美国学者总结为"管理资本主义"或者"董事会中心主义"。[②] 随

---

① 仲继银：《迷失的董事会中心主义》，《董事会》2014 年第 2 期。

② See Alfred D. Chandler, "The Emergence of Managerial Capitalism", *Business History Review* 58 (1984).

着公司内部最高权力的易主，公司的"公共利益"而非"股东利益"的面向也得到了保存与进一步的巩固。例如，在 1939 年做出判决的"*Pepper v. Litton*"案中，美国联邦最高法院的法官们一致认为，信义义务的制度目的乃在于保护作为共同体的公司的利益，而这一利益不仅包括股东也包括债权人。① 针对董事会与公司的公共利益面向之间的关系，多德教授更是认为，与纯粹的股东代理人不同，公司董事会所承担的职责其实是为了更大范围的受益人的利益而掌控公司。② 另外，如本书第一章第三节所述，伯利教授虽然在一定程度上主张股东至上主义，然而这种主张其实不过是其实现政治经济的民主化进程、保存公司之"准公共性"而免遭董事会滥权之荼毒的一种"权宜之计"。这一历史时期对公司的"公共利益"面向的保存与接受，还可以从当时对股东、法学院学生以及公司管理者进行的实证研究中间接得到印证。首先值得关注的，是索德奎斯特（Soderquist）和维奇奥（Vecchio）两位学者针对 466 位上市公司股东（还有 116 位一年级法学院学生）开展的实验（该实验成果在 1978 年公开发表）。该实验的结果表明：③（1）与"所有权人"相比，股东更愿意将自己视为公司的"投资者"；（2）尽管股东仍将自己视为公司的头号负责对象，但仍有超过 90% 的股东认为公司同时应当对"顾客"和"雇员"的利益负责；（3）没有任何一位受调查股东认为公司无须向非股东利益群体负责。而在一份针对公司管理者的实证研究中，布伦纳（Brenner）和莫兰德（Molander）两位教授发现，大多数管理者都未将股东视为最重要（更遑论唯一）的利益群体。④ 另外，其他的实证研究还发现，大多数管理者认为其应当对股东与其他利益相关者的利益进行权衡，而并非全然偏向股东利益（至少到 1998 年仍然如此）。⑤

　　综上所述，20 世纪的公司法呈现两大鲜明的特征：（1）公司内部的最

① See Pepper v. Litton, 308 U. S. 295 (1939).

② See E. Merrick Dodd, Jr., "For Whom Are Corporate Managers Trustees?", *Harvard Law Review* 45 (1932).

③ See Larry D. Soderquist, Robert P. Vecchio, "Reconciling Shareholders'Rights and Corporate Responsibility: New Guidelines for Management", *Duke Law Journal* 3 (1978): 835 – 840.

④ See Steven Brenner, Earl Molander, "Is the Ethics of Business Changing?", *Harvard Business Review* 57 (1977).

⑤ See D. Gordon Smith, "The Shareholder Primacy Norm", 23 *Journal of Corporate Law* 23 (1998): 290 – 291.

高权力已经完成了从股东到董事会的移交；（2）在很大程度上，公司的"公共利益"面向仍然得到了保存乃至进一步的巩固。这两大特征则表明，晚近至 20 世纪的公司法，也仍然没有将"股东至上主义"视作自己最低限度的价值共识。然而，20 世纪 80 年代左右发生的一系列事件，极速地改变了公司法（尤其是美国公司法）的面貌和价值内涵。

三　20 世纪 70 年代中后期至今的公司法历史：向股东至上主义的转变

　　直到 20 世纪 80 年代之前，董事会中心主义不仅始终为法律所确认，而且其运作也极具效率。根据学者的统计数据，在 1933~1976 年这一时间段内，对标准普尔 500 指数（Standard & Poor's 500 Index）进行投资的股东，其（就通货膨胀率进行调整之后的）复合年均投资回报率可以达到7.5%。① 令绝大多数投资者感到满意的投资回报率、公司对外部融资的极低依赖性②和持股日渐分散的股权结构等种种因素，使得即便对股东利益不甚看重的董事会也能始终维持对公司的控制权。③ 然而，20 世纪 70 年代中后期发生的一系列政治、经济事件，以及随之涌现的最新经济学、公司法理念，却如突然而至的暴风雨一般，将公司法这艘巨轮从"董事会中心主义"的港口拖入了"股东至上主义"的航道之内。

　　1971 年 7 月，第 7 次美元危机爆发，以同年 12 月的《史密森协定》为标志，美联储对各国央行不再承担美元挂钩黄金的义务。④ 此项放弃金本位制的决定由尼克松（Nixon）总统做出，并在美国甚至全球范围内引发了严重的"通货膨胀"。就在金本位制被放弃之后不久，导致全球石油价格上涨 4 倍之多的"石油危机"又告发生。接连出现的通货膨胀和石油

① See Roger Martin, *Fixing the Game: Bubbles, Crashes, and What Capitalism Can Learn from the NFL* (Boston: Harvard Business Review Press, 2011), p. 63.

② See Adolf A. Berle, "Modern Functions of the Corporate System", *Columbia Law Review* 62 (1962): 438 – 447.

③ See Gerald F. Davis, *Managed by the Markets: How Finance Reshaped America* (Oxford: Oxford University Press, 2009), pp. 72 – 77.

④ 参见《中央银行如何一步步摆脱金本位制度》，新浪网，http://finance.sina.com.cn/roll/2016 – 06 – 13/doc – ifxszmnz7135654.shtml，最后访问时间：2016 年 12 月 12 日。

危机使得美国的"道琼斯工业指数"（Dow Jones Industrial Average）下跌了一半之多。[1] 此后不久（1976年），詹森和麦克林教授发表了被后世奉为经典的经济学论文《企业理论：管理者行为、代理成本和所有权结构》。在该文中，两位教授将委托代理关系之下的"代理成本"视为公司效率减损的罪魁祸首。[2] 很快，借着发轫于20世纪70年代左右的法经济学分析运动的东风，[3] 这一关于公司本质的最新经济学研究成果迅速获得了公司法学界的认同与接受。当"代理成本"成为广受认可的研究范式之后，人们便开始将此前发生的市场崩溃与董事会中心主义（或者管理资本主义）联系在一起。一时间，抨击董事会中心主义、要求进一步约束董事会权力的学术著作喷涌而出，[4] 许多学者主张通过让董事会更加关注股东利益的方式，来实现对代理成本问题的解决。例如，费希尔教授便极力批评反敌意收购的联邦和州的制定法，主张通过构建有效的控制权交易市场来提升公司经营效率。[5] 而这些颇具"股东至上主义"色彩的理念，也似乎得到了市场反应的支持。因"熊市"（Bear Market）而维持在低位的股价、关于"杠杆收购"和"垃圾债券"等的金融创新，使得美国在20世纪80年代初期爆发了所谓的"敌意收购浪潮"。[6] 伴随这场敌意收购浪潮而来的不只是上市公司股价的持续飙升，还有美国经济在20世纪80年代的复苏和反弹。这种积极的市场反应，不仅坚定了公司法学术研究围绕代理成本范式建言献策的决心，也让获取了巨额经济收益的机构投资者们[7]更为积极地投入立法游说之中。这种决心和游说的一项重要成果，便是美国在1993

---

[1] See Lynn A. Stout, "On the Rise of Shareholder Primacy, Signs of Its Fall, and the Return of Managerialism（in the Closet）", *Seattle University Law Review* 36（2013）: 1172 – 1173.

[2] 对于该文内容的更为详细的介绍，请参见本书第一章第三节的内容。

[3] 关于法经济学分析运动及其对公司法研究的影响，see David Millon, "Radical Shareholder Primacy", *University of St. Thomas Law Journal* 10（2013）: 1026 – 1035。

[4] See Gerald F. Davis, *Managed by the Markets: How Finance Reshaped America*（Oxford: Oxford University Press, 2009）, pp. 81 – 83.

[5] See Daniel R. Fischel, "Efficient Capital Market Theory, the Market for Corporate Control, and the Regulation of Cash Tender Offers", *Texas Law Review* 57（1978）.

[6] See Bengt Holmstrom, Steven N. Kaplan, "Corporate Governance and Merger Activity: Making Sense of the 1980s And 1990s", *Journal of Economic Perspectives* 15（2001）: 123.

[7] See Joe Nocera, "Down with Shareholder Value", *N. Y. Times*（Aug. 10, 2012）, http://www.nytimes.com/2012/08/11/opinion/nocera – down – with – shareholder – value.html, last visit on Oct. 18th, 2016.

年进行的税法典修改。这次修法活动在事实上鼓励上市公司更多采取"激励薪酬",即以股权或者股票期权取代以往的固定薪酬,而最终使得董事会与股东的利益紧密相连。① 通过敌意收购的"威逼"与激励薪酬的"利诱",股东利益又再次在公司内部获得了"至上"的地位。特别引人瞩目的是,在20世纪70年代中后期至2008年金融危机爆发之前,股东至上主义甚至还获得了雇员这一非股东利益群体的支持(原因详见下文)。而这种来自其他利益相关者的支持,更是大大增强了股东至上主义的正当性。至此,随着机构投资者力量的不断壮大、官方对股东积极行动主义运动的持续认可和支持,作为一种信仰体系的股东至上主义在20世纪70年代中后期至今的公司法中得以确立。

然而,这场发生在20世纪70年代中后期的公司法巨变更像是一次"非理性"的制度变迁。其原因在于:

第一,经济兴衰与公司法理念。对于股东至上主义者而言,美国在20世纪70年代初期所发生的经济衰退,是董事会中心主义"反效率"的最佳注脚;而随后的经济复苏与三十余年的高速发展,却可以被完全归功于股东至上主义对公司经营的改善和提高。然而,这种解读不过是对历史的"断章取义"。(1)(即便将1973~1974年的大熊市包括在内)在1933~1976年,董事会中心主义仍然能够为股东提供"7.5%"的投资回报率;在这一时期,"公司美国"(Corporate America)在全球经济中也始终保持着绝对的领先者地位。尽管在董事会中心主义治下,美国于20世纪70年代初期发生了经济衰退;然而,这场经济衰退更多是因为"废除金本位制"、"中东石油危机"等国际政治、经济事件而造成的。至于"废除金本位制"和"中东石油危机"的发生则与董事会中心主义几无关联;金本位制的废除根源于本身已经难以为继的货币金融旧体制,至于中东石油危机则肇因于第四次中东战争的爆发。由此可见,董事会中心主义与经济衰退之间并无必然的内在关联。(2)不可否认的一个事实是,自股东至上主义取代了董事会中心主义之后,美国经济不仅迎来了复苏还保持了接近40年的迅猛发展。然而,事件在时间轴上的先后顺序却不能确保"因果关系"

---

① See Lynn A. Stout, "The Toxic Side Effects of Shareholder Primacy", *University of Pennsylvania Law Review* 161 (2013): 2009.

的存在。尽管敌意收购浪潮确实在一定程度上抬升了股价、促进了有效率的公司合并，然而 20 世纪 80 年代美国经济的复苏在根本上还是得益于（a）美元加息导致的资本涌入和（b）里根政府采取的"财政紧缩"政策。至于其后 30 余年间的经济高速发展，则又与互联网科技革命、银行金融业的不断创新、房地产市场的持续走高等因素密不可分。在同一时间段内，并非特别强调股东至上主义的德国和日本经济也在持续走高；这一事实也在侧面否定了股东至上主义与经济发展之间的必然联系。由此可见，仅以 20 世纪 70 年代的经济衰退、20 世纪 80 年代之后的经济发展来论证董事会中心主义与股东至上主义之间的优劣，是一种难以服众的理性论证方案。

第二，股东至上主义普遍流行的"特殊需求驱动"面向。除去相当薄弱（详见本书前三章的论述）但却异常符合人性直觉的理性基础，股东至上主义的普遍流行事实上还可以被归因于一些"特殊需求"的驱动。[①]（1）法学院教授简化公司法教学与研究的需求。在就公司法进行教学的过程中，法学院教授总会面临这样一个问题，即"公司为谁而设"。对这一问题进行回答，其实并不轻松。其不仅涉及复杂晦涩的公司法历史，还可能牵涉超出法学教授知识范围的经济学、社会学等方面的研究成果。而股东至上主义则很好地解决了这一难题。它不仅使得法学院教授可以简洁明了地将"公司为股东而设"的观念灌输给学生，还为其自己的公司法研究提供了"代理成本"这一范式。正因如此，股东至上主义特别受到法学院教授的欢迎。（2）机构投资者获取巨额经济收益的需求。无论是在 1980 年代初期爆发的敌意收购浪潮，还是在 20 世纪 90 年代、21 世纪初期的其他股东积极主义行动之中，机构投资者都获取了巨额的经济收益。而这些经济收益往往是以牺牲公司长期利益为代价的（详见本书第二章第三节），经常遭到公司管理层的反弹与抵抗。为了持续获取巨额经济收益、弹压管理层的反抗，机构投资者（其他短视股东）都急需一种证明其行动正当性的"伦理法则"。而股东至上主义恰恰提供了这种伦理法则，因此格外受到机构投资者的青睐。（3）董事会或者管理层获取高额薪金的需求。在股东至上主义之前，董事会或者管理层的薪酬一般是由"固定工资"（Fixed

---

① 以下关于"特殊需求驱动"的问题，若无特别引注，see generally Lynn A. Stout, "On the Rise of Shareholder Primacy, Signs of Its Fall, and the Return of Managerialism（in the Closet）", *Seattle University Law Review* 36（2013）：1174 - 1177.

Fee）和少量股权所组成。① 而随着股东至上主义的到来，为了消弭董事会与股东之间的利益分歧，大量的公开公司都采取了所谓的激励薪酬。激励薪酬中包含的股权或者股票期权，极大地提升了董事会或者管理层的收入。在激励薪酬被广泛采取的 20 世纪 90 年代，公司 CEO 的薪酬增加了340%，而普通公司雇员的工资则仅上升了 36%；截至 1999 年，美国工人的平均年收入为 35864 美元，而美国最大的 100 家公司的 CEO 的平均薪酬却是这一数字的 1000 倍有余。② 事实上，对于董事会或者管理层而言，股东至上主义不仅带来了高薪酬，而且还为其高薪酬提供了部分道义支撑。从获取高额薪酬的角度出发，公司管理者也会偏向于支持股东至上主义。（4）新闻记者制造噱头吸引读者的需求。与法学院教授相同，新闻记者也需要一种既简便又充满吸引力的有关公司的报道方式。而股东至上主义正为其提供了完美的解决方案，即将公司内部治理的失败形容成"贪得无厌"的董事会对毫无还手之力的股东的剥削。这种"大卫对抗哥利亚"式的剧情设置，显然极其符合新闻工作者制造噱头吸引读者的需求。因此，股东至上主义也成了美国 20 世纪 90 年代新闻报道的主流话语。（5）雇员获取更好的退休养老保障的需求。③ 在 20 世纪 70 年代之前，美国公司为其雇员提供的退休养老保障是"固定收益计划"（Defined Benefit Plan），即按照特定计算公式向退休员工发放固定金额的退休津贴的保障计划。然而，由于《雇员退休收入保障法案》、《国内税收法典》和变化了的社会经济环境等因素的影响，自 20 世纪 70 年代开始，公司转而向雇员提供"固定缴款计划"（Defined Contribution Plan）这一新型的退休养老保障。在"固定缴款计划"之下，公司定时定量地向雇员的养老金账户缴纳保障款；这些保障款会交由特定的基金公司进行投资理财，以增加雇员未来退休后的生活保障。而这些基金的投资对象又主要是公司股票等金融产品。因此，退休养老保障方式的转变，使得雇员的切身利益——未来的生活保障——与公司股价紧密相连。如此一来，股东至上主义也就在经济向上运

---

① See E. Merrick Dodd, Jr., "For Whom Are Corporate Managers Trustees?", *Harvard Law Review* 45 (1932).

② See Kathleen Hale, "Corporate Law and Stakeholders: Moving Beyond Stakeholder Statute", *Arizona Law Review* 45 (2003): 844.

③ 关于这一部分的详细论述, see Martin Gelter, "The Pension System and the Rise of Shareholder Primacy", *Seaton Hall Law Review* 43 (2013): 921 – 936。

行的年代里，获得了雇员这一利益群体的"容忍"甚至"支持"。由此可见，股东至上主义在 20 世纪 70 年代中后期的崛起，虽有其（薄弱的）理性因素，却更多地缘于其他特殊因素的齐力驱动。

第三，股东至上主义与公司法的价值判断标准。诺贝尔经济学奖得主弗里德曼教授认为，公司所尽的最大的社会责任便是实现其利润的最大化。这一主张的背后其实是一种"经济至上"的观念，即"将社会变迁的原因（仅）归结于不同阶级对经济利益的狭窄关注"的历史学或者社会学解释方案。然而，正如著名政治经济学家卡尔·波兰尼所指出的那样，"将阶级利益视为只限于经济本质者，同样是错误的看法。虽然人类社会在本质上受到经济条件的限制，但只有在极端例外的情形下，个人的动机才会只受物质需要的决定……纯粹的经济活动（如满足各种欲望）和社会认可的问题比起来，是和阶级的行为更少关联的……但是与阶级利益最直接相关的是地位的高下、等级与安全，也就是说，阶级的意义主要是社会性的，而不是经济性的"。[1] 波兰尼教授对阶级社会性的这种强调，不仅能够很好地解释阶级冲突的原因，也十分契合社会稳定时期人类对经济利益的认识。例如，近来越来越多的经济学研究已经发现，当经济发展到一定的阶段之后，单纯的收入增加与国民幸福感（更多的与地位、等级和安全相关）之间的关联性会不断递减。若此，则仅仅以股东独享控制权能够最大化公司利润为由而拒绝非股东利益群体对控制权的分享，便犯下了将阶级利益只限于经济本质的错误。事实上，即便是仅从经济本质或者"效率"的视角观察，股东至上主义也并非最优化的选择（详见本书前三章之论述）。由此可见，股东至上主义及其"利润至上观"不应当成为公司法的（唯一）价值判断标准。

四　小结

伴随着"商事公司"在欧洲的出现，真正意义上的公司法也开始了其历史发展的脉络。在 16～20 世纪的漫长时间里，股东尽管拥有甚至独享对

---

[1]　参见〔匈〕卡尔·波兰尼《巨变：当代政治与经济的起源》，黄树民译，社会科学文献出版社，2013，第 271～272 页。

公司重大事务的决定权，然而公司却始终因其"公共利益"的面向而获得主权者的承认。公司得否获取令状而特许设立、权力之多寡、经营规模之扩张限缩等，皆取决于其对公共利益的保存和推进能力。在这一历史时期，股东会议虽有"最高权力机关"之名，却没有"股东至上主义"之实。随着社会分工的不断细化、公司股权结构的不断分散，公司在20世纪迎来了"董事会中心主义"的时代。董事会行使独立的自治权的事实，使得"法人实在论"得到了几乎全世界公司法的认同与接受。这种法人本质理论对公司法产生了两项重大的影响。（1）20世纪有关公司的制定法与判例法，直接切断了股东与最高权力之间的关系；董事会被定性为公司的"最高权力机关"，享有源于法律（而非股东）的管理公司事务的权力。（2）将公司视为实体的理论，最大限度地保留了公司的"公共利益"面向；这使得信义义务的制度目的被确定为保护"作为共同体的公司"，而并非仅仅指向股东。这一运行良好的公司法信仰体系，被20世纪70年代中后期发生的一系列偶然的政治经济事件、不断涌现的学术新理论所打断。然而，这场最终确立股东至上主义霸权地位的公司法巨变，却其实更多地体现出"非理性变迁"的特征。其背后所凸显的是对历史的断章取义、（视野狭窄的）特殊需求的齐力驱动和难言正确的"经济至上"的社会价值判断标准。

综上所述，尽管股东至上主义确为公司法历史发展的产物，却并非历史的"必然选择"，更遑论"最优化"的选择。

第二节　历史的其他选择：德国的
雇员共决制

　　由对公司法历史的简明探索可知，股东至上主义并非历史的"最优化"选择，相反却是一种"非理性变迁"的结果。除此之外，从当今有关公司法律制度的实证法来看，股东至上主义也绝非"唯一"的选择，并非全部的公司法都拒绝了非股东利益群体对控制权的分享。按照不同的标准，就非股东利益群体对公司享有的控制权，可以进行不同的类型区分与体系建构。根据控制权的不同来源，非股东利益群体的控制权可以被划分为"约定取得"与"法定授予"；而根据控制权的不同实现方式，其控制权则又可以被细分为"直接权力"和"间接权力"。"约定取得"与"法定授予"可以望文生义，不难理解。需要特别加以说明的是"直接权力"与"间接权力"这一对划分。所谓"直接权力"，是指非股东利益群体通过直接享有公司事务表决权的方式实现其控制权；而所谓的"间接权力"，则是指将非股东利益群体（选择性或者强制性）纳入董事信义义务的内容，来间接实现其控制权。两大区分标准下的四项子分类，可以两两组合，形成四种控制权享有模式。其中，以约定方式取得的直接或者间接控制权，一方面取决于公司商业实践的实际需求，另一方面受制于公司所处法域对契约自由的容忍程度。对该问题，笔者已在他处进行了深入的分析论证，[①] 此处不赘。至于以法定方式取得的直接或者间接控制权，则在不同法系的多个法域有所体现。例如，德国法下的"雇员"群体，借由"共决制"（Codetermination）对公司享有法

---

　　① 参见楼秋然《股权本质研究——范式的提出与运用》，硕士学位论文，中国政法大学，2015。

定的直接控制权；而英国法下的各类非股东利益群体，则通过"开明的股东价值"（Enlightened Shareholder Value）制度获得了法定的间接控制权。本书接下来便将分两部分对这两种"立法模式"进行介绍，以进一步说明股东至上主义并非公司法历史的必然选择。

一　德国公司法下的雇员参与：以"共决制"为核心的分析

在德国，以公司所雇员工的人数多寡为标准，形形色色的制定法赋予了雇员程度各异的"公司治理参与权"或者"特定公司事务的决定权"。根据 1952 年制定、1972 年修订的德国《劳资关系法》的规定，任何雇用员工 5 人以上的公司，都"必须"设立所谓的"职工委员会"（Works Council）；在未向职工委员会进行征询意见之前，公司不得：（1）制定与雇员行为和工厂运营相关的规章制度；（2）对雇员进行岗位调换或者合约解除；（3）临时解雇员工。① 而依 1951 年颁行的《劳资联合委员会组成法》的规定，在雇员人数高于 500 但少于 2000 人的公司中，作为雇员代表的董事会成员应"至少"占其监督董事会人数的"1/3"。② 至于公司雇员人数超过 2000 人的公司，按照 1976 年实施的《共决法》的规定，其监督董事会应当由相等数量的股东代表和雇员代表组合而成。③ 特别值得注意的是，这种"雇员参与"其实是德国公司法律制度早已有之的一项传统。例如，早至 1891 年时，德国就已经出台了允许公司自愿设置"职工委员会"的法律。④ 当然，尽管德国有关雇员参与公司治理的法案为数众多，其中最重要的分支却仍是 1976 年《共决法》所确立的"共决制"。其重要性主要体现在如下两个层面：（1）与《劳资关系法》和《劳资联合委员会

---

① See Carol D. Rasnic, "Germany's Statutory Works Councils and Employee Codetermination: A Model for the United States?", *Loyola of Los Angeles International and Comparative Law Review* 14 (1992): 277.

② See Luis M. Granero, "Codetermination R & D, and Employment", *Journal of Institutional and Theoretical Economics* 162 (2006): 310.

③ See Viet D. Dinh, "Codetermination and Corporate Governance in a Mutinational Business Enterprise", *Journal of Corporate Law* 24 (1999): 981.

④ See Luis M. Granero, "Codetermination R & D, and Employment", *Journal of Institutional and Theoretical Economics* 162 (2006): 310.

组成法》不同，雇员在共决制下可以享有更普遍、更实质化的公司参与权；（2）同其他治理参与机制相比，共决制最大限度地限制了股东对公司享有的控制权、拉平了雇员与股东在公司内部的地位等级；也正是因为对这一点感到不满，一个资方联合体便曾以共决制侵犯基本法赋予公民的财产处分权为由，要求德国宪法法院宣布《共决法》因违宪而无效（而其他法案则未受此责难）；① 有鉴于此，本节接下去对德国法的雇员参与的问题分析，也就将以"共决制"为核心而展开。

二　共决制：雇员群体对公司控制权的切实分享

如前文所述，德国公司法下的（狭义的）"共决制"是指一种由1976年《共决法》所确立的，雇员通过与股东平等组成"监督董事会"的方式实现其公司治理参与权的法律制度。当然，这一定义仅仅点明了雇员进行"共决"的场域（即监督董事会）以及"共决"的初显可能性（即监督董事会由相等数量的雇员代表和股东代表所组成）。若欲进一步明确雇员——作为非股东利益群体的一支——所真实掌控的公司权力，就必须继续对监督董事会的权力范围、监督董事会的选举程序和监督董事会的表决方式加以描述。②

与英美法系公司法所采行的"单层委员会"制不同，依照德国《股份公司法》第76～117条的规定，德国的公开公司实行"双层董事会"（Two – Tire Board Structure）的内部治理结构；其中，"管理董事会"负责公司的日常经营，而"监督董事会"则对管理董事会享有"任免"和"监督"的权力。③ 另外，尽管大多数公司事务均由管理董事会直接负责，

---

① See Carol D. Rasnic, "Germany's Statutory Works Councils and Employee Codetermination: A Model for the United States?", *Loyola of Los Angeles International and Comparative Law Review* 14 (1992): 285 – 286.

② 以下关于德国共决制具体内容的介绍，若无特别引注，see generally Carol D. Rasnic, "Germany's Statutory Works Councils and Employee Codetermination: A Model for the United States?", *Loyola of Los Angeles International and Comparative Law Review* 14 (1992): 283 – 286。

③ See Jens C. Dammann, "The Future of Codetermination after Centros: Will German Corporate Law move Closer to the U. S. model", *Fordham Journal of Corporate and Financial Law* 8 (2003): 619.

但其必须定时或者依监督董事会的要求，向后者汇报公司事务的运作情况；而对于公司内部的各种文件，监督董事会则享有随时进行检查的权力。因此，从公司内部的阶层等级来看，监督董事会的法定地位要明显高于管理董事会。同由股东选举全部董事会成员的一般法制不同，（共决制下的）监督董事会具有更为复杂的选举产生方式：（1）监督董事会应当由相等数量的"股东代表"和"雇员代表"组合而成；（2）雇员代表的席位应当按照"白领工人"和"蓝领工人"的人数比例，在雇员内部进行分配；（3）视公司所雇员工的数量不同，至少应当有两名雇员代表为工会代表；（4）监督董事会设主席一名，由全体监督董事会成员2/3以上多数选举产生。在就公司事务进行决议时，监督董事会遵循"一人一票"和"多数决"的表决原则。若有关共决制的法律内容仅限于此，我们当然可以得出如下结论，即在共决制下，公司内部的最高权力为股东和雇员所平等享有。然而，许多学者却指出，基于有关监督董事会主席的特别法律规定，公司的最高权力仍然控制在股东手中：（1）当监督董事会无法形成2/3以上的超级多数时，主席人选由股东代表的简单多数加以确定；（2）当监督董事会出现票数持平的僵局时，由在通常情况下并无投票权的"主席"进行决疑投票。无可否认的是，这一主张确实十分符合我们的直觉：由于监督董事会是由相等数量的股东代表和雇员代表所组成，且两大群体存在十分明显的利益对立，僵局一定是常见而难以避免的；若股东享有打破僵局的最终决定权，公司的最高权力也就不可能因为共决制而旁落于雇员之手。然而，这种直觉式的推断却难以成立。

第一，与之相反的实证研究数据。① 根据德国学者盖鲁姆（Gerum）的实证研究，尽管按照《共决法》的规定，股东"应当"能够主导监督董事会，然而事实却并非如此。在实践中，监督董事会呈现出四种不同的形态。（1）资方支配型的监督董事会。其特征为：（a）监督董事会主席由股东选举产生；（b）股东借由确定需获监督董事会同意的公司事务，以对管理董事会施加直接的影响。（2）资方控制型的监督董事会。在这一形态之下，股东虽然控制了监督董事会，但仅对管理董事会实施"事后"监督。

———————

① 以下关于实证研究的介绍，see Ulrich Jurgens, Katrin Maumann, Joachim Rupp, "Shareholder Value in an Adverse Environment: the German Case", *Economic and Society* 29 (2000): 64 – 65。

（3）公司政策主导型的监督董事会。这一形态的监督董事会在功能上与第（1）种形态相同，只不过支配监督董事会、对管理董事会施加直接影响的群体从股东转换为雇员。（4）资政型监督董事会。这种董事会同样为雇员所控制，但其仅承担对管理董事会提供咨询和帮助的功能。而在这四种不同形态的监督董事会中，为雇员所控制的监督董事会的比例超过了 2/3；其中"公司政策主导型的监督董事会"更是占到了 37% 的比例；而理论上最有可能出现的"资方支配型的监督董事会"仅为全部公司数量的 13% 不到。因此，从实证研究的层面来看，共决制不仅没有因为关于董事会主席的特别规定而全然地偏向股东，还在事实上进一步提升了雇员的话语权。

　　第二，雇员切实享有公司控制权的理论解读。认为共决制不会真正实现控制权分享的主张，在理论上必须符合两大前提条件：（1）公司股东与雇员之间存在根本性利益分歧，因而难以合作、经常形成僵局；（2）雇员并无其他谈判筹码以约束股东滥用董事会主席这一机制。然而，在德国法的语境之下，这两大前提条件都无法被满足。（1）众所周知，与分散持股型的英美公司不同，德国公司的股权结构呈现"集中化"的特征。显然，这种股权结构的集中性非常有助于股东克服"集体行动难题"，与雇员分庭抗礼。然而，由于控股股东身份的特殊性，德国公司内部的股东与雇员之间的利益冲突并不严重。[①] 据学者统计，尽管银行仅持有德国全部上市公司不到 10% 的股份，但是由于大多数私人投资者都将其股票（尤其是其中的投票权）委托于银行管理，银行几乎是全部德国上市公司的控股股东。而与一般的控股股东不同，德国的银行不仅具有股东的角色，还需要为德国公司提供贷款、认购债券和帮助发行股票。因此，作为控股股东的银行往往并不从股东利益的角度进行公司决策，而更加看重公司运营的稳定性和持续发展能力。而银行的这种决策思路，又恰恰与雇员利益之间具有高度的重合性。因此，在适用共决制的德国公司中，（控股）股东与雇员之间极少出现根本性的利益分歧。（2）除共决制外，德国的公司雇员还受前述包括《劳资关系法》、《劳资联合委员会组成法》在内的法案的保护；而这些法案也赋予了雇员对多种重要公司事务的决定权。如果股东敢

[①]　以下关于德国公司控股股东的内容，参见胡洁《股份公司股权结构研究》，博士学位论文，中国社会科学院研究生院，2002，第 72~75 页。

于滥用共决制下的监督董事会主席机制，雇员就可以利用其手中的其他公司治理参与权进行报复。如此一来，即便股东享有《共决法》下的权力优势，其也不会或者不敢刻意制造僵局、鱼肉雇员利益。

综上所述，从《共决法》的基本内容、共决制的实际运行状态来看，雇员都切实地分享了公司的控制权。

三　共决制：有效率的控制权分享机制

作为非股东利益群体之一的"雇员"在共决制下切实分享了公司的控制权的事实，仅仅只能证明其确系股东至上主义之外的另一种可供选择的公司法建构方式；而其若欲成为一种"可欲"的建构方案，则还必须证立其符合"效率"的面向。而对于这一点，许多著名的公司法学者都提出了质疑。例如，著名公司法学者汉斯曼教授便在《企业所有权论》一书中，从两个层面指出了共决制的不效率：（1）因在企业中所处的地位不同、所进行的工作在种类和水平上存在较大的差异，共决制下的雇员存在极强的"利益异质性"；而这会显著地提升"集体决策的成本"、降低公司经营效率；（2）雇员还可能因缺乏"管理技能"和"企业治理经验"无法有效率的运营企业。① 以上针对共决制的第（2）点质疑，是相对容易被驳斥的。（1）即便是在共决制下，公司的日常运营也是交由具有专业管理技能的管理董事会进行的。（2）与雇员相比，分散持股型公司中的中小股东也并不具有更为优越的管理技能和企业治理经验；若此，则何以仅对共决制下的雇员发难？至于汉斯曼教授所提出的第一点质疑，则可以从理论与实证研究这两个维度进行回应。

第一，提升决策效率的监督董事会人员构成。无可否认的是，"雇员"确实是一个存在明显的"异质性"的非股东利益群体。例如，与具备较强再就业能力的年轻员工相比，接近退休年龄的老员工更倾向于稳健保守的公司政策；与处于高级管理岗位的员工相比，普通员工更希望留存利润被用于提升工资津贴，而非进行企业合并。然而，针对这一问题，共决制早

①　参见〔美〕亨利·汉斯曼《企业所有权论》，于静译，中国政法大学出版社，2001，第130～135、169～172页。

已准备了应对之策。（1）共决制只适用于雇员人数超过 2000 人的大型公司，这种雇员基数在事实上排除了仅代表少数雇员利益的代表的当选、减少了在监督董事会层面可能出现的内部冲突。另外，按照《共决法》的规定，雇员人数超过 8000 人的公司，其雇员代表将通过"间接选举"的方式产生；① 在"间接选举"之下，由于公司又经历了一轮利益抽象，雇员代表的内部冲突将被进一步稀释。（2）依据《共决法》的要求，至少应当有两名雇员代表为工会代表。而工会代表的加入，可以从两个层面进一步降低雇员内部的利益冲突：（a）工会所代表的是作为整体的雇员群体的利益，因而更不容易为特殊的小团体利益所驱动；（b）工会是参与公司治理的重复博弈者，具有更丰富的公司治理经验，拥有更好的群众基础，也就能够更好地平衡可能出现的内部冲突。因此，相较于通过直接或者间接选举产生的雇员代表，工会代表能更好地从公司全局、雇员整体利益的视角审议公司事务。（3）为了预防雇员群体可能出现的严重的内部冲突，《共决法》赋予了股东与雇员等重（甚至更重）的决定权。考虑到德国公司的集中持股特征，只要股东行使法定的"主席投票权"或者与哪怕极少一部分的雇员代表达成共识，监督董事会就可以"简单多数"做出决策，从而摆脱可能的僵局。（4）作为德国公司在事实上的控股股东，银行不仅具有显见的专业性，也带有浓厚的中立性（不仅仅具备股东身份）；这种专业性和中立性能够增加银行提案，有利于提高公司整体利益的可信度，因而也就能够更好地获得雇员群体的支持。而这也能在很大程度上降低因雇员异质性可能造成的决策不效率。由此可见，在多种法律机制的共同约束之下，雇员的"异质性"并不会过多地影响公司的决策效率。

　　第二，共决制符合经济效率的其他理论与实证研究支撑。除去对共决制可能造成决策不效率的反驳之外，共决制的"有效率"至少还受到如下理论与实证研究的支撑。（1）如本书第二章第五节所述，公司的经济生产过程体现出鲜明的"团队生产"特征；若欲实现有效率的团队生产，则必须首先解决"专用性资源"投入者所可能面临的"事后机会主义行为"问题。而在众多专用性资源投入者中，雇员显然是最需要保护的利益群体之

---

① See Carol D. Rasnic, "Germany's Statutory Works Councils and Employee Codetermination: A Model for the United States?", *Loyola of Los Angeles International and Comparative Law Review* 14 (1992): 284.

一。其原因在于：（a）从重要性来看，雇员进行的专用性资源投入（工作技能和工作经验）是公司所必不可缺少的；（b）从脆弱性来看，由于雇员难以就其资源投入风险进行（与股东和债权人相同的）分散，其专用性投资更需要特别治理机制的关注。而在众多可供选择的解决方案之中，赋予雇员以控制权显然是最直截了当的一种。一旦雇员获得了与股东等同的公司事务控制权，其便无须过分担心公司可能对其实施的机会主义行为，而这则会反过来促进雇员对公司进行更多的专用性资源投入。由此可见，共决制具有大幅提升公司团队生产效率的积极影响。（2）无论在何种公司法制之下，由于专业分工的需要，公司管理者始终会享有大量的自由裁量权。受有缺陷的心理认知或者特殊个人利益的影响与扭曲，管理者很可能利用这些裁量权进行不效率的机会主义行为。根据 S. C. 史密斯（S. C. Smith）教授的分类，① 这些机会主义行为主要包括四类。（a）功劳抢夺型（Credit‐Taking）机会主义行为。为了证明其能力与薪水匹配，即便普通员工提出的运营方案更为有效，管理者也会更倾向于实施自己设计的方案。（b）时间视野型（Time Horizon）机会主义行为。相较于普通员工，公司管理者往往年龄较大且任期较为有限，其更加看重公司的短期业绩，更可能实施有利于自己的短视主义行动。（c）信息掩盖型机会主义行为。基于各种自利因素，管理者往往不会向股东、雇员等利益相关者提供最完全、充分的信息，以利于后者对自己进行监督。（d）权力囤积型（Authority‐Hoarding）机会主义行为。为了保存与行使权力相关的声誉或者经济上的权力，管理层不但会扩大公司规模以寻求权力扩张，还会拒绝与其他任何群体分享其已无力掌控的权力。而从这些机会主义行为的发生原因、发展样态来看，赋予雇员参与公司治理的权力以对管理者进行监督和制约，会是一种行之有效的方案。若此，则共决制还具有克服管理者机会主义行为、提升公司治理质量的正面效应。（3）除去众多的经济学理论分析，共决制的效率还得到了相当多的实证研究的支持：（a）学者格拉内罗（Granero）的实证研究指出，适中的共决制不仅可以提高公司的产量，

---

① 以下关于"不效率的机会主义行为"的论述，see Stephen C. Smith, "On the Economic Rationale for Codetermination Law", *Journal of Economic Behavior and Organization* 16（1991）：265 – 270。

还可以促进公司进行更多的"研发"（Research and Development）投入，[1]
而后者的增加可以显著地提升公司持续发展的能力；（b）根据凯布尔
（Cable）和菲茨罗伊（FitzRoy）两位教授的实证研究，相较于雇员参与度
较低的公司，雇员参与度较高的公司具有更强的生产效率和盈利能力。[2]

综上所述，尽管（与股东一样）雇员是一个具有较高利益异质性的群
体，但只要能够设计较为妥当的制衡机制，这种异质性就不会妨碍其发挥
促进团队生产、改善公司治理的积极作用。

四 小结：共决制作为一种控制权分享机制的局限性

从 1891 年允许自愿性设立劳资委员会的法律开始，共决制便是被德国
的公司法制所始终贯彻的公司治理结构。当然，共决制的历史也并非一帆
风顺。在 20 世纪 90 年代的中后期，德国就出现了向股东至上主义转变的
可能性；随着欧洲一体化进程的不断深入，共决制也面临着因"法域竞
争"而被替换的威胁。然而，由于德国公司对资本市场的低依赖性、全能
银行在公司治理中的控股角色、机构投资者对公司的较低影响力[3]和"法
律关系本座说"在欧洲冲突法规则中的支配性地位，[4] 共决制得以保留并
被沿用至今。然而，这种历史学意义上的连续性和其可能具有的经济学效
率，并不意味着共决制是一种完美的控制权分享机制。其原因在于：

第一，得以分享控制权的非股东利益群体过于狭窄。除去股东独享控
制权缺乏理性基础之外，非股东利益群体对控制权的分享主要存在如下两
大理由：（1）非股东利益群体对公司具有极强的重要性；（2）控制权是保
护非股东利益群体的必要机制。尽管在众多非股东利益群体之中，雇员是

---

① Luis M. Granero, "Codetermination R & D, and Employment", *Journal of Institutional and Theoretical Economics* 162 (2006).

② See John R. Cable, Felix R. FitzRoy, "Productive Efficiency, Incentives and Employee Participation: Some Preliminary Results for West Germany", *Kyklos* 33 (1980).

③ See Ulrich Jurgens, Katrin Maumann, Joachim Rupp, "Shareholder Value in an Adverse Environment: the German Case", *Economic and Society* 29 (2000): 75.

④ See Jens C. Dammann, "The Future of Codetermination after Centros: Will German Corporate Law move Closer to the U. S. model", *Fordham Journal of Corporate and Financial Law* 8 (2003).

对公司最重要也最需要保护的利益群体之一，但这种重要性和脆弱性，并不意味着雇员是唯一重要而需要保护的利益群体。与雇员相比，（非银行）债权人、供货商、顾客甚至公司所在的社区等也同样需要控制权机制的保护。与股东至上主义一样，仅仅向雇员分享控制权的共决制，在事实上是要求其他非股东利益群体进行难以实现的"自我保护"。另外，共决制下的控制权分享机制还存在过于僵硬的问题。如果控制权分享的正当性在于非股东利益群体的"重要性"和"保护必要性"，控制权分享机制本身也应当具有回应个性化情境的弹性。例如，在更为依赖股权资本的公司中，控制权应当偏向于股东；而当公司的成功主要借助债权人的力量时，控制权也就应该更好地回应债权人的需求。尽管共决制的适用对象是雇员人数超过 2000 人的公司，对于这样的公司而言，雇员必定是公司成功所仰仗的重要力量；但就是在这样的大型公司中，其他利益群体的重要性也会更加凸显。仅仅考虑雇员而忽略其他可能的重要利益群体的共决制，难免存在不能回应个性化商事实践的可能。当然，有人可能会提出这样的反驳：在共决制下，作为公司控股股东的银行可以发挥保护债权人等其他利益群体的作用。然而，正是这种反驳，恰恰构成了共决制的第二项局限。

第二，具有明显"地方性"特征的共决制。事实上，确如汉斯曼教授所言，由于存在较强的利益异质性，完全由雇员享有所有权的企业很容易面临集体决策的不效率问题。而这种集体决策的不效率问题，还会在共决制下被进一步放大。因为，在雇员享有所有权的企业中，集体决策需要克服的不过是雇员内部的利益冲突；而在共决制下，由于雇员与股东分享了控制权，集体决策便还需要进一步克服股东与雇员之间的根本性利益对立。但是，德国的共决制却很好地克服了上述问题，并凸显出其效率性；而这一克服是无法为其他法域所轻易复制的。其原因在于：（1）共决制在德国具有极其深厚的历史基础，各方利益代表对如何克服决策中可能出现的利益冲突，已有了相当丰富的经验；（2）除去《共决法》，《劳资关系法》和《劳资联合委员会组成法》等法规赋予了雇员对抗股东的"主席投票权"的武器，这种"武器平等"在很大程度上消弭了持久性僵局出现的可能性；（3）与其他法域不同，德国公司在事实上的控股股东是"银行"，由于银行在公司扮演着复合性的角色，其更多的是从公司全局而非股东利益的角度对公司事务进行决策，而这种更加看重公司经营的稳定性和可持续性的投资观，使其不至于经常与雇员发生根本性的利益冲突。（4）由于证券市场（尤其是股权市场）缺乏必要的深度和广度、存在大量持股的控股股东，德国公司的管理层极少面对敌意收购的压力，这也使得管理层不必过分受制于公司股价和股东利益。由此可见，共决制是一项具有极强"地方性"特征的控制权分享机制；一旦脱离了其他制约机制，共决制就很可能发生或者完全偏向股东，或者产生不效率的公司治理的结果。

当然，需要特别指出的是，尽管共决制并非一项完美的控制权分享机制，但它的（持续有效的）存在仍然证明了这样一个事实，即股东至上主义并非公司法历史上或者现代公司法的唯一、必然的选择。

第三节　历史的其他选择：英国开明的
股东价值模式

一　英国公司法下"开明的股东价值"模式

　　1998 年 3 月，英国"贸易和工业部"启动了一项针对公司法的全面的法律检讨行动，并由"英国公司法检讨督导小组"（Company Law Review And Steering Group，以下简称"CLRSG"）牵头完成。此项法律检讨行动最重要也是争议最大的一项成果，便是 2006 年英国公司法第 172 条第 1 款有关董事信义义务的"全新"规定。第 172 条第 1 款规定，"任何公司的董事，都应当（Must）善意地、以其所认为的最能促进公司成功，以实现作为整体的成员（Member As Whole）的利益的方式行事，并同时考虑（a）任一决定的可能的长期后果，（b）公司雇员的利益，（c）公司与供货商、顾客和其他群体发展商业关系的需求，（d）公司运营对所在社区和环境的影响"。[①] 在对该条款的立法目的做出说明时，作为 CLRSG 核心成员的 P. 戴维斯教授指出，非股东利益群体之利益应当被董事纳入考量的范围，然此考量必须以能促进股东利益为限。[②] 由此可见，第 172 条第 1 款就董事对信义义务的履行确立了如下两项标准：（1）除股东利益之外，董事应当考量非股东利益群体的利益；（2）在就众多利益进行考量时，股东利益具有优先性。正是这种"股东利益并非唯一但仍受优先考虑"的立

　　① See David Kershaw, *Company Law in Context：Text and Materials*, Second Edition（Oxford：Oxford University Press，2012），p. 381.

　　② See Paul L Davies, "Enlightened Shareholder Value and the New Responsibilities of Directors", Lecture at University of Melbourne Law School（inaugural W E Heam Lecture），Oct. 4th，2005.

法特征，使得英国 2006 年公司法得以区分于"股东至上主义"，而被单独定性为"开明的股东价值"模式。尽管从法律文义的角度来看，开明的股东价值模式不过是股东至上主义的微调版本；但从各方的反应以观，第172 条第 1 款其实是对既往英国公司法制的重大革新。

第一，就第 172 条第 1 款本身的规定而言，其被视为对英国普通法的重大背离。与第 172 条第 1 款单独强调"公司的成功"、将非股东利益群体纳入信义义务的范围不同，过往的英国普通法都简单地将公司利益"等同于"股东的利益。在 1942 年做出判决的"*In Re Smith & Fawcett*"案中，[1] 法官格林（Greene）勋爵认为，董事必须善意地、以其而非法院所认为的有利于公司利益的方式行使其裁量权。而依梅加里（Megarry）法官在"*Gaiman v. National Association For Mental Health*"案中的观点，[2] 所谓的公司利益不过是作为整体的公司现存和未来股东的利益。为了加强判决的说服力，梅加里法官还特别引证了 1950 年做出判决的"*Greenhalgh v. Arderne Cinemas Ltd*"案。在该案中，[3] 法官艾弗谢德（Evershed）勋爵指出，"'作为整体的公司'这一用语并不意味着公司是区别于其成员（Corporator）的商业实体。它意味着作为集合体的成员"。正是这种将公司利益与股东利益简单等同的判例法"传统"（事实并非如此，详见下文），使得许多学者、立法者认为英国普通法一直遵循着"股东至上主义"的观念。而第 172 条第 1 款将公司区别于股东、要求董事考量非股东利益群体之利益的做法，也就自然被视为对普通法的重大背离。

第二，从 CLRSG 的报告和说明来看，第 172 条第 1 款是对当时已在英国普遍施行的"股东至上主义"的直接否定。在一份于 1999 年公开的报告中，CLRSG 认为，英国公司法（判例法与制定法）的实际运作体现了如下事实：（1）公司的经营是为了股东的利益；（2）股东对公司享有最终的控制权；（3）董事被"要求"以股东的代理人的方式经营公司；（4）公司的最终目标是为了实现股东福利的最大化。[4] 对于这种典型的"股东至

---

①　See in Re Smith & Fawcett，（1942）Ch. 304.

②　See Gaiman v. National Association for Mental Health，（1970）2 All ER 362.

③　See Greenhalgh v. Arderne Cinemas Ltd. ，（1950）Ch. 286.

④　See Andrew Keay，"Tackling the Issue of the Corporate Objective：An Analysis of the United Kingdom's 'Enlightened Shareholder Value Approach'"，*Sydney Law Review* 29（2007）：579.

上主义"式的公司法运作状态，CLRSG 在同一份报告中指出了其可能导致的危害，即由于其他利益相关者难以通过合同实现自我保护，如果过分强调股东利益、将信义义务视为实现股东利益的工具，可能会在公司内部"创造"或者"加强"一种难以维持信任的氛围、最终使得非股东利益群体不愿意进行专用性资源的投资。① 因此，从公司经营应注重长远且能提升社会不同群体之利益的观念出发，CLRSG 拒绝沿用股东至上主义作为未来构建董事信义义务的法律径路。② 正是这种将更多利益群体纳入董事信义义务范畴的做法，使得 CLRSG 将"开明的股东价值"模式视作对旧有公司法制的"重大"改革。③

第三，从各方对开明的股东价值模式的期待来看，第 172 条第 1 款被视为改造旧有公司法制的有效工具。（1）在一份公布于 2000 年的报告中，CLRSG 充满信心地提到，通过对短视主义的有效抵制，开明的股东价值模式可以对既存的商业决策行为、环境产生重大影响。④ 另外，在前文提及的 1999 年的报告中，CLRSG 也正是以公司经营应注重长远、不可过于偏向短期利益为理由，对以股东至上主义为基础的信义义务构建路径进行了否定。（2）在英国以外的其他法域，也多有学者主张采行开明的股东价值模式，以实现对非股东利益群体的保护。例如，美国公司法教授哈勃·何（Harper Ho）便认为，尽管开明的股东价值并未要求董事以非股东利益群体的利益为行事之基准，但它至少认同了公司决策的"多方利益攸关性"、使得管理层间接地对非股东利益群体负责；而这会最终促使公司承担更多、更大的社会责任。⑤ 再如，何江山（John Kong Shan Ho）教授更是以开明的股东价值真正反映了"现代"的商业实践为由，主张在中国香港的

---

① See David Kershaw, *Company Law in Context: Text and Materials*, Second Edition (Oxford: Oxford University Press, 2012), p. 379.

② See Richard Williams, "Enlightened Shareholder Value in UK Company Law", *UNSW Law Journal* 35 (2012): 361.

③ See Andrew Keay, "Tackling the Issue of the Corporate Objective: An Analysis of the United Kingdom's 'Enlightened Shareholder Value Approach'", *Sydney Law Review* 29 (2007): 579.

④ See Joan Loughrey, Andrew Keay, Luga Gerioni, "Legal Practitioners, Enlightened Shareholder Value and the Shaping of Corporate Governance", *Journal of Corporate Law Studies* 8 (2008): 90.

⑤ See Virginia Harper Ho, "Enlightened Shareholder Value: Corporate Governance Beyond the Shareholder – Stakeholder Divide", *Journal of Corporate Law* 36 (2010): 79.

公司法典中引入开明的股东价值模式。[1]（3）虽然从时间上看，2006 年英国公司法的修改并非应对 2008 年金融危机的法律对策；然而，随着短视主义被普遍视为金融危机的肇因，对公司长期利益尤为强调的开明的股东价值模式也受到了越来越多的法域的关注。例如，深受英国公司法影响的澳大利亚、新西兰、中国香港地区等法域，都开始慎重考虑引入与第 172 条第 1 款相似的法律条文。

由此可见，与典型的股东至上主义相比，开明的股东价值模式呈现至少如下特质：（1）尽管最终所需实现的仍为股东利益，但借由"公司的成功"这一表述，公司利益已有独立的空间；（2）即便股东利益仍具优先性，其也已经需要与其他非股东利益进行权衡，而非董事唯一需要考量的因素；（3）虽然公司仍然追求股东福利的最大化，但这种追求也必须以一种注重长远且能提升社会不同群体之利益的方式进行。依凭这些特质，我们当然可以得出这样的结论，即股东至上主义并非公司法历史发展的必然选择；相反，公司法还可以并且已经走上了一条与之不同的道路。然而，这是否就意味着后金融危机时代的公司法改革，就应当以开明的股东价值模式为其模版？在最终回答这一问题之前，笔者认为有必要就该模式的"革命性"和"局限性"进行检讨。

二 开明的股东价值模式的革命性：普通法与公司法实际运作

（一）开明的股东价值模式：并未改变普通法

如前所述，开明的股东价值模式被认为从两个层面改变了英国有关公司的普通法：（1）特别强调了"公司的成功"，从而有别于不承认公司独立利益的普通法；（2）要求董事考量非股东利益群体的利益，从而改变了专注于股东利益的普通法传统。然而，从对英国普通法的更为深入的研读来看，开明的股东价值模式并未改变，而只是"重述"（Restate）了英国的普通法。

第一，对"公司的成功"一词的特别使用，并不意味着公司利益的独

---

[1] See John Kong Shan Ho, "Director's Duty to Promote the Success of the Company: Should Hong Kong Implement a Similar Provision?", *Journal of Corporate Law Studies* 10 (2010): 32.

立性获得了认可。尽管法人实在论曾在 20 世纪对英国公司法产生影响（详见本章第一节），英国普通法对公司利益的理解仍然是以"法人拟制论"为其基础的。例如，英国著名公司法学者费伦（Ferran）教授便曾指出，"将公司视为实体（得以拥有自己的利益）的公司法理论仅对盎格鲁－撒克逊/英联邦的公司及公司法的发展产生过有限的影响；与之相反，欧洲大陆毫无疑问地接受了这种将公司利益指向作为实体的公司的理念。"[①] 受此法人本质理论的影响，英国的普通法从未试图将公司的利益与组成公司的利益群体的利益相区隔。[②] 这种学术解释，可以从英国的普通法案例中得到印证。虽然格林勋爵在 "In Re Smith & Fawcett" 案中将董事信义义务的内容确定为"有利于公司利益"；但在其后为数不多的专门界定公司利益的案例中，全部法院都选择将股东利益作为公司利益的象征。由此可见，早在"公司的成功"这一词组问世之前，英国普通法就已经开始单独使用更为直白的"公司利益"一词。只不过，"公司利益"最终还是要落脚于股东利益之上。与"公司利益"相比，"公司的成功"又是否别有内涵？答案其实是否定的。（1）虽然第 172 条第 1 款特别提出了"公司的成功"，然而这种公司的成功仍然是"为了"（For）作为整体的成员的利益。（2）从有关 2006 年英国公司法立法过程的内阁说明来看，所谓"公司的成功"其实就是指"股东的长期利益"；就任于上议院常设委员会的戈德史密斯（Goldsmith）勋爵即指出，对于商事公司而言，成功一般意味着长期股东价值的提升。[③] 由此可见，虽然第 172 条第 1 款使用了有别于普通法惯常用语的"公司的成功"一词，然而，其在实质上也并未导致公司利益的独立化。

第二，既往的英国普通法也并未确立所谓的股东至上主义。尽管将公司利益等同于股东利益是英国普通法的传统，但这并不意味着其承认甚至

---

① See E. Ferran, *Company Law and Corporate Governance* (Oxford: Oxford University Press, 1999), p. 134.

② See David Kershaw, *Company Law in Context: Text and Materials*, Second Edition (Oxford: Oxford University Press, 2012), p. 336.

③ See David Kershaw, *Company Law in Context: Text and Materials*, Second Edition (Oxford: Oxford University Press, 2012), p. 336.

支持股东至上主义。其原因在于如下五点。[1]（1）虽然艾弗谢德勋爵在 "*Greenhalgh v. Arderne Cinemas Ltd*" 案中，将公司利益化约为股东利益；然而，其也特别强调，对此种股东利益的衡量应当以一个 "假设" 的公司成员而非真实存在的公司成员的利益为标准。（2）另外，在 "*Gaiman v. National Association Of Mental Health*" 案中，梅加里法官也主张，董事会在履行其信义义务时，不仅应当考虑现在股东的利益，还不得忽视 "未来" 股东的利益诉求。（3）当现在股东的真实诉求被剥离于股东利益之外时，实现股东利益最大化的规则（即使存在的话）也就只是一种不具实际意义的抽象概念而已。（4）股东利益的不断抽象化，其实是在事实上赋予了董事会实现非股东利益群体之利益的自由裁量权。（5）在 1883 年做出判决的 "*Hutton v. West Cork Railway Company*" 案中，法院便认为，只要确系出于推进公司利益的善意，董事便有权使股东之外的其他群体获益。这种针对英国普通法的解读，还得到了同为 CLRSG 核心成员的帕金森（Parkinson）教授的认同。帕金森教授指出，将实现 "利润最大化" 或者 "股东利益最大化" 与英国普通法联结在一起的做法，并不符合对判例法的实证分析；相反，其只不过是鼓吹从 "私法" 和 "合同" 的视角来理解公司之人的规范性陈述而已。[2] 另外，认为股东至上主义是英国普通法传统的观点，其实也是不符合公司法历史的。如本章第一节所述，直到 20 世纪 70 年代中后期，股东至上主义才得以在公司法中逐渐确立。至少在 20 世纪初至 70 年代中后期之间，英国公司法还处于 "董事会中心主义"、公司的 "公共利益" 的面向得以保存的时代之中。

由此可见，第 172 条第 1 款并未从根本上改变英国普通法，而只是对既往判例法的一种 "重述"。若此，我们又应当如何理解开明的股东价值模式的革命性？

（二）开明的股东价值模式：意图改变公司的实际运作

尽管有关公司的英国普通法并未承认或者支持所谓的股东至上主义，

---

[1]　以下论述，若无特别引注，see generally Richard Williams, "Enlightened Shareholder Value in UK Company Law", *UNSW Law Journal* 35（2012）：363 – 365。

[2]　See John Edward Parkinson, *Corporate Power and Responsibility：Issues in the Theory of Company Law*（Oxford：Clarendon Press, 1993）, p. 75.

然而由于多种因素的共同作用，英国公司、公司法的实际运作却呈现出"股东至上主义"，尤其是"短视主义"的特征。也正是在这一层面上，开明的股东价值模式意图实现其"革命性"的影响。

通过将公司利益界定为"假定的"而非真实股东的利益、现在股东与未来股东利益的结合体，有关公司的英国普通法希望董事会实现一项重要的使命，即在公司的短期利益与长久发展之间实现平衡。而董事会对这一使命的完成，首先便迎来了"投资文化"方面的挑战。[①] 在过去二、三十年的时间内，包括英国在内的全球资本市场中的"短视"股东的数量急剧增加。[②] 短视股东数量的增加，则显著地提升了市场对资本流动性的重视；这使得董事需要更加小心地平衡吸引"流动性"和维持公司的"可持续发展"这两方面的需求。当传统意义上的长线投资者也开始借助市场压力，要求董事实现其短期利益时，董事事实上已经别无选择，只能选择以短期利益为重。而在像英国这样的持股分散型的法域中，这种不平衡性会更加严重。其原因便在于，分散持股的股东既仅注重其短期利益的实现，也更倾向于"用脚"（Exit）而非"用手"投票；这种"短视"而不介入公司治理的投资文化，又进一步加重了董事所面临的流动性压力。除去投资文化的转变，既存（2006 年之前）的《城市法典》所确立的"不挫败规则"更是直接削弱了董事抵御流动性焦虑、维护公司长期发展的能力。如前文所述，界定公司利益的英国普通法，并未承认或者支持所谓的股东至上主义；相反，其与要约收购直接相关的权威判例，还赋予了董事拒绝收购要约、推荐溢价较低的竞争性要约之行为的合法性。在 1983 年做出判决的"*Heron International v. Lord Grade*"案中，[③] 上诉法院法官劳顿（Lawton）指出，在要约收购的语境之下，董事的唯一义务便是为股东获取最佳的出价，董事能且仅能在较高出价不利于现在股东的利益时实施有利于较低出价的行动。然而，这一司法意见很快便被 1986 年做出判决的"*Re A Company*"案所废弃。在该案中，[④] 霍夫曼（Hoffmann）法官认定，董事并

---

① 以下关于投资文化方面的论述，若无特别引注，see generally Jonathan Mukwiri, Mathias Siems, "The Financial Crisis: A Reason to Improve Shareholder Protection in the EU?", *Journal of Law and Society* 41 (2014): 62 – 63。

② 详见本书第二章第二节。

③ See Heron International v. Lord Grade. (1983) 1 B. C. L. C. 244.

④ See Re A Company (1986) B. C. L. C. 382.

无推荐或者以其职权尽力推进出价最高的收购要约的积极义务。但是，即便在要约收购的语境之下，董事并无屈从于收购要约的义务；其却也并不具有能与短视股东进行对抗的武器。如本书第二章第二节所述，根据《城市法典》基本原则（三）和第 21 条第 1 款的规定，对收购要约享有最终决定权的主体是"现在股东"而非董事、"假设的股东"或者"未来股东"。尽管董事可以采取向股东会推荐拒绝要约、寻求白衣骑士等抵抗手段，但在此时，行动的最终成效已经不再取决于其"权力"而是"说服力"。当投资文化已经趋于"短视"时，这种"说服力"其实在很大程度上，也只可能借由"吸引更高出价"、"收购者难以兑现其条件"等与短期利益直接相关的理由而成立。由于要约收购往往会导致管理层的更替，原本就难以平衡的天平会进一步向短期利益倾斜；而天平向短期利益的过度倾斜，又很可能给非股东利益群体造成显著的损害。值得注意的是，为了应对这种可能的损害，英国早就出台了所谓的《公司董事资格取消法案》（*Company Directors Disqualification Act*）。[1] 根据该法案第 6 条的规定，当公司因董事的"不恰当"行为而陷入支付不能的境地时，政府机关可以启动特殊的资格取消程序，以向董事追究责任。一般认为，董事的不恰当行为包括采取"激进"的（Sharp）公司政策——进行风险过大的投资行为——等过于偏向股东利益、可能滥用有限责任危害社会公共利益的行为。因此，《公司董事资格取消法案》被视为保护非股东利益群体的重要工具。然而，由于特殊的资格取消程序只能适用于已经陷入支付不能的公司，且以确实发生了经济损失为启动前提，其难以真正发挥约束短视主义、保护非股东利益群体的作用。

　　正是在包括短视的投资文化、有利于短期利益实现的不挫败规则等整体市场、法律因素的作用下，英国公司法（判例法与制定法）的实际运作呈现"股东至上主义"的特征。也正是在这一层面上，第 172 条第 1 款才被视为对过往公司法制的重大革新。这种革新在于：（1）尽管第 172 条第 1 款更多地体现为对董事决策程序的约束，但这种程序性的约束也最终会改变董事决策的实质内容，使得董事更多地考虑决策的长期后果和对非股

---

　　① 以下关于该法案的内容介绍与评价，see Richard Williams, "Enlightened Shareholder Value in UK Company Law", *UNSW Law Journal* 35 （2012）：370 – 376。

东利益群体的可能影响；（2）由于制定法明确承认了董事不以股东利益为唯一考量因素的合法性，董事也就获得了抵制短视主义的可能武器，得以实现公司法所赋予其的平衡公司短期利益与长久发展的重要使命。

然而，开明的股东价值模式确能实现改变公司法实际运作的意图吗？

三　开明的股东价值模式的局限性

如果开明的股东价值模式确实只是对既往的英国普通法的一次"重述"、继承了英国普通法的全部基因的话，它便不可能实现其改变公司法实际运作的意图。其原因在于：

第一，偏向股东利益的制度设计。尽管第 172 条第 1 款要求董事促进"公司的成功"、考量非股东利益群体的利益，然而，其仍旧将股东利益视为"优先的"、"最终必须被实现的"。这种偏向股东利益的制度设计，在事实上难以实现 CLRSG 对公司经营所提出的"注重长远且能提升社会不同群体之福利"的要求。（1）从对第 72 条第 1 款的官方解读来看，非股东利益群体的利益提升，必须以其能同时推动股东利益的增加为前提。举例来说，当公司可以采取 A、B 两项行动方案，且这两项行动方案对提升公司利益具有相同效用，而 A 方案更能促进非股东利益群体的利益时，依第 172 条第 1 款之规定，董事会自然应当采纳 A 方案；但是，若 A 方案并不能增进股东利益，依相同法律之规定，董事会便不能采取 A 方案。① 由此可见，在开明的股东价值模式之下，董事对非股东利益群体的照护，仍不过是实现股东利益的一种可选工具而已。（2）尽管 CLRSG 认为开明的股东价值模式可以抵御短视主义，然而，英国的律师群体却提出了相反的担忧。例如，英国著名律师事务所富而德（Freshfields）便认为，由于第 172 条第 1 款将公司的成功最终归结为股东利益，这在很大程度上排除了公司具有独立于现在股东利益的可能性；这种排除会最终导致董事会过分地关注于现在股东的短期利益之上。②

---

① See Andrew Keay, "Tackling the Issue of the Corporate Objective: An Analysis of the United Kingdom's 'Enlightened Shareholder Value Approach'", *Sydney Law Review* 29 （2007）: 597.

② See Freshfields Bruckhaus Deringer, "Companies Act 2006: Directors Duties" （November 2006）, available at http: //www. freshfields. com/publications/pdfs/2006/17062. pdf, last visit on Oct. 19th, 2016.

（3）由于股东利益是"优先的"、"最终必须被实现的"，且公司利益在终局上体现为股东利益，公司行动便仍可能发生不利于非股东利益群体的"财富横向流动"。例如，当公司需要在（a）牺牲雇员利益以增加股东福利和（b）牺牲股东福利以增进雇员利益两种方案之间进行抉择时，按照第 171 条第 1 款的要求，董事会应当选择方案（a）方案。当然，市场机制可以在一定程度上约束这种财富的横向流动；然而，当公司进入最后博弈时，市场约束也将不复存在、财富的横向流动也会更加显著。

第二，非股东利益群体缺乏执行第 172 条第 1 款的权利。依照第 172 条第 1 款的规定，在实现"公司的成功"的过程中，若股东利益与非股东利益群体发生冲突，董事会应当优先实现股东利益；而在对提升股东利益具有相同效用的方案之间，董事会被要求选择最能推进非股东利益群体之利益的方案。这种针对第 172 条第 1 款的解读方法，凸显了非股东利益群体在"利益位阶"上的劣后性。然而，非股东利益群体所面临的不利益还不止于此。当董事未能依规定优先实现股东利益时，股东得通过提起派生诉讼、选举更换董事会的方式纠正董事行为；而当董事全然忽略非股东利益群体之利益时，后者又有何权利执行第 172 条第 1 款？如前文所述，在一定程度上，《公司董事资格取消法案》所规定的资格取消程序可以成为非股东利益群体执行董事义务的有力手段；然而，由于适用范围和适用前提的双重限制，其实质上并不能满足非股东利益群体的需求。值得注意的是，有英国公司法学者指出，非股东利益群体可以通过购买公司股份的方式，来满足提起派生诉讼的要求。然而，这种方案具有三大局限性。（1）在对持股时间和持股比例有所要求的法域，非股东利益群体进行这样的"权利购买"是需要耗费极大成本的。而能够且愿意花费这种权利购买成本的利益群体，比如银行贷款人也根本不需要这样的保护机制；他们会通过取得约定控制权的方式，来保护自己的利益。（2）即便是在对持股时间和持股比例无所要求的法域，非股东利益群体也面临信息不对称的问题。在提起派生诉讼时，任何利益群体都需要就董事未能履行其义务提供初步证据。而这种证据的收集，对于对董事、公司并无质询权、文件查阅权的非股东利益群体而言，是相当困难的。（3）就财富横向流动的派生诉讼而言，由于其不涉及利益冲突，董事决策又会受到商业判断规则的保护，非股东利益群体胜诉的可能性几乎为零。

第三，由于开明的股东价值模式在总体上是对英国普通法的"重述"、继承了普通法的基因，它也就同样会面临普通法所面临的挑战。对于这一部分的内容，本节的第二部分已有论述，此处不赘。

综上所述，由于开明的股东价值模式本身所具有的上述局限性，其难以实现改变公司法实际运作的意图。

当然，最后需要指出的是，尽管开明的股东价值模式并非理想的控制权分享机制，但是它的存在以及它在总体上不过是对普通法的重述的定性，仍然说明了股东至上主义并非公司法历史发展的唯一、必然的选择。

第四节　小结

对于十分晚近的公司法学者或者法学院学生而言，股东至上主义似乎是伴随公司法的历史而一同诞生的。即便过去的历史阶段中还存在其他的控制权分配机制，但股东至上主义至今存在且股东权力大有继续扩张之势的现状也使人们相信，股东至上主义是公司法"进化"的结果，是公司法历史发展的必然选择。然而，这种观念并非公司法历史的全部，也并非对公司法历史的正确解读。

从对公司法历史的简明探索来看，公司法的发展可以大致分为三个阶段。（1）1900年代之前的公司法。在这一阶段，公司并非一种专为股东利益而设的法律机制；相反，法律是从实现、促进公共利益的需要的角度，承认了公司的合法性。（2）20世纪初至70年代中后期的公司法。在此时间段内，尽管股东仍然独享投票权和董事任免权，但其已经被剥夺了"最高权力机关"的头衔，董事会被拔擢为公司权力的实际掌控者，公司原本具有的公共利益面向也大体得到了保存。（3）20世纪70年代中后期至今的公司法。直到20世纪80甚至20世纪90年代，股东至上主义才作为一种信仰体系在公司法中得以确立。然而，从对当时历史、学术背景的挖掘来看，这种公司法的历史发展其实是"非理性变迁"的结果。这种简明的历史学研究，从根本上推翻了股东至上主义"进化优胜者"的地位，也进一步削弱了股东至上主义霸权的正当性。

而从对当代公司法的横向比较来看，股东至上主义也绝非公司法发展的必然、唯一之选。与仍然坚持股东至上主义的法域相对，当今世界还存在另外两种类型的公司法制：（1）未曾向股东至上主义转变的法域；（2）虽曾转变但已开始脱离的法域。前者的典型代表，是德国的"共决制"。在共决制下，雇员享有与股东等量的控制权。尽管许多学者对雇员控制权的"真实性"和"效率性"提出了重大质疑，然而，从对共决制的实际运作、实现经济效率的其他制度约束的分析来看，至少在德国，共决制依然算得上一种合格的控制权分享机制。至于后者的典型代表，则是英国的"开明的股东价值模式"。在该模式之下，非股东利益群体具有理论上的法定间接控制权。尽管由于设计缺陷，开明的股东价值模式并不能真正改变已然深具股东至上主义特征的公司法的实际运作；然而，从对其与英国普通法传统的关联性分析来看，开明的股东价值模式的存在也同样证明了一个事实，即股东至上主义并非公司法历史发展的必然、唯一选择。

如果说股东至上主义并无其所声称的理性和历史基础，未来的公司法又应当以何种方式被重新构建、如何避免重蹈过去的覆辙？本书接下去的内容，就将对这一问题做一种可能的解答。

控制权分享型公司法的构建方式及其制度保障

第五章

CHAPTER 5

第一节 信义义务权衡论的提出

一 既存改革方案的缺陷与不足

如果股东至上主义不过是一种"神话"、股东对控制权的独享既无理性亦无历史基础，依何种方式构建公司法方才具备正当性？答案似乎已然呼之欲出，即由股东与非股东利益群体一同分享公司的最终控制权。然而，控制权又应当如何被分享？

一种最容易被提出甚至接受的方案，便是在不改变现有公司法制——其他利益相关者无治理参与权的公司法制——的基础上，要求董事会对全部利益群体承担信义义务。尽管这一方案具有简便、体系破坏性小的优势，却存在根本性的缺陷，最终难免落入股东至上主义的窠臼。这些缺陷包括但不限于：（1）由于股东依然把持着董事会成员的任免权和重大事务的决策权，董事会在进行受商业判断规则保护的自由裁量时，仍会最终偏向与其"心理"和"物理"距离最近的股东群体；（2）由于缺乏执行信义义务的权利以及几乎为零的胜诉可能性，在利益（严重）冲突的场合，非股东利益群体之利益仍会被轻易忽视或者牺牲。

另一种可能且已被学者提出的方案，便是由股东与非股东利益群体共同组成所谓的"利益相关者会议"（Stakeholders Meeting），直接接管过去由股东会议所行使的全部公司权力。这一方案可谓对以股东至上主义为轴心而构建的旧有体制的复制与超越，虽有进步，却也继承、放大和制造了新的不效率。（1）信息不对称。本书在第三章第二节的第二部分曾经指出，与董事会相比，无论何种类型的股东都在"专用性信息的知情程度"上处于劣势；将包括董事选任在内的公司权力交由股东行使，会因信息不对称而导致决策不效率。与股东相比，非股东利益群体也面对同样的，甚至更为严重的信息不对称问题。以银行贷款人为例：由于经济实力雄厚得以雇用一支高水准的公司信息分析专家团队，且处于市场优越地位而能获得部分的未公开信息，银行贷款人可以说是非股东利益群体中收集、分析公司信息能力最强的主体。然而，由于其更擅长的是对公司的财务状况这一较为狭窄的治理领域进行分析与监督，而并非全部的未公开信息都会向银行贷款人公开（部分的原因在于董事不愿意将极具不确定性的信息向债权人公开，以避免因不实陈述而承担法律责任），即便是银行贷款人也不可能比董事会甚至是控股股东更具信息优势。（2）集体行动难题和搭便车心理。在分散持股的公司法域，由于股东人数较多、联络成本不菲、个别投票权难以左右决策结果，股东的集体决策面临着严重的因集体行动难题和搭便车心理而导致的不效率。在集中持股或者机构投资者积极介入公司治理的法域，上述不效率问题可以得到较大程度的缓和（但会引发其他不效率）。然而，一旦在"会议"机制中加入数目不详的债权人、供货商、顾客、雇员甚至社区代表，原本并不十分严重或者已得到有效遏制的集体行动难题和搭便车心理，可能会进一步恶化或者被重新引发。（3）利益异质性。决策者利益的同质性，往往被视为实现集体决策之有效率的必要前提；股东至上主义者或者拥护股东所有权的企业制度的学者，往往以股东群体的高度的利益同质性作为其主张的主要正当性基础。然而，如本书第一章第三节所论，由于投资视野、持股比例、资金用途、投资分散性程度等方面的不同，股东内部其实具有极强的异质性。与股东相同，各个非股东利益群体的内部也存在着非常严重的异质性问题。例如，在雇员群体内部，便存在年轻雇员与临近退休雇员、白领雇员和蓝领雇员之间的尖锐的利益冲突。而假若现在需要考量的是作为整体的利益相关者的话，其异质性则更为凸显：股东与债权人、雇员之间，全国性供货商和保护本地利益的社区代表之间，注重产品价格而非质量的顾客与不愿降低品质的供货商之间往往存在根本性的利益分歧。若此，则利益相关者会议会因更为严重的异质性而产生更为严重的决策不效率。（4）难以回答的权力分配难题。除去上述的集体决策不效率问题，利益相关者会议还面临着难以分配决策权的问题。试问，在一个糅杂了股东、债权人、雇员、顾客甚至社区代表的会议机构之中，各方参与者的投票权应依何种标准加以确定、投票权又应当如何在各个群体的内部加以分配？旧有的公司法制也许可以提供答案。在股东至上主义的公司法域之中，股东会议的决策秉持所谓的"一股一票"原则，这一原则可以从正反两个角度获得解释：（1）从正面的资源投入来看，股东投票权依各股东投入的"股本"比例加以确定；（2）从负面的责任承担来看，股东投票权则依各股东所承担的"剩余风险"的比例加以确定。这种"一股一票"的分配法理虽对股东而言清晰易行，对利益相关者来说却仍属千头万绪、无从下手。无论是非股东利益群体对公司的资源投入抑或责任承担，都难免存在下述问题：（a）缺乏令各方满意的客观量化标准；（b）需由董事或者第三方耗费大量成本进行逐一的主观核定；（c）因投资不具有永久性而可能随时变动；（d）公司经济体现"团队生产"之特征，许多资源需相互配合方有成效，主次或许易分而比例难定。若最终无法（事实上肯定无法）给出满意的决策权分配方案，利益相关者会议便不可能有效率地做出集体决策。（5）利益结盟和权力寻租。假设利益相关者会议给出了令全部利益群体满意的决策权分配方案，其也可能进一步衍化为权力争斗的场所。由于各利益群体之间具有极强的利益异质性，一旦发生根本性利益分歧便难以化解，具有更多共同利益或者较容易达成妥协的利益群体之间便会寻求结成攻守同盟，以保护、促进"小团体"的利益。这种利益结盟又会引发与政治领域中的"地域主义"（Regionalism）相同的决策偏见问题。一旦利益结盟和决策偏见最终形成，占据优势的利益相关者"小团体"便会利用"多数决"所赋予其的决策优势进行权力寻租。此时，在旧有的公司法制下存在的"财富横向流动"问题，会改头换面地、以仅仅变换了压榨主体或者流动方向的形式继续存在。由此可见，由于信息不对称、集体行动难题和搭便车心理、极强的利益异质性、难以合理地分配决策权、可能的利益结盟和权力寻租等因素的存在，利益相关者会议或者非股东利益群体直接介入公司治理，并非构建控制权分享型公司法的上上之选（甚至可能比股东独享控制权更差）。

二　全新改革方案的提出与具体实现

若此，则未来的控制权分享型的公司法又当如何被构建？事实上还存在这样一种选择，即在"限缩"全部利益群体的直接控制权的同时，"重塑"董事信义义务的内容，以实现有效率的控制权分享。

（一）如何限缩、限缩至何种程度

尽管股东不具备独享控制权的正当性且利益相关者会议又不可能被有效率的构建，然而这并不意味着应当剥夺公司全部利益群体的全部公司权力。其原因在于：虽然董事会的集体决策更具效率，然而不受约束的董事会权力会导向另外一种不效率，即代理成本；当然，在控制权分享的语境下，这种代理成本源于董事与公司全部利益群体之间，而非单纯的董事与股东之间的利益分野。另外，为了避免"公器私用"，防范代理成本的公司权力若欲被分配于全部利益群体，还必须符合"其行使必须是为了公司利益而非个体利益"的条件。从"权力目的"和"权力限制"两方面来看，全部利益群体的权力应被限缩但不得少于以下三项：（1）因损害公司利益而罢免董事的权利①；（2）提起派生诉讼的权利（原本即是为保护公司整体利益而设）；（3）为正当目的，依法定程序获取公司信息的权利。相比于股东至上主义之下股东所能享有的庞大权利群，这一方案确实仅向全部公司利益群体提供了极其有限的权利类别。然而，这一限缩或者分配却不仅能够避免股东独享控制权、利益相关者会议难以进行有效率的集体决策，还可以有效地保障公司全部利益群体的利益。

（二）如何重塑、重塑为何种内容的信义义务

在股东至上主义之下，董事仅对股东承担信义义务，信义义务的目的则是实现股东福利或者公司利润的最大化。而在控制权分享模式之下，信义义务的重塑应当遵循如下方向：（1）董事应对全部公司利益群体承担信义义务；（2）信义义务的内容则为在权衡各方利益的基础之上，实现全部公司利益群体之利益的最大化。然而，此种权衡应依何种标准进行，是否存在信义义务的底线性要求？

最理想也最无争议的标准，当然是经济学所提出的"帕累托最优"原则。所谓的帕累托最优原则，是指一种在不对任何主体造成不利益的前提

---

① 注意，公司全部利益群体仅应享有"罢免"而非"任免"董事的权利。对于这一问题的具体分析，本书将在有关"独立董事"的部分进行详细论述。

下，至少提升一方主体福利的理想的资源分配状态。① 然而，公司法不可能
简单地复制这种理想的资源分配状态。其原因在于如下两方面。（1）从现
实的角度来看，帕累托最优几乎是不可能被实现的资源分配状态；理性的
公司法可以以实现帕累托最优为目标，但不应以其为常态的规范性要求。
（2）从理论上来说，对资源的分配可能出现两种或者两种以上的帕累托最
优；此时，公司法仍然需要借助帕累托最优原则以外的标准来做出选择并
完成正当性证立。

　　为了应对帕累托最优原则的局限性，经济学还特别提供了一项备选原
则，即"卡尔多-希克斯效率标准"（The Kaldor - Hicks Criterion）。根据
这一效率标准，尽管资源分配方案会对特定利益群体造成不利益，但是只
要这种不利益"可以被"（而并不要求"确实被"）其他群体的福利提升
所"补偿"，此种资源分配方案即是符合效率、会被社会成员所普遍接受
的。② 这一方案之所以符合效率，是因为借助于对"不利益"的充分"补
偿"，社会的整体福利最后仍然得到了提升；而其之所以会被社会成员所
普遍接受，是由于若不利益可被补偿，任何理性的社会成员便不会因福利
减损而感到不快。当然，有人会提出这样的反驳，即仅仅要求"可以被"
（Can Be）而非"确实被"，补偿便因其虚妄性，而难以获得认同。此一反
驳虽有一定的道理，却存在一项根本性的缺陷：由于社会成员人数众多、
难以厘定个人受损程度与比例、进行逐一补偿会产生高额的交易成本，
"确实被"补偿本身就是一种不可能被实现的要求；另外，此一要求即便
被勉强执行，也很可能因为高昂的核定成本和交易成本，反而产生不
效率。

　　将"卡尔多-希克斯效率标准"延展适用至公司法，并将问题从"整
体社会资源的配置"替换为"特定公司利益的分配"，其可被转化为针对
董事的如下要求：在进行事务决策时，董事会应当权衡各方利益，并且选
择特定群体之"福利提升"与其他群体之"不利益"相互抵消后数值最大
的公司方案。当然，在完全接纳这一要求之前，首先需要对其进行一定的

---

① See Hans - Bernd Schafer, Claus Ott, *The Economic Analysis of Civil Law*（Cheltenham：
Edward Elgar Publishing Ltd. , 2004），p. 8.

② See Hans - Bernd Schafer, Claus Ott, *The Economic Analysis of Civil Law*（Cheltenham：
Edward Elgar Publishing Ltd. , 2004），p. 30.

限缩：（1）"卡尔多－希克斯效率标准"在公司法中进行适用时，所谓的"可以被"补偿，仅指公司内部的补偿，而不包括公司外部的社会性补偿。因为，这本身就构成了公司法与其他福利法案的区分。（2）此处所谓的"福利提升"与"不利益"仅得以"直接相关"的、"客观"的标准加以确定，而不得以特定主体的主观感受为准。例如，公司解雇对特定员工造成的不利益，仅指其未来工资的减损、专用性投资的失效等，而不包括其个人对工作投入的过多感情，妻子因其下岗而与其离婚等内容。（3）所谓的"福利"或者"不利益"不仅包括公司决策的直接影响，还包括可能对公司整体利益产生的反射效应。例如，公司为追求利润增加而大幅削减员工，这不仅对被解雇员工直接造成不利益，还会因为导致其他员工不敢或者不愿进行专用性投资而减损公司效率，从而又对股东、债权人、供货商、顾客等利益群体造成不利益。（4）考虑到反射效应的存在，本与公司并非"直接相关"的，或者仅是"主观感受"的损失也可能成为应被计算的直接、客观福利或是不利益。例如，在甲罹患重病之际，公司为保持生产效率欲做出解雇决定。虽然甲可能因公司人情淡漠、辜负其多年的忠诚工作，而感到主观损失巨大；但是，对于公司而言，直接相关且客观的仅是其损失的工资收入。然而，此种解雇却可能借助"反射"使得其他员工惮于积劳成疾而被公司开除的可能；此种忌惮，可能大大减损员工的生产积极性和忠诚度。这时，原本主观、与公司并不直接相关的损失，变成了客观、直接相关的不利益。（5）由于分配公司利益的最终目的是为了提升（减少）公司资源使用的效率（不效率），公司被禁止进行单纯的财富横向流动。（6）未了防止特殊情境下公司利益与（福利提升与不利益）加总后的全部利益群体利益的分离（这种分离可能发生在大规模雇员解雇、控制权易主等场合），任何权衡都必须首先保证公司的健康发展或者避免不必要的损失扩大。其原因在于：公司的持续向上发展是全部利益群体继续利益分配的前提，避免公司的不必要延续或者促成有效率的"改组"也是社会资源重新分配的重要契机。例如，特定公司因人浮于事难以产生效益，控制权易主后准备实施大规模裁员且利用优质资产进行主营业务更改，此时即便雇员利益难以被充分补偿，为求得未来分配利益之前提的继续存在，公司做出的解雇决定也同样符合公司法语境下的效率。至于雇员未获补偿的部分，会最终被社会整体效率提升带来的社会性补偿所弥补。当然，如第（1）点所言，这不是特定公司需要考虑的内容。

（三）利益权衡的客观化方案

当然，这种"权衡"绝非全然取决于董事（会）的"主观判断"，故不会因此而导向恣意与武断；相反，其间存在一定的"客观指引"，并应以"客观化的方式"加以展现。

首先，董事会在就不同利益群体之诉求进行权衡时，应当对后者进行类型区分、赋予其利益以不同的权重。在既有的利益相关者理论的框架内，按照不同的标准，包括股东在内的利益群体可被划分为：（1）直接与间接利益相关者；（2）契约型利益相关者和公众型利益相关者；（3）自愿的与非自愿的利益相关者；（4）首要的（核心）与次要的（非核心）利益相关者；（5）合法性、权力性与紧急性利益相关者等类型。[①]　在这些类型中，与信义义务权衡论最相关联、最能为董事（会）进行权衡提供指引的，当属有关"首要的"与"次要的"利益相关者的区分。一方面，这一区分的标准不仅取决于"相关群体与企业的紧密性"[②]，还可以通过相关群体对企业的"重要性"加以体现。当相关利益群体之福利增减（利益得失）与公司经营之成败联系越紧密、其所投入之（物质或者人力）资本对公司经营之成败越重要时，董事（会）自然应当在进行权衡时加大其利益的计算"权重"。例如，有（不少）中国学者已经指出，由于"进行了高专用性投资"，"其活动直接影响企业目标的实现"，"没有他们企业将无法生存与发展"，"在中国目前的企业运行背景下，核心（首要的）利益相关者至少应包括企业核心股东、管理者和员工"。[③]　当然，有关"首要的"与"次要的"利益相关者的区分，应是"弹性的"而非"僵化的"，即应根据不同公司、同一公司在不同阶段的具体情况而定。例如，随公司资产负债比的上升，公司债权人便可能从次要利益相关者上升为首要利益相关者。另外需要注意的是，当某一利益群体与公司经营成败过于疏远、投入资本的可替代性很高时，其甚至应被剔除出权衡的范围。例如，当某些供

---

① 参见付俊文、赵红《利益相关者理论综述》，《首都经济贸易大学学报》2006 年第 2 期。

② 付俊文、赵红：《利益相关者理论综述》，《首都经济贸易大学学报》2006 年第 2 期。

③ 参见邓汉慧、张子刚《企业核心利益相关者共同治理模式》，《科研管理》2006 年第 1 期。

货商或者顾客"仅在个别交易上与公司存在一种短期的合同关系"时，"其间的利益依赖于合同的履行而实现"，对其利益进行的权衡"不需要进入公司治理层面"。①

其次，董事（会）应当就利益群体的类型划分（首要与次要）、利益权衡的结果说明理由。这种客观的"说理"，可以借鉴在欧美国家中已经相对成熟的"立法评估"的方式加以展开：②（1）董事（会）应首先确定特定行为之影响发生的可能性、可能对哪些利益群体产生影响、影响的范围和程度、受影响之利益群体是否（直接／间接）参与决策过程；（2）董事（会）应披露信息、说明在决策过程中是以何种标准、通过何种权重考量不同利益群体，从而做出决策；（3）董事（会）应当通过"成本收益分析方法"、"成本有效性分析方法"和"风险分析方法"，对决策可能产生的成本与收益进行"尽可能的"量化分析；（4）董事（会）应当在"合理知情"的基础上，对可能的替代方案进行分析、做出比较，从而增强进行特定行为的正当性。

综上所述，控制权分享型的公司法构建应当通过限缩全部公司利益群体的直接权利、重塑董事会信义义务来完成。至于其中最为核心的信义义务应被重塑为如下样态：在保障公司之有效存在的前提下，董事会应当通过一定的客观标准权衡各方利益，选择特定群体之"福利提升"与其他群体之"不利益"相互抵消后数值最大的公司方案，并就方案的选择进行客观化的说理。

有人当然会提出这样的疑虑：董事会是否真的能胜任此项权衡，此种信义义务的权衡论是否有些过于激进？对于这些疑问，本书将在接下去的一节一一进行回应。

---

① 王保树：《公司社会责任对公司法理论的影响》，《法学研究》2010 年第 3 期。

② 以下内容，参见席涛《立法评估：评估什么与如何评估——金融危机后美国和欧盟立法前评估改革探讨》，《比较法研究》2012 年第 4 期。

第二节　信义义务权衡论的正当性补充

所谓信义义务的权衡论，大致包含两大核心内容：（1）董事应向公司"全部"利益群体而非仅仅向股东承担信义义务；（2）董事在做出公司决策之前应当遵循"卡尔多－希克斯效率标准"对全部利益群体之利益进行"权衡"。针对此种权衡理论，任何认真对待未来公司法构建问题的人，都可能提出如下疑问：（1）要求董事向全部利益群体承担信义义务，是否会产生"一仆侍二主"的不效率问题；（2）如此"激进"的权衡理论，是否确有其理性基础。而对以上疑问的有效回应，是证立信义义务的权衡论之正当性的必要前提。有鉴于此，本节接下去的内容就将围绕这两个疑问而展开。

一　理解"一仆侍二主"

早在企业社会责任理论兴起之际，股东至上主义者就已经开始利用"一仆侍二主"的不效率性，来拒绝非股东利益群体对公司控制权的分享。按照一般理解，所谓的"一仆侍二主"问题，是指当董事需要对两个或者两个以上的利益群体承担信义义务时，董事就在事实上无须对任何利益群体负责；因为，其总是可以把对特定群体的不负责任粉饰为对另一群体的负责。对于这一问题，可从以下两个方面进行回应。

第一，一仆侍一主之不可欲性。相较于一仆侍二主，一仆侍一主当然是更具效率的委托代理关系。这一认识，即便是在公司法以外的法律部门中也多有承认。例如，在财产法中，即便共有关系的合法性也受到法律的承认，但是法律总是尽其所能地使财产复原到单独所有的状态之中。然而，在公司法的语境之下，一仆侍一主并不具有可欲性。由于公司全部的利益群体都向公司输入了至关重要的资源、对公司承担了剩余风险，且对控制权的分享构成对其利益之充分保护的必要前提，仅仅要求董事向个别的利益群体承担信义义务，显然不足以实现有效的"团队生产"。对于这一点，本书已在前文的多个章节进行了详细论述，此处不赘。另外，由于包括股东在内的全部利益群体内部都存在极强的异质性，除最极端的一人公司（即由一个自然人或者由一个自然人设立之公司设立的一人公司）以外，任何仆（董事）事实上都服务于两个或者两个以上的主。再以财产法中的共有关系为例，即便共有人均为同一类别的"所有权人"，法律也同样认为其中存在"一仆侍二主"的资源利用的不效率问题。由此可见，一仆侍一主本身就是一项在公司法中不具可欲性的理论构想。

第二，控制权和信义义务并非解决代理成本问题的全部要素。在公司法的语境之下，法律所最为关心的是如何解决公司内部的代理成本问题。值得注意的是，此种代理成本并非仅指股东与董事之间的代理成本，还包括非股东利益群体与董事之间、非股东利益群体与股东之间、控股股东与少数股东之间、非股东利益群体内部之间的代理成本。因此，理想化的公司法应当能够最小化上述的所有代理成本。遵循这一核心原则，公司法应当着重关注的其实也并非一仆侍一主抑或二主，而是如何解决具备正当性的主仆关系所可能产生的代理成本。至于代理成本的解决，则不可能仅仅依靠控制权和信义义务这两大法律制度。在旧有的公司法制之下，股东至上主义以及股东独享控制权、董事仅向股东承担信义义务被认定为具备正当性。然而，仅仅依靠控制权和信义义务根本不足以解决代理成本问题：在持股分散型的公司法域，由于股东的控制权十分虚幻，董事与股东之间的利益分野事实上是通过"激励薪酬"、"独立董事"、"控制权市场"等配套制度加以解决的；而在持股集中型的公司法域，尽管控股股东的存在可以很好地解决股东与董事之间的代理成本，却可能加剧股东与非股东利益群体之间、控股股东与少数股东之间的代理成本，至于这些成本则需要"约定控制权"、"累计投票权"、"分类投票表决"等制度加以克服。同样的，当股东至上主义的正当性遭到否定、控制权分享被视为更为理想的公司法构建模式时，我们也不可能指望仅仅借助控制权和信义义务就解决全部的代理成本问题；相反，控制权和信义义务不过是公司法构建的起点，仅仅指明了协力解决代理成本问题的其他配套制度的设计方向而已。① 事实上，如果能够借助其他配套制度的协力，解决仅仅依靠控制权和信义义务所无法解决的代理成本问题，所谓一仆侍二主的不效率问题也就自然不攻自破了。

综上所述，尽管要求董事对公司全部利益群体承担信义义务会出现一仆侍二主的现象，然而如果认识到一仆侍一主的不可欲性、控制权和信义义务并非解决代理成本的全部要素，便应当否定以一仆侍二主为由拒绝信义义务的权衡论的主张。

二　信义义务权衡论的其他正当性支撑

对于信义义务的权衡论而言，其最大的正当性支撑当然在于（1）股东至上主义的不可欲性和（2）非股东利益群体分享控制权的必要性。然而，仅就内容来看，信义义务的权衡论似乎确实给人以过分颠覆、背离传统公司法话语的感觉。这种"激进主义"的色彩，在某种意义上可能削弱其可被接受性乃至正当性。然而，从信义义务的权衡论与"经典公司法理论"和"重要公司法判例"来看，其不仅没有过分地颠覆和背离，相反还可与传统公司法话语融洽相处。

第一，信义义务的权衡论与经典公司法理论。（1）企业、市场和交易成本。自科斯教授的著名论文《企业的性质》发表以来，无论是经济学还是公司法学界都已经接受了这样的理论，即唯有在借助企业进行经济生产的交易成本低于在市场中缔结个别契约的成本时，企业才可能存在并不断扩张。由于"有限理性"和"机会主义行为"的存在，缔结个别契约的交易成本无论如何都不可能为零，反而还十分高昂。然而，正如有限理性使得缔结完全的个别契约成为不可能一样，企业的各方参与者也不可能提前拟定能够应对各类偶发事态的、详细的、有关内部权力分配和未来商事计划的章程（非公司法意义上的）。因此，企业也必须设置能够有效解决有限理性和机会主义行为的内部治理结构。否则，尽管企业制度可以避免因

---

① 关于如何构建协力解决代理成本的其他配套制度的问题，本书将在随后的部分中进行详细论述。

多次、重复缔结同类契约而产生的交易成本，却也可能因一次缔结多份长期契约而激化有限理性和机会主义行为问题。其原因在于，与在市场上进行的个别缔约相比，企业参与者签订的契约至少存在两项不同：（a）为避免重复缔约，这类契约期限可能更长，因而有限理性问题便更加凸显；（b）为进行团队生产，参与者需要交出资源的控制权，而这可能导致更为严重的机会主义行为。如果无法解决这一问题，企业便不可能在交易成本上具备"比较优势"，从而取代个别缔约的生产方式。股东至上主义提供的解决方案，是由承担剩余风险的股东独享公司控制权。即便股东确为唯一的剩余风险承担者（然而其并不是），这种解决方案也具有显而易见的缺陷：（a）在没有相对方参与的情况下，股东一方如何能够解决双方或者多方主体在事前所面临的有限理性问题？（b）即便股东一方能够解决全部参与者的有限理性问题，由于其独享最终决定权，其他参与方又如何能够限制其实施机会主义行为？当然，这种理论推演可能会受到这样的经验性质疑，即依股东至上主义运行的公司在市场中的存在和不断壮大，恰恰说明了股东至上主义可以有效解决上述问题。对于这一点，可从两个方面进行回应。（a）在市场约束有效且公司仍在进行多次博弈时，股东或者公司不会进行或者过分进行机会主义行为；然而，一旦市场因集体不理性等问题而失灵、公司进入最后博弈时，有限理性导致的契约漏洞和机会主义行为动机就会被无限放大。而对于这一点，同样也有众多的经验性证据予以支撑。（b）同样是在市场约束有效且公司仍在进行多次博弈时，公司的成功并非单一路径（Path）而本就不可避免地涉及对各方利益之权衡的观念，也一直就为公司的商事实践所推崇。[①] 而这一点，还得到了众多有关公司的制定法和判例法的要求或者默许。因此，在非危机时刻（对股东利益的追求还未到非理性时），股东至上并非对公司成功而言唯一甚至主要的驱动因素。由此可见，与股东至上主义相比，能够更好地克服有限理性和机会主义行为的"信义义务的权衡论"，显然更为符合交易成本理论的要求。

（2）公司合同理论、假设的商谈结果、效率最大化。对最近的公司法研究而言，公司合同理论绝对算得上是最为重要的一大分支。根据公司合同理

---

① See Richard Williams, "Enlightened Shareholder Value in UK Company Law", *UNSW Law Journal* 35（2012）：366.

论，公司的本质不再拘泥于法人实在或者法人拟制的争论，而是被视为一系列明示或者默示契约的联结。这一理论不仅清晰简洁，还十分契合商事现实。当然，如第二章第六节所述，公司合同理论虽然承认股东不过是向公司投入资源的群体之一，却也依然坚持股东至上，拒绝非股东利益群体对控制权的分享。然而，这种建立在错误假设之上的理论主张，并非公司合同理论的唯一解读方案。① 被公认为公司合同、公司法经济学分析的开创者和权威人物的伊斯特布鲁克法官和费希尔教授便在其早期作品中指出：（a）公司法中的信义义务并非完全封闭，相反却呈现"开放性"的特点；（b）在不同的经济环境之下，有效率的公司利益和义务分配方式也会随之发生改变；（c）法律所确定的有关信义义务的原则，应当符合在理想状态之下，理性的参与主体进行事前协商的谈判结果（即假设的商谈结果）；（d）尽管信义义务的目的是实现效率的最大化，但是由于经济环境不同，实现效率的方式或者假设的商谈结果却不可能一样。尽管此种解释方案与"股东至上主义版本"的公司合同理论在形式上大不相同，然而却分享着共同的核心内涵。支持股东至上主义的公司合同理论，也认为公司法的信义义务应当按照"假设的商谈结果"进行构建；只不过，由于其接受"股东是唯一的剩余风险承担者"、"非股东利益群体可以进行有效的自我保护"这样的预设前提，它才认定向股东承担信义义务是一种能够实现效率最大化的原则。一旦上述预设前提被证明为假，其便需要重新寻找能够适应不同经济环境的、符合"假设的商谈结果"的信义义务规则。由此可见，股东至上主义并非公司合同理论之逻辑推演的唯一结论；与之相较，信义义务的权衡论反而更为符合公司合同理论的核心内涵。试举一例加以说明之：假设某公司仅有股东和债权人这两类利益群体，且股东并不对公司享有债权、债权人不对公司享有股权，当债权人不可能借助完全合同实现自我保护时，其与股东进行理性商谈的结果一般不会是股东至上，而应当为"卡尔多－希克斯效率标准"；且股东对公司享有债权、债权人对公司享有股权，双方进行理性商谈的结果一般不会是最大化股权价值或者债权价值，而应当是最大化股权和债权的加总价值，也即实现卡尔多－希克斯效率标

① 以下关于公司合同理论的另一种解读方案，see Thomas A. Smith，"The Efficient Norm for Corporate Law：a Neotraditional Interpretation of Fiduciary Duty"，*Michigan Law Review* 99（1999）：234－235。

准。值得注意的是，信义义务的权衡论其实还符合包括"团队生产"、"资本资产定价模型"、"决策效率"和"公司法的事前分析视角"等经典公司法理论。然而，一方面由于前文已在多个章节对上述理论进行了详细分析，另一方面由于"交易成本"和"公司合同"被更多地用以支撑股东至上主义，本书在这一部分仅对"交易成本"和"公司合同"理论进行了着重论述。

第二，信义义务的权衡论与重要的公司法判例。尽管信义义务的权衡论极少或者从未被任何司法案例所明确提出，然而既存的许多在其法域仍属有效的判例却暗含了与信义义务的权衡论极为相似的内容。例如，在"Pepper v. Litton"案中，美国联邦法院的一致判决认为，信义义务的制度目的是为了保护作为共同体的公司的利益，这一共同体既包括股东也包括债权人；在"Paramount v. Time"、"Unocal v. Mesa"、"Credit Lyonnais Bank Nederland N. V. v. Pathe Communication Corp."、"Shlensky v. Wrigley"和"A. P. Smith v. Barlow"等案例中，法院也都要求或者允许董事在考量（或者权衡）非股东利益群体之利益的基础上做出特定的公司决策；只要这些决策是善意的且能够推进公司的持续健康发展，法院就会保护董事的商事判断。事实上，在这些本就默示信义义务的权衡论的司法判例之外，对被普遍视作拥护股东至上主义的"Dodge v. Ford"和"Revlon v. MacAndrews & Forbes"案，其实也可以进行"信义义务的权衡论"式的解读。（1）"Dodge v. Ford"案。① 从"Dodge v. Ford"案的判决内容来看，"任何商事公司的主要目的是实现股东利益"这一主张，不过是法院用以界定控股股东对少数股东所负担的信义义务的推理工具而已。从庭内庭外事实和整体的判决推理以观，法院认定董事和控股股东违反信义义务的主要依据，其实仍然在于公司保留全部利润以扩张公司规模的行为，过分地忽视了股东利益，导致对股东的不利益难以被公司福利之提升而补偿。股东的不利益无法被补偿的原因又在于：（a）该案涉及闭锁公司的语境，在缺乏股权转让市场、公司拒绝回购股权、董事拒绝派发股利的情况下，作为少数股东的道奇兄弟根本无法受益于公司福利的提升；（b）根据该案的证据显示，亨利·福特打算无期限地停止股利派发，以妨碍道奇兄弟对福特公司展开实

---

① 详见本书第三章第一节的论述。

质性的市场竞争。由此可见，如果不执拗于法院对"主要目的"和"附随效果"的区分，"*Dodge v. Ford*"案完全可被视作符合信义义务的权衡论之要求的判例。（2）"*Revlon v. MacAndrews & Forbes*"案。① 尽管 Revlon 案确立了"当公司控制权的转移已经不可避免时，董事会必须最大化的实现股东可以获取的收购溢价"的规则，然而，与"*Dodge v. Ford*"案一样，法院的法律推理远不如其结论来得绝对化。在该案中，特拉华州最高法院的法律推理主要立足于两点：（a）公司董事所采取的反收购措施过分地偏向于债权人，而几乎完全地忽略了股东的利益；（b）此种对非股东利益群体之利益的考量，已经与股东利益毫无合理的关联。而这种法律推理，恰恰符合信义义务的权衡论所使用的"卡尔多 - 希克斯效率标准"。其原因在于：当对其他利益群体之考量已经与股东利益毫无合理之关联性或者已经采取了明显过度的债权人保护措施时，股东所遭受的不利益便不可被其他群体的福利提升所充分补偿。由此可见，尽管 Revlon 案法院使用了绝对化的结论表达，其法律推理却颇为符合信义义务的权衡论的内在要求。

三　小结

如果股东至上主义以及随之而来的"股东独享控制权"、"董事仅对股东承担信义义务"并不具备作为信仰体系所应有的理性或历史基础的话，控制权分享和信义义务由全部利益群体承担也就是新型公司法构建的当然之选了。然而，这种构建方式，尤其是信义义务的权衡论，却可能面临一仆侍二主并非效率之选、过于激进等质疑。然而，从一仆侍一主的不可欲性、信义义务和控制权并非解决代理成本的全部要素、信义义务的平衡论与经典公司法理论、重要公司法判例的较高契合度来看，信义义务的权衡论并非激进或者过于激进的理论设想；相反，相较于股东至上主义，其甚至可能更加符合公司和公司法的实际运作。当然，仅仅提出信义义务的平衡论，还并不足以构建起真正有别于股东至上主义的新型公司法。这一任务还需要借助包括董事会结构、董事薪酬、派生诉讼等配套制度的重新设计。对于这些问题，本书将在以下部分分节进行论述。

---

① See Revlon, Inc. v. MacAndrews & Forbes Holding, Inc., 506 A. 2d 173（Del. 1986）.

第三节　董事会结构改造

一　问题的提出：权衡何以实现？

在以信义义务的平衡论为核心而构建的控制权分享型公司法中，董事会的作用可谓极其重要。一方面，出于集体决策效率和规避权力寻租的需要，公司全部利益群体仅享有极其有限的权利，几乎全部的公司权力都归属于董事会行使；另一方面，为实现团队生产和"卡尔多－希克斯效率标准"，董事会肩负着权衡各方利益的重责。由此可见，在新型公司法之下，董事会既是公司权力的"实质拥有者"，也是各方利益群体的"居中仲裁者"。然而，对董事会进行如此的地位定性，似乎本身就会产生一种悖论：作为公司利益群体之一员的董事，一旦掌握了权衡各方利益的权力，公司法又如何防止董事进行自私自利的权力寻租行为？一种初显的答案在于，董事会的权力寻租行为受公司全部利益群体的"董事罢免权"和"派生诉讼权"的约束。然而，公司全部利益群体可能会"滥用"上述两项权利。例如，如果允许公司全部利益群体"无理由"地罢免董事，董事便无法独立客观地权衡各方利益，而会更多地偏袒能够行使"罢免权"的利益群体。因此，对这两项权利的行使必须有所限缩，即以董事违反信义义务的要求为其前提。但是，由于商业判断规则的存在、权利行使本身成本较高等因素，限缩后的权利行使一般仅发生在较为极端的情形之下。若此，则公司法还必须另寻路径以遏制非极端情形下的权力寻租行为。最早提出将董事视为团队生产之居中仲裁者的布莱尔和斯托特教授认为，这一问题可以通过有关"公正和信任"的社会文化规范加以解决。① 这一路径虽然有其心理学支撑，但也由于将制度的力量主要依附于人的美德而充满局限性。

事实上，在目前的公司法中，就存在一种可能解决权力寻租行为的制度，即独立董事制度。此项制度最早发源于美国，按照美国公司法学界的惯常理解，其制度目的乃在于解决分散持股型公司中，因所有权与控制权分离而产生的代理成本问题。② 尽管其诞生是为了回应特殊的美国问题，其适用却早已超越了国家和法域的限制。目前，独立董事制度已为重要的公司法国家或者地区所广泛采纳。究其原因则在于："与公司任一利益群体均无明显的金钱利益关系，而是以道德和声望作为主要驱动力的董事会成员"③（即独立董事），"应该"可以肩负起监督、改善公司治理的重任。从其制度设计的法理基础来看，独立董事似乎不仅可以在股东至上主义的公司法中发挥作用，也非常适合担任控制权分享型公司法中的"居中仲裁者"一角。然而，从"实然"的层面来看，独立董事制度却远未达到人们的预期。（1）典型事例。众所周知，为了应对 21 世纪初期发生的一系列公司治理丑闻，美国在 2002 年特别颁布了《萨班斯－奥克斯利法案》。根据该法案的要求，所有在美国上市的公司都应当设置全部成员均为独立董事的"审计"、"薪酬"和"提名"等专门委员会。但是，早在该法案通过之前，作为促成法案通过的公司治理丑闻主角的安然公司，其绝大多数的董事会成员就已经是（精英级别的）独立董事了。从此典型事例来看，独立董事未必能够发挥改善公司治理的作用。（2）实证研究。（a）分散持股型法域：在 1999 年发表的一篇有关独立董事与公司业绩的实证研究的综述中，巴哈特和布莱克两位教授指出，与一般的观念不同，大多数实证研究都未能发现独立董事比例与公司业绩之间的显著正相关；相反，部分实证研究还在两者之间发现了显著的负相关。④ （b）集中持股型法域：我国

① See Margaret M. Blair, Lynn A. Stout, "A Team Production Theory of Corporate Law", *Virginia Law Review* 85 (1999): 316.

② See Jeffrey N. Gordon, "The Rise of Independent Directors in the United States, 1950－2005: of Shareholder Value and Stock Market Prices", *Standford Law Review* 59 (2007): 1468.

③〔美〕莱纳·克拉克曼、亨利·汉斯曼等：《公司法剖析：比较与功能的视角》第 2 版，罗培新译，法律出版社，2012，第 66 页。

④ See Sanjai Bhagat, Bernard Black, "The Uncertain Relationship Between Board Composition and Firm Performance", *Business Law* 54 (1999).

台湾地区学者的实证研究指出，独立董事制度对遏制我国台湾地区公司中的控股股东所进行的"掏空"行为（Tunneling）成效甚微。① 根据一份时间跨度为 2007~2009 年、针对 952 家在深圳证券交易所上市的公司的实证研究，独立董事制度对提升中国公司的治理质量成效甚微。② （c）独立董事与金融危机：有学者在一份于 2009 年发表的实证研究中指出，独立董事比例越高的银行在金融危机期间的业绩表现越差。③

但是，如果就此认定独立董事制度应予废除、无法在控制权分享型的公司法中发挥作用，就略显武断了。最新发表的一系列实证研究表明，尽管在较宽泛的"公司治理"层面，独立董事作用甚微；然而，在解决"内部董事"与股东或者公司的利益冲突方面，独立董事却具有显著的积极影响。④ 从解决利益冲突的实证研究出发，独立董事似乎完全可以胜任"居中仲裁者"的角色。那么，为什么既存的独立董事制度没能在更大的层面上发挥应有的作用？为什么早已由独立董事占据绝大多数董事席位的美国上市公司，还是因"短视主义"而陷入金融危机的泥淖？为什么独立董事没能遏制"内部董事"或者控股股东的机会主义行为？对这些问题的回答以及随之可能提出的改革方案，不仅有助于解释独立董事制度的"应然"与"实然"效果的差异，还将有力地保障信义义务权衡论的有效实现。

二　无力的独立董事：法律结构和群体思维

（一）无力的独立董事：法律结构的因素

暂且抛开控制权分享型公司法的构建问题不谈，在以股东至上主义为核心的公司法下，董事会都必须至少同时承担两项责任：（1）监督管理者

---

① See Yu - Hsin Lin, "Overseeing Controlling Shareholders: Do Independent Directors Constrain Tunneling in Taiwan?", *San Diego International Law Jorunal* 12 (2011).

② See K. L. Alex Lau, "An Overview of the Independent Directors System in China", *Company Law* 34 (2013): 323.

③ See Wolf - Georg Ringe, "Independent Directors: After the Crisis", *European Business Organization Review* 14 (2013): 416 - 417.

④ See Lynne L. Dallas, "Proposals for Reform of Corporate Boards of Directors: The Dual Board and Board and Board Ombudsperson", *Washington & Lee Law Review* 54 (1997): 112 - 113.

或者控股股东；（2）依职权对公司事务进行决策。尽管绝大多数的公司法域都将独立董事制度的目的局限于第一项责任，然而由于地位使然，独立董事事实上还需要完成第二项责任。而这两项责任的有效承担，必须首先满足如下要件，即独立董事必须具有"足够的权威"、"足够的动机"、"足够的信息"、"足够的能力"和"足够的独立性"。而从既存公司法中关于独立董事的规定来看，这些要件都未被满足。

第一，"足够的权威"。一项无可争辩的常识是，若欲对他人行使监督之权力，其自身必须具备高于被监督者的权威；否则，这种监督便是极其虚妄的。而在这种权威的众多表现形式之中，"任免权"自然是最重要的一种。若此，则独立董事制度在大陆法系法域难以成功的一项主要原因，便显得一目了然了。大陆法系的公司普遍呈现"集中持股"——公司存在（绝对）控股股东——的特征，控股股东在法律和事实上都垄断了对独立董事的任免权；试问，本就由控股股东选举产生的独立董事，如何反过来监督控股股东？当然，包括我国在内的不少法域通过"累计投票权"或是直接要求独立董事保护中小股东权益的方式，[①] 意图增强独立董事监督控股股东的权威。然而，无法保障代表少数股东的独立董事取得比例优势的累计投票权、近乎口号一般的法条要求，都不可能真正提升独立董事监督控股股东的权威。另外，即便特定的独立董事由少数股东选举产生，控股股东对其享有的罢免权，也可以反过来削弱其监督后者的权威。而在英美法系的公司法域中，情况也同样如此。以美国为例，尽管根据通常的州法和 2002 年颁布的《萨班斯－奥克斯利法案》的规定，公司管理层由董事会任免、董事会成员由全部为独立董事所组成的"提名委员会"任免，独立董事也仍然缺乏监督管理者（往往是内部董事）的必要权威。其原因在于：（1）在持股高度分散的英美法系公司中，由于高层管理人员往往同时担任董事会的"执行董事"、"董事会主席"等职位，故其能对包括独立董事在内的全部董事的提名、选任施加巨大的影响，因而最终形成为管理层所控制的董事会；[②] （2）虽然《萨班斯－奥克斯利法案》设置了所谓的

---

① 参见《上市公司治理准则》第 31 条和《关于在上市公司建立独立董事制度的指导意见》第 1 条第 2 款。

② See Victor Brudney, "The Independent Director: Heavenly City or Potemkin Village?", *Harvard Law Review* 95 (1982): 612 - 613.

"提名委员会"，但是管理层（内部董事）仍能对提名委员会成员的任命、提名委员会所欲提名的人选产生重大的影响；（3）最终，所有的独立董事在事实上都有其是受管理层而非其他主体之"邀请"而加入公司之感。由此可见，就目前的公司法制而言，无论是在大陆法系还是英美法系，独立董事都缺乏进行有效监督的足够权威。

第二，"足够的动机"。（1）缺乏足够的经济动机。尽管独立董事"是以道德和声望作为主要驱动力的董事会成员"，然而，由于参与公司治理始终需要付出精力和时间成本，若无足够的经济动机，独立董事制度也难以充分发挥其功效。而在事实上，目前的独立董事恰恰缺乏进行有效监督所必需的经济动机。（a）薪酬。与工资与股价挂钩、年薪动辄逾千万美元的管理者或者执行董事相比，独立董事或者仅领取固定工资或者仅有极小部分的薪酬与股价挂钩。由于参与公司治理一般仅是独立董事众多社会兼职的一部分，其势必不可能为并不诱人的薪水①投入全部或者主要的精力。（b）未来的就业机会。虽然担任独立董事的薪酬并不算高，但是独立董事的职位本身仍能提供额外的经济利益，即有机会兼任更多的独立董事或者通过独立董事的职位发展更多的商业联系。这些经济利益可以被统称为"未来的就业机会"。在决定如何履行其职责时，独立董事往往需要将未来的就业机会纳入考量，何者更可能提供未来的就业机会，独立董事就更不可能对何者进行严厉的监督。其原因相当明显：当独立董事在业界形成过于严厉的名声之后，对其任免影响巨大的控股股东或者管理层便不会邀请其加入公司，或者不会为之提供额外的其他商业关系；因此，从个人经济利益的视角出发，独立董事也不太可能对控股股东或者管理层进行严厉的监督。（2）缺乏足够的"道德"和"声望"动机。尽管独立董事本身具有自己的"角色伦理"，即对控股股东或者管理层实施监督、努力改善公司治理；然而，这种角色伦理会被其他的社会伦理所冲淡。（a）向谁负责。即便从公司法的角度来看，独立董事并非控股股东或者管理层的代理人；然而，由于大多数独立董事都是由控股股东或者管理层邀请进入公司

---

① 根据一份涉及 6950 名独立董事的报告显示：在 2013 年，中国独立董事的薪酬平均值为 6.84 万元人民币，而最低薪酬则仅为 1000 元人民币。参见《6950 名独董 2013 年薪酬最高超百万元 最低只有 1000 元》，新浪网，http://finance.sina.com.cn/chanjing/b/20140430/142818976309.shtml，最后访问时间：2016 年 12 月 1 日。

的，从"受人之托，忠人之事"的社会伦理出发，独立董事不仅难以实施有效监督，反而还会在心理上不自觉地偏袒被监督者。（b）多重社会角色的利益纠葛。如前所述，参加公司治理往往只是独立董事众多社会角色的一小部分；另外，其之所以能够会被邀请参加公司治理，在很大程度上也同其与控股股东或者管理层的其他私人关系有关。此时，除去独立董事的角色伦理，其还受朋友、同窗、校友乃至同事等亲密关系的社会伦理的约束。这些社会伦理，也会在相当大的程度上削弱其进行严厉监督的动机。（c）市场流行的道德伦理的约束。当市场上的大多数独立董事都没有（不愿意）进行严厉的监督时，有关独立董事所需满足的角色伦理标准也就随之下降。此时，对于绝大多数的独立董事而言，其只需要维持市场流行的道德伦理的一般水准，其实也就不会遭受道德或者声望上的惩罚（除非出现了如金融危机这样的极端情形）。由此可见，仅目前而言，独立董事缺乏进行有效监督的必要动机。

第三，"足够的信息和能力"。（1）因角色特质引发的信息和能力不足。相较于内部董事或者管理层，独立董事在公司治理中的角色具有两项鲜明的特质，即"独立性"和"外部性"。前者要求独立董事与公司、内部董事、管理层、控股股东或者实际控制人等之间不存在影响其独立性的"经济"或者"社会"关系（具体要求视法律规定的严格程度）；而后者则是前者的必然延伸，即若欲维持其独立性，独立董事在事实上就必须保持超然于公司之外的地位；否则，其若过多参与公司事务，势必减损其独立性。这样的角色特质虽然可能在理论上提升了实施监督的可能性，却也从信息和能力两方面削弱了独立董事的作用：（a）因其与公司之间"距离"较远，独立董事无法直接获取一手的公司专用性信息，而这会显著增加其对内部董事或者管理层的信息依赖，从而最终导致进行监督和公司决策的信息不对称；（b）因独立董事被视作"非执行董事"，公司在聘请独立董事时往往不会考虑其实施公司战略决策的能力，而更多看重其在会计、法律上的专业能力或者为公司提供额外社会资源的可能性。由此，独立董事在事实上并不具有依职权进行公司事务决策的信息和能力。而这也恰恰解释了，独立董事比例与公司业绩并无显著正相关，反而具有显著负相关关系的实证研究结论。（2）因权威和动机缺乏导致的信息和能力不足。由于缺乏必要的权威和动机，独立董事（a）往往不会对管理层提出强硬的信息获取要求，或者质疑后者提供的公司信息；（b）不会投入过多的精力与时间进行信息调查、验证或者收集、分析与公司决策相关的专用性信息。由此可见，权威和动机的缺乏，还会加剧独立董事本就面临的信息和能力不足问题。（3）因信义义务履行标准导致的信息不足问题。因独立董事具有与内部董事完全不同的角色特质，法律对其提出的信义义务尤其是注意义务的要求就不可能过高。例如，考虑到董事会主要由独立董事构成的现实，特拉华州公司法便规定，只要董事善意地信赖管理层或者其他专业人士所提供的信息、报告，且无其他异常使其应进行合理的核实、调查，董事就已经履行了其应尽的信义义务。这种较低的信义义务标准，尽管在一定程度上符合独立董事的角色特质，但也在很大程度上进一步加剧了独立董事的信息不足问题。由此可见，由于角色特质、缺乏权威和动机、较低的信义义务履行标准，独立董事缺乏实现董事功能的必要信息和能力。

第四，"足够的独立性"。从大多数国家的法律规定来看，独立董事的"独立性"主要体现在两个方面，即"经济"独立和"社会关系"独立。例如，美国《萨班斯－奥克斯利法案》第31条，就对审计委员会中的独立董事提出了如下要求：除其所担任的独立董事这一身份外，其（1）不得从上市公司处获取包括顾问、咨询等任何其他形式的报偿；（2）不得与上市公司或者上市公司附属机构产生隶属关系。① 中国《关于在上市公司建立独立董事制度的指导意见》第3条也进行了类似的规定（可能更为严格）。② 然而，这样的法律规定显然不足以实现独立董事的真正独立。（1）除去顾问、咨询或者在上市公司的附属机构任职之外，独立董事还可以通过其他

---

① See Donald C. Clarke, "Three Concepts of the Independent Director", *Delaware Journal of Corporate Law* 32 (2007): 86.

② 《关于在上市公司建立独立董事制度的指导意见》第3条规定："下列人员不得担任独立董事：（一）在上市公司或者其附属企业任职的人员及其直系亲属、主要社会关系（直系亲属是指配偶、父母、子女等；主要社会关系是指兄弟姐妹、岳父母、儿媳女婿、兄弟姐妹的配偶、配偶的兄弟姐妹等）；（二）直接或间接持有上市公司已发行股份1%以上或者是上市公司前十名股东中的自然人股东及其直系亲属；（三）在直接或间接持有上市公司已发行股份5%以上的股东单位或者在上市公司前五名股东单位任职的人员及其直系亲属；（四）最近一年内曾经具有前三项所列举情形的人员；（五）为上市公司或者其附属企业提供财务、法律、咨询等服务的人员；（六）公司章程规定的其他人员；（七）中国证监会认定的其他人员。"

多种形式获取经济利益。例如，独立董事可能因对控股股东或者管理层友好，而被推荐担任其他公司的独立董事或者因此积累新的商业人脉。（2）除去隶属关系、直系近亲属或者所谓的"主要的社会关系"之外，独立董事还可能与控股股东、管理层具有朋友、同窗、校友、曾经的同事等五花八门的社会关系。即便法律将这些可能导致独立董事丧失其独立性的经济、社会关系包含其中，其也可能面临如下问题：因为这些关系具有隐蔽性而难以发现；这些关系可能在独立董事当选的"事后"发生。另外，即便这些问题可以克服，由于群体思维的存在（第二部分将会详述），独立董事其实也并不具有思维上的"独立性"；而这其实在根本上破坏了独立董事制度目的的实现。

综上所述，正是由于缺乏足够的权威、动机、信息、能力和独立性，才使得独立董事无法发挥应有的功效。

（二）无力的独立董事：群体思维的因素

按照通常理解，所谓的"群体思维"（Groupthink）指向一种导致不效率的集体决策的社会心理；这种心理来源于群体成员对和谐、一致的追求，并最终导致不理性的、功能紊乱的决策结果。[①]而根据群体思维理论创始人詹尼斯（Janis）教授的观点，群体思维的出现需要符合三项前提条件（Antecedent Condition）并具有八大征兆。[②] 通过对比分析全部的前提条件和征兆，奥康纳（O'Connor）教授成功地分析了独立董事制度在安然公司中失败的原因。[③] 尽管这一分析的切入点具有特定性（安然公司），然而其分析的方法和脉络却具有极强的普遍适用性。有鉴于此，本书接下去的内容就将借鉴奥康纳教授对群体思维理论的运用，对因群体思维导致的独立董事制度的失败进行简要的分析。当然，由于并非全部公司的独立董事都像安然公司那样具备群体思维的全部征兆，本书将仅择群体思维理论之要者进行介绍。

前提条件一：一个"紧密结合"（Cohesive）的团队。根据群体思维理

[①] See "Groupthink", From Wikipedia, https://en.wikipedia.org/wiki/Groupthink, last visit on Dec. 1st, 2016.

[②] See Irving Janis, *Victims of Groupthink: A Psychological Study of Foreign – Policy Decisions and Fiascoes* (Boston: Houghton & Mifflin, 1972), p. 78.

[③] See See Marleen A. O'Connor, "The Enron Board: The Perils of Groupthink", *University of Cincinnati Law Review* 71 (2003).

论，越是紧密的团队关系，越是会对团队的集体决策产生负面影响；因为，紧密结合的氛围，会使得团队尽量避免提出尖锐的问题以防止可能的冲突，从而加速团队达成一致意见。这种紧密结合的氛围并非以"情感纽带"（Affective Tie）为必要，只要存在"功能纽带"（Functional Tie）即为满足。所谓的功能纽带主要借助三大因素得以形成：（1）成员对一个有权威的、保护性的团队具有归属感；（2）成员的社会背景、意识形态和文化背景具有同质性；（3）成员对团队领袖充分"崇拜"，且团队在过去已经获得成功。

绝大多数公司的独立董事都存在形成功能纽带的前两大因素。（1）尽管在两大法系中，能够对独立董事选任产生决定性影响的主体有所不同；然而，无论是控股股东或是管理层，都肯定（且在事实上）倾向于组建一支于己有利的独立董事队伍；从"道不同不相为谋"的观念出发，这支队伍一定（且在事实上）在社会背景、意识形态和文化背景等方面具有高度的同质性。（2）另外，由于双向选择关系的存在，独立董事之所以愿意加入公司治理，一般都是基于对其他独立董事或者管理层的充分认同。至于最后一项因素，则会因公司规模、盈利能力和市场地位的提升而不断增强。由此可见，由独立董事和内部董事共同组成的董事会，十分符合群体思维的第一项前提条件。

前提条件二：组织的结构性缺陷。这种所谓的"结构性缺陷"主要包括两种形态：不充分的决策程序和缺乏无偏私的组织领导。按照詹尼斯教授的观点，造成决策程序之不充分性的原因主要有二：对外部专家的错误信息的信赖；成员对相互提供之信息的过度信赖。至于缺乏无偏私的组织领导，则会导致成员的反对意见被领导的个人观点所压制。

从目前公司、公司法的实际运作来看，这两大结构性缺陷在独立董事、董事会制度中是全部存在的。（1）不充分的决策程序。如前文所述，由于缺乏足够的权威、动机、信息、能力和独立性，独立董事在公司专用性信息的获取上处于"信息不对称"的不利地位，而只能依赖于内部董事或者管理层所提供的信息。至于这些信息则往往经过了筛选、处理，而有利于内部董事或者管理层；仅仅依凭这些信息，独立董事不可能进行有效监督、提出"异见"。另外，美国公司法学界普遍认为，特拉华州最高法院于 1985 年做出判决的 "*Smith v. Van Gorkom*" 案,① 在事实上使得董事会更多地寻求包括投资银行、公司律师等在内的第三方所提供的 "公平交易意见",来规避因违反注意义务而引起的法律责任。由于明显的利益冲突的存在,② 这些第三方往往会给出有利于控股股东、内部董事或者管理层的专家意见。独立董事对这些带有明显利益倾向性的意见的依赖,会最终使其不可能得出与被监督者不同的结论。(2) 缺乏无偏私的组织领导。(a) 在大多数上市公司之中,董事会主席一职一般均由高级管理人员如 CEO 担任;而董事会主席一职,又掌握着安排会议日程、决定发言顺序等权力。这种组织领导上的 "管理层偏向" 显然符合群体思维理论的描述。(b) 即便将独立董事安排在董事会主席的职位上,由于权威、信息和能力上的差异,事实上的组织领导者仍然将是内部董事或者管理层。由此可见,仅仅改变职位或者完成形式上的权力交接,缺乏无偏私的组织领导这一现实依然不会改变。由此可见,群体思维的第二项前提条件,同样被既存的董事会制度所满足。

前提条件三:情景语境(Situational Context)。所谓的情景语境,系指团队成员需要在极其紧迫的时间内,做出较为重大的决策。詹尼斯教授强调,群体思维问题主要发生在 "高层级" 决策者就重大而非常规事项进行决定的过程中。当这种决策可能与通行或者决策者自身的道德标准不相符合时,情景语境会促使团队成员做出其进行单独决策时不会做出的决策。其原因在于:当团队需要做出一项违背道德标准的决策时,任何团队成员都会产生愧疚感甚至负罪感。然而,这种愧疚感或者负罪感,并不会使得团队成员就此放弃决策;由于 "团队" 这一抽象体的存在,成员可以通过附和团队的方式来减轻这种愧疚感或者负罪感。尤其是当团队中充斥着社会精英时,成员更会认为这种违背道德的行为是具有正当性的,或者是 "为了做成煎蛋卷而必须打破的鸡蛋"。在决策时间越是紧迫、决策事项越是重要时,团队成员越是可能通过转向团队的方式来减轻自己的道德不适。

这种情景语境,在公司、公司法的实际运作中也会发生。董事会或者

---

① See Smith v. Van Gorkom, 488 A. 2d 858 (Del. 1985).
② 〔美〕约翰·C. 科菲:《看门人机制:市场中介与公司治理》,黄辉、王长河等译,北京大学出版社,2011。

独立董事的决策，也具备情景语境的两大特征，即"事项重大性"和"时间紧迫性"。董事的决策有时也会和流行的道德标准发生冲突。例如，当公司需要通过大幅牺牲其他利益群体之利益以促进股东利益时，当独立董事需要批准存在疑点的财务报表时，独立董事也会面临强烈的愧疚感和负罪感。但是，身处一支全部由精英组成的团队之中，独立董事也会因其他成员投出的赞成票、团队自诩的道德高尚性、以往相同决策带来的股价上升等因素，而减轻甚至消除自己的道德不适。特别需要指出的是，当决策时间相对紧迫且董事会议被内部董事或者管理层掌控时，独立董事放弃自己的道德标准，转而通过附和团队以减轻道德不适的可能性也会大大提升。由此可见，目前的独立董事制度也满足群体思维的第三项前提条件。

如前所述，按照社会心理学的描述，群体思维问题会导致集体决策的不理性、不效率。那么，群体思维问题又会对独立董事制度产生何种特殊的影响？答案其实已经不言自明。由于集体思维问题的存在，原本被视为可以提供监督、提出异见的独立董事，会最终趋向于附和被监督者的价值观与利益需求。而这种价值观与利益需求的趋同，会在根本上阻碍独立董事制度的功能发挥。

三　董事会结构改造方案

（一）基本结构

在提出具体的董事会结构改造方案之前，让我们重新思考这样一个问题，即独立董事究竟应当承担何种公司职能？按照独立董事制度的原初目的，独立董事应当主要扮演的是"监督者"的角色。然而，在实际上，由于其亦为董事会成员，且依法行使与内部董事相同的公司权力，独立董事已经成了公司权力的"实质拥有者"。从最为理想的视角出发，未来的公司法应当设计一套使得独立董事能够兼顾这两项公司角色的规则体系。但是，这种规则体系注定只可能是一种理想；其原因在于：若欲使独立董事扮演合格的监督者角色，就应当尽力提升其独立性，而这会进一步降低其行使公司商事决策权的能力；若欲使独立董事更好地行使商事决策权，则又势必影响其独立性。因此，新型的董事会结构应当是"功能区隔"的，而非"职能混杂"的。当然，这种"功能区隔"并不仅是在董事会下分设专门委员会；而是要根本性地将董事会区分为两个部分，即"独立董事会"和"内部董事会"。在这一结构之下，全部成员均为独立董事的独立董事会负责行使包括"董事选任"（下一部分详述）、"董事薪酬确定"、"关联交易审议"、"财务审计"和"法律合规"等"监督权"；[1] 而内部董事会则行使其余的公司商事决策权。

　　当然，此种"功能区隔"并不意味着全部的公司权力都会在两大董事会之间以"非此即彼"的方式加以运行。包括"公司经营方针"、"投资计划"等在内的"战略决策"层面的公司职权，便应当由两大董事会联合、一体行使。从理论上看，独立董事参与"战略决策"的制定，无须其投入过多的时间、精力介入公司日常运作，从而对其"独立性"造成影响。而从商业实践上看，许多上市公司引入独立董事的目的并非单纯地为增强对内部董事的监督，而是具有包括提供战略决策建议、引入新型商业思维等在内的考量。正因如此，所谓的功能区隔并不是绝对的"老死不相往来"，而只是要避免独立董事过多地介入具体的商业决策，以更好地发挥其在解决利益冲突、担任居中仲裁者等方面的治理功用。

　　由此，一项附带性的问题也就随即产生：此种功能区隔型的董事会，是否可被中国式的"监事会"制度所取代？答案是否定的。依我国2018《公司法》的规定，监事会行使包括财务检查、列席会议、质询、罢免建议等在内的全部"监督性"职权，而其既不参与制订公司"经营计划"、"投资方案"等的宏观决策，也不享有对包括对外担保、对外投资等可能引发关联交易的事项的审议权。若此，则"中国式"监事会根本无法取代功能区隔型的董事会。进一步的疑问在于，若在未来，中国公司法增加授予监事会上述权力，则功能区隔型董事会、独立董事的存在是否就成了"叠床架屋"？答案依然是否定的。其原因在于：若如此，则监事会在"本质"上便与（功能区隔型的）独立董事会、（共决制下的）监督董事会无异；此时，考虑到监事会需要行使部分商业决策权，即使保留"监事会"的旧有名称，而只要对其进行下文将会详述的制度改革，要求监事会成员具有相当的独立性，所谓的"监事会"在"实质"上便已转化而为本书所

---

　　① See Lynne L. Dallas, "Proposals for Reform of Corporate Boards of Directors: The Dual Board and Board and Board Ombudsperson", *Washington & Lee Law Review* 54（1997）：117.

谓的"独立董事会"。只有当"监事会"职权获得实质性的增加，而公司法仍对董事会做前述功能区隔时，才会出现"叠床架屋"式的制度设计的不效率。

相较于职能混杂型的董事会结构，功能区隔型董事会具有如下优势。

第一，解决因角色特质引发的悖论。如本节第二部分所述，由于缺乏足够的（经济、道德和声望）动机、信息和能力，独立董事无法如内部董事一样有效地行使公司商事决策权。对于这一问题，公司法当然可以提供如下三大解决方案：（1）通过更多地运用激励薪酬，填平独立董事与内部董事之间在薪酬上的鸿沟，从而在经济上激励独立董事更多地参与公司治理；（2）通过提升独立董事履行注意义务的法律标准、设置独立董事更多参与董事会议的强制性法律规定等方法，来迫使独立董事大量获取有关公司事务的专用性信息；（3）进一步提升独立董事的任职要求，尤其是有关商事决策的部分。然而，暂且抛开各项方案本身的问题，即便上述方案全部得以采纳，独立董事制度仍难规避其角色特质所具有的天然缺陷。其原因在于：当独立董事需要大量介入公司内部事务、计酬方式与内部董事完全相同时，其利益诉求、公司治理观念也会与内部董事完全趋同，从而最终难以发挥进行严厉监督、提出异见等功能。因此，由于不同角色存在的特质性差异，兼顾两种职能的法律要求其实是一项难以解决的悖论。而将董事会划分为扮演不同角色、尊重不同角色特质的两个部分，恰恰可以解决这一悖论。

第二，更为有效地解决群体思维问题。尽管导致群体思维的因素众多，然而"缺乏无偏私的组织领导者"、独立董事与内部董事的关系过于紧密确为其中相当重要的两大因素。（1）如本章第二节所述，尽管公司法可以通过要求由独立董事担任董事会主席的方式，在"形式"上改善"缺乏无偏私的组织领导者"这一问题；然而，由于权威、信息和能力上的差异，董事会的实质领导者仍将是内部董事。然而，如果将两大类别的董事职权加以完全区分，会议机制也形成全然的分割，独立董事的组织领导者地位便不可能被内部董事所攫取（下文将会详述权威赋予问题）。（2）由于不同的公司职权在不同的会议机制中被行使，且几乎不存在职权交叉，独立董事更少地受到内部董事的观点和利益诉求的影响；而这一点可以更好地保障独立董事进行中立、客观的监督行为。

最后需要特别指出和加以说明的是，这一部分所提出的只是配合控制权分享的董事会改造的"基本"结构。尽管这一基本结构已经初显其优势，然而，其对既存董事会制度的根本性完善，还将仰赖于下文将会提及的各项配套措施。

（二）权威赋予

在既存的公司法制中，独立董事享有的最大的"人事变动权"不过是借由全部由独立董事组成的"提名委员会"，向股东会议"推荐"董事会成员的任命与罢免。这虽然在形式上赋予了独立董事一定的权威，但仍然未能从根本上改善其权威不足的问题。其原因在于：（1）人事变动的最终决定权事实上仍然掌握在被监督者手中；（2）独立董事本身仍然由被监督者邀请进入公司。因此，若欲真正赋予独立董事以权威，必须一方面使其拥有最终决定权，另一方面使其自身的任免独立于被监督者。而这两方面的要求其实也十分契合控制权分享型公司法的构建：（1）由于全部公司利益群体的表决权"份额"难以确定，包括独立董事在内的全部董事会成员，都不可能由公司全部利益群体"直接选举"产生；（2）在控制权分享型的公司法之下，董事会还将扮演"居中仲裁者"的角色、需要权衡各方利益；因此，其选任必须通过"中立第三方"进行，否则便仍会重蹈既存公司法的覆辙。若此，则应当按以下方式赋予独立董事以真正权威。

第一，董事会成员任免权的分配。

（1）全部由独立董事组成的"提名委员会"对全部董事会成员享有"任免权"。相较于独立董事以往享有的"推荐权"，切实的任免权显然可以大幅提升独立董事对内部董事享有的权威。

（2）尽管法律可以对独立董事的"经济"和"社会"独立性提出严厉的要求，但是能够影响独立性的因素是不可能为法律所穷尽的。因此，为了防止因独立性丧失而可能导致的权力寻租，独立董事的任免权也必须有所限制。（a）独立董事的"罢免权"之行使必须"有其理由"（With course）；至于所谓的理由，则是指董事会成员存在违反信义义务、损害公司整体利益（以"卡尔多－希克斯效率标准"计算）的行为。（b）公司全部利益群体对包括独立董事在内的全部董事会成员享有"罢免权"，且该罢免权亦"不得"无理由行使。①

（3）公司全部利益群体之"罢免权"的设计理性。（a）通过赋予独立董事以外的群体以"罢免权"，可以对独立董事和由独立董事选举产生的其他董事形成监督，并从"事前"和"事后"两个层面对独立董事的选举权进行监督。（b）由于集体行动难题、搭便车心理的存在，即便罢免权可以无理由行使，公司全部利益群体也未必会大量行使此项权利；然而，无理由罢免权却极其有助于"能够克服理性冷漠心理的群体"（包括但不限于控股股东、管理层和金融债权人等）向公司董事会施加影响，以实现权力寻租。而如果要求罢免权的行使必须有其理由，就可以大幅降低实现权力寻租的可能性。

第二，选举其他董事的独立董事或者所谓的"原初"独立董事的产生方式。由提名委员会任免董事会成员的权威赋予方案，在事实上还延展出另外一项容易被忽略的问题，即提名委员会或者组成提名委员会的独立董事又应当如何产生？这一问题的解决必须遵循如下原则：此类独立董事的任命必须独立于公司全部利益群体，不能为个别利益群体所决定。针对此一问题，已经有学者提出了颇为值得借鉴的方案："由上市公司协会或者证券业协会建立独立董事的人才储备库，负责遴选上市公司独董随机抽取，杜绝'人情董事'现象。"② 从这一方案的原初目的来看，其针对的是全部独立董事的任命方式。然而，本书认为，这一方案其实应当被局限为任命"提名委员会"的"一种"方式。其原因在于：

（1）独立董事的多重功能性。除去监督、控制功能之外，根据个性化的商事现实，公司可能还需要包括独立董事在内的董事会成员提供如下"资源"：（a）与公司的外部环境进行协调沟通；（b）信息提供和交换；（c）以提升企业形象的方式为公司提供支持；（d）公司所在社区的社会地位；（e）提升公司在相关参与者眼中的合法性；（f）以其特有的背景和技能为公司决策提供咨询意见。③ 由此独立董事的多重功能属性出发，全然

---

① 至于该罢免权的具体行权程序，详见下文有关"派生诉讼"的特别内容。

② 参见《"中国式独董"乱象多》，凤凰网，http://news.ifeng.com/a/20140913/41966810_0.shtml，最后访问时间：2016 年 12 月 20 日。

③ See Lynne L. Dallas, "The Relational Board: Three Theories of Corporate Boards of Directors", *Journal of Corporate Law* 22 (1996): 23–24.

通过随机抽取的方式来选任全部独立董事，其实是难以顾及不同公司的个性化商事需求的。

（2）多个利益群体推举独立董事的可能性。尽管不同的公司利益群体之间总是会存在或大或小的利益冲突，然而这却并不能排除多个利益群体共同推举相同独立董事的可能性。例如，当股东、债权人和雇员代表共同推荐了一名独立董事的人选，且其他利益群体并不反对或者提名委员会已经认可该人选的独立性时，该人选便可以成为独立董事甚至提名委员会的人选。因为，这一人选的决定并非操纵于一个群体之手，其已经具备了客观中立地权衡各方利益的初显可能性。

通过随机抽取或者多个利益群体共同推举提名委员会、由提名委员会对全部董事会成员享有任免权的制度设计，独立董事的权威会获得显著的提升，从而更好地实现其"监督者"的公司治理角色。

（三）信息渠道

针对独立董事所面对的信息不足问题，一种可能的解决方案自然就是使独立董事承担与内部董事等同的法律责任，以使独立董事产生更多参与公司内部事务的动机。然而在事实上，相比于法律责任的增加，"信息渠道"的"拓宽"才是更为有效的解决方案。其原因在于以下三点。（1）受限于独立董事的角色特质，相较于内部董事，独立董事在对公司专用性信息的掌握上势必处于劣势；若要求其承担与内部董事完全相同的法律责任，无异于惩罚不具"期待可能性"的行为。[1]（2）当独立董事不能信赖管理层或者第三方专家提供的信息、需要亲自进行调查与核实时，其必然需要大幅介入公司内部事务，领取与内部董事等同的薪酬；尽管对独立董事适当使用"激励薪酬"可以提升治理积极性，然而激励薪酬的过度使用也会削弱其中立客观的监督者身份。（3）与增加责任不同，拓宽独立董事的信息渠道，不仅可以避免激励薪酬的过度使用，还可以有效地解决独立董事所面对的信息不对称问题，可谓一石二鸟之计。至于信息渠道的拓宽，本书认为可以主要采取以下三种方式。

第一，消除第三方专家所面对的"利益冲突"问题。所谓的第三方

---

[1]　关于"期待可能性"，参见陈兴良《期待可能性问题研究》，《法律科学》2006年第3期。

专家，包括但不限于出具交易公平性意见的"投资银行"、就公司财务进行审计的"会计师事务所"、对公司治理提供合规审核的"律师事务所"等。对于独立董事而言，第三方专家所提供的信息，至少具有两大意义：（1）向独立董事提供因其精力或者能力不足而无法获取的信息；（2）验证内部董事或者管理层所提供的信息的真实性。然而，由于这些第三方专家与内部董事或者管理层之间存在重大的"利益冲突"，其向独立董事所提供的信息往往是被扭曲、带有利益偏向性的。为了解决这一问题，既存的公司法已经提供了可供借鉴的制度措施。例如，由全部成员为独立董事的"审计委员会"，并由该审计委员会确定公司的审计标准、任免为公司提供财务审核的会计师事务所。当然，仅仅改革公司内部的第三方专家任免机制尚且不够，还必须大幅度地就第三方专家的内部治理进行改造。例如，针对提供审计服务的会计师事务所，科菲（Coffee）教授便提出应该在其内部设置"防火墙"以区隔"顾问咨询"和"审计"业务，从而避免可能的利益冲突。① 在独立董事实际权威得以确保的情况下，解决第三方专家所面对的利益冲突，应能显著提升独立董事所获取的信息的"数量"和"质量"。

第二，设置独立董事"监察使"（Ombudsperson）。② 所谓的独立董事"监察使"是指，由独立董事任免并确定其薪酬的、具备与独立董事相同的独立性且常驻于公司内部的、辅助独立董事行使职权的特定人员。这类人员主要履行如下职责：（1）向独立董事回馈包括公司政策执行在内的独立董事职权行使的效果；（2）代表独立董事调查与待审议事项相关的事实情况；（3）通过平常进行的信息收集工作，就公司治理可能存在的问题向独立董事会或者内部董事会发出预警；（4）利用其接近公司参与各方的优势，向独立董事或者内部董事会，传递其他利益群体对公司政策、行动和决策程序提出的建议。为履行上述职责，监察使应被赋予接近公司各类职员、调查公司各类内部文件、参加各种董事会或者专门委员会会议等权

---

① 这一部分的内容并非本书的核心内容，故不详述，若有兴趣，请详见〔美〕约翰·C. 科菲：《看门人机制：市场中介与公司治理》，黄辉、王长河等译，北京大学出版社，2011。

② 以下有关监察使及其职责与职权的内容，see Lynne L. Dallas, "Proposals for Reform of Corporate Boards of Directors: The Dual Board and Board and Board Ombudsperson", *Washington & Lee Law Review* 54（1997）: 132 – 136。

力。本书认为，此种"监察使"制度的设置至少具有两大优势：（1）由于监察使常驻公司内部，具备与独立董事相同的独立性，且由独立董事任免，独立董事获取公司专用性信息的渠道被再次拓宽；（2）监察使除收集、调查和核实信息之外，还承担回馈职权行使效果、接近各方利益群体的任务，后者不仅可以提升独立董事职权行使的合法性和正当性，还十分符合控制权分享型公司法强调照护各方利益的要求。需要特别指出的是，独立董事"监察使"制度在已经采取（如美国）及可选择采取（如法国）单层委员会治理模式的法域，① 具有尤为重要的信息提供功能。然而，在设置有"监事会"制度的法域，公司法只要能够赋予独立董事以足够的"权威"（包括但不限于任免监事会成员、决定监事会成员的薪酬）、强制要求监事会成员具有与独立董事相同的独立性，便可以监事会制度代替实现监察使的功能，以避免制度层面的"叠床架屋"所带来的不效率。以我国 2018 年《公司法》为例：其第 53、第 54 条规定了监事会可行使的包括"检查公司财务"、"列席董事会会议"等在内的职权；这些职权使得在中国公司法语境下设置"监察使"有画蛇添足之感；然而，除非对监事会成员的选任方式进行"反"股东至上主义的改革（取消股东任免权），监事会制度的存在便不仅不能否定监察使的作用，还会造成更大的制度成本（沦为无法发挥实效的"看门狗"）。

　　第三，邀请各方利益代表提供信息。尽管管理层、第三方专家和独立董事监察使的存在，已经可以为独立董事提供大量的有用信息；然而，由于难以避免的代理成本、可能存在的信息误传和扭曲，独立董事仍然需要自己亲自获取信息。至于这种信息的亲自获取，除去直接行使调查核实权之外，独立董事还可以通过邀请各方利益代表"直接列席"董事会，或者在公司内部设立"利益相关者委员会"的方式实现。两者的目的都在于"进行富有针对性的意见交流与沟通"、使雇员、供货商、债权人甚至社区的诉求进入董事会的决策过程，并最终反映在公司的决策结果之中。② 至于各方代表所提供的信息，既可以是有关公司政策的实施效果的，也可以是对特定董事人选的推举或者质疑的。这种邀请利益代表参加会议、设置

---

① 参见施天涛《公司法》第 3 版，法律出版社，2014，第 296~297 页。
② 参见彭真明、方妙《公司社会责任：利益相关者参与规制的视角》，载陈小君主编《私法研究》第 8 卷，法律出版社，2010，第 293 页。

专门委员会提供信息的措施，不仅可以拓宽独立董事的信息渠道，还可以增强控制权分享型公司法中董事会的正当性。

（四）"异见"提供机制

尽管维持一定的团结、避免过分的内部冲突，是独立董事乃至董事会制度成功的必要前提；然而，群体思维问题的存在，却警示人们过于紧密团结的董事会制度所可能造成的危害。因此，除去权威赋予和信息渠道的拓宽之外，（控制权分享型）公司法还必须进一步完善（独立和内部）董事会内部的"异见"提供机制。至于这种异见提供机制，则至少可以通过如下举措形成。

第一，增加董事会成员的多样性。在大陆法系或是英美法系，包括独立董事在内的全部董事会成员，往往在"社会背景"、"意识形态"和"教育背景"上具有极高的同质性。例如，在欧美国家，大多数董事会成员都由受高等教育的"白人男性"充任。成员之间的高度相似性虽然有利于集体决策的连贯性和速度，却也提升了团队陷入群体思维的可能性。因此，本书赞成其他学者的建议，即应当根据公司的实际情况，从"性别"、"种族"、"教育背景"等方面增加董事会成员的多样性。有人当然可能对这一提议提出如下反驳，即从目前针对董事会多样性的实证研究来看，多样性的增加未必会提升公司的业绩。[①] 然而，即便抛开对多样性是否有利的实证研究不谈，[②] 目前大多数针对多样性的实证研究都存在一个共同的缺陷，即以股东价值或者股票价格的提升作为衡量多样性成功与否的标志。[③] 而在事实上，衡量董事会成员多样性之实效的标准，应当是其是否确实增加了"异见的提出"、是否有效避免了"群体思维"的产生等。因此，在与这些标准相关的不利的实证研究大量出现之前，增加董事会的多

---

① See Lissa Lamkin Broome, Kimberly D. Krawiec, "Signaling Through Board Diversity: is Anyone Listening?", University of *Cincinnati Law Review* 77 (2008): 432 – 433.

② 除去前一注释所引文献中所提出的有利实证数据，see also Daniel C. M. Low, Helen Roberts, Rosalind H. Whiting, "Board Gender Diversity and Firm Performance: Empirical Evidence from Hong Kong, South Korea, Malaysia And Singapore", *Pacific – Basin Finance Journal* 35 (2015).

③ See James A. Fanto, Lawrence M. Solan, John M. Darley, "Justifying Board Diversity", *North Carolina Law Review* 89 (2011): 902 – 903.

样性仍可被视为解决群体思维的一项"应然"有效的制度措施。

第二，轮席担任异见者、秘密表决和异见必须回应机制。尽管增加董事会成员的多样性"应当"能够提升异见提出的可能性，然而，这种"应然"向"实然"的转变还需要其他配套制度的辅助。

碍于人情世故或者由于人类不愿意主动担任"反派"的本性，许多董事会成员都可能在原本持有异见的情况下，附和其他董事会成员的意见。为避免这一情况的发生，詹尼斯教授提出了"轮席担任异见者"的制度措施。① 在公司法的语境下，所谓"轮席"（Rotation）担任异见者，即是由（独立或者内部）董事会成员在会议上轮流担任提出反对意见的成员的制度。这一制度可以产生两方面的积极效应：（1）降低其他成员对异见者、至少是轮席担任异见者的董事的反感；（2）通过强制提出异见，以及随之可能激发的更多异见，轮席担任异见者制度可以在一定程度上减轻群体思维问题。

当然，为了进一步促进异见的提出，（独立或者内部）董事会还应当采取"秘密表决"制度。其原因在于：尽管存在轮席担任异见者制度，但是其他董事或者轮席提出异见者仍可能不愿意当众提出异见；秘密表决制度就为这些害怕遭到"报复"的董事提供了更为安全的异见提出机制。

当然仅仅提出异见并不足够，公司法还必须设置"异见必须回应"的机制。所谓"异见必须回应"是指：当董事会的秘密决议出现至少一张附有理由的反对票时，决议即视为未通过而应由多数董事就反对理由进行回应；回应结束之后进行二轮投票，若附理由的反对票数量不变且赞成票已过法定或章定比例，董事会决议方才有效；否则，必须进行新一轮的异见回应程序。"异见必须回应"制度具有如下优点：（1）以反对附有理由、反对者必须持续增加为前提条件的"异见必须回应"制度，不会过分减缓董事会做出决策的速度；（2）决策效率不能简单等同于决策的速度，尽管董事会的决策速度可能减缓，但却因为有价值的异见的提出、异见被认真考虑、董事会进行了充分的理性商谈，董事会决策的质量会获得显著提

---

① See Irving Janis, *Victims of Groupthink：A Psychological Study of Foreign – Policy Decisions and Fiascoes* （Boston：Houghton & Mifflin，1972），p. 267.

升。因此，从总体上，异见必须回应制度是一项利大于弊的制度。

四　小结

在控制权分享型的公司法之下，董事会不仅是公司权力的"实质拥有者"，还承担着各方利益的"居中裁判者"的角色。从董事会使命的双重性来看，理想的董事会成员应当一方面大量介入公司内部事务以获取专用性信息，另一方面与公司、内部董事和管理层保持"经济"和"社会"上的独立性。然而，由于角色特质之间的内在冲突，董事会成员的"内部性"和"独立性"只能两者择其一。有鉴于此，本书采纳了学者提出的"双重董事会结构"，以解决因职能混杂而导致的治理不效率。在这一双重董事会结构之下，内部董事会将负责公司的商事决策，这些商事决策将直接涉及各方利益的权衡实现问题；独立董事会则对内部董事会进行监督，以确保控制权分享型公司法的制度目的的最终实现。为了避免重蹈股东至上主义的覆辙，本书在借鉴既有法律实践和学术讨论的基础上，从"权威赋予"、"信息渠道"、"异见提供机制"这三个方面提出了董事会结构改造的（非完全性）细化内容。

当然，即便对董事会的结构进行了如上改造，有人仍然会提出这样的问题：尽管独立董事负责最终监督各方利益的权衡实现，但是，由于代理成本、监督失灵的不可避免，控制权分享型公司法是否还预备了其他控权机制？答案当然是肯定的。在本章第四节中，本书就将详细论述这些可能的控权机制。

第四节　其他配套制度

一　重组董事激励薪酬

（一）薪酬重组的目的与原则

在股东至上主义被最终确立之前，董事会成员的薪酬或者全部由固定工资组成，或者辅以少量的股权。直到美国 1993 年进行了在事实上鼓励采用"激励薪酬"的税法典改革之后，激励薪酬才开始被广泛使用。[①] 激励薪酬的广泛使用，并非法律修改的偶然结果，而被视为是具有深厚理性基础的重大法律创新。其公认的理性基础在于：通过将绝大部分的董事薪酬与股票价格挂钩，可以将董事的个人利益与股东利益紧密联结在一起，从而消除因所有权和控制权分离而产生的代理成本问题。然而，尽管激励薪酬具有"良善"的制度目的，其却最终导致了"灾难性"的公司治理奔溃。例如，激励薪酬导致了更多的财务欺诈，促使董事更加关注"短期利益"而忽视了公司的长期可持续发展。[②]

但是，以股东至上主义为基础而设计的激励薪酬的失败，并不代表"任何形式"的激励薪酬都不能为其他公司法构建方式所用。恰恰相反，经过特殊改造的激励薪酬制度，正是控制权分享型公司法得以实现的重要制度保障。其原因在于：尽管"控制权分享"与"股东至上主义"存在若干根本性差异，但是这两种公司法构建却都面临一个相同的问题，即代理成本；只不过，在控制权分享型公司法下，代理成本的核心从"股东与管

---

①　详见第四章第一节的第三部分。

②　详见第二章第三节的第三部分。

理者"之间的利益分野，扩展到"管理者与公司全部利益群体"之间的利益分野之上；虽然不断完善的独立董事制度可以在一定程度上减轻代理成本问题，但是，由于内部董事或者管理层仍然享有大量的自由裁量权、独立董事并非全知全能，从防患于未然的角度出发，控制权分享型的公司法仍然需要使用激励薪酬来解决代理成本问题。

当然，控制权分享型的公司法对激励薪酬的使用，必须遵循如下原则：（1）为实现各方利益的权衡，激励薪酬的组成部分必须具有多样性，从而促使董事从公司全部利益群体而非一方利益群体的角度出发思考问题；（2）激励薪酬的使用应当能够促使董事考虑公司的长期利益、维护公司的持续有效存在，避免包括最后一次博弈在内的道德风险。

（二）薪酬重组的具体方案

从目前的立法实践和学术讨论来看，主要存在如下两种可供控制权分享型公司法借鉴的薪酬重组方案：

第一，债权与股权相混合的激励薪酬。如果激励薪酬的使用是为了达到各方利益的权衡实现，那么较为理想的激励薪酬首先就应当"复制"公司全部利益群体进行的资源投资形式。当然，在规模较小、发展全部依靠股权融资、几乎没有雇员的公司中，激励薪酬也许确实可以仅仅包含股权。但是，在规模较大、发展还需要大量依托债权人投入、雇员众多的公司中，激励薪酬就需要由债权和股权这两种形式混合而成。至于这种混合的具体比例，则应当依不同公司的实际情况加以确定。另外，为更好地权衡实现不同类型的股东和债权人的利益，混合于激励薪酬中的股权和债权，还应视具体情况下细分为"优先股"与"普通股"、"有担保债权"和"无担保债权"、"浮动利率债权"和"固定利率债权"等。这种通过将股权和债权混合于激励薪酬之中，以解决债权人与股东、债权人与管理层之间的代理成本问题的方案，其实早已为激励薪酬的首倡者詹森和麦克林教授所承认：在前文提及的《企业理论：管理者行为代理成本和所有权结构》一文中，两位教授便认为，在管理者的激励薪酬中加入一定比例的债权，可以在很大程度上解决发生在企业内部的股东和债权人之间的代理成本问题；例如，当管理者或者控股股东必须持有与其股权等量的债权时，他便不再具有使财富从债权人处横向流动至股东处的动机。① 即便是股东至上主义的极力鼓吹者贝恰克教授也指出，在激励薪酬中加入"优先股"和"债券"这样的组成部分，应当可以有效地降低进行过度冒险行为的可能性。②

　　第二，延迟支付薪酬。当然，对于解决代理成本问题而言，仅仅采取债权与股权相混合的激励薪酬尚且不够，其原因在于如下两方面。（1）即便是对公司资产结构的"完美复制"，也不能使激励薪酬"完全符合"各方主体的全部利益诉求。例如，虽然以一定的比例向董事发放无担保债权形式的薪酬，可以较好地体现雇员、供货商等利益群体的利益；然而，由于（隐性的）专用性投资的价值难以计算，混合型薪酬仍然存在较明显的利益覆盖不足问题。（2）当激励薪酬中的股权比例较高（资源投入主要来自股东）或者管理层进行最后博弈（控制权转移）时，仅仅采取混合型的激励薪酬，仍然难以解决短视主义和其他各种形式的机会主义行为。针对上述问题，学者提出了"延迟支付薪酬"（Deterred Compensation）方案。根据巴哈特和罗曼诺两位教授所提供的基本框架，所谓"延迟支付薪酬"即禁止董事或者其他管理层成员在其任期结束之后的一段时间内（至少两年）出售或者行使激励薪酬中的股权、股票期权等组成部分的制度；这一制度将通过延缓董事或者管理层获取薪酬的时间，来促使公司更加注重其长期发展。③ 现如今，薪酬的延迟支付制度早已走出象牙塔，在越来越多的国家或者地区得到贯彻。以中国为例，无论是 2009 年通过的《关于进一步规范中央企业负责人薪酬管理的指导意见》（以下简称"《指导意见》"），还是 2013 年、2014 年分别通过的《关于深化收入分配制度改革的若干意见》、《中央管理企业负责人薪酬制度改革方案》（以下简称"《改革方案》"），都明确了有关延期支付的"硬"规定。特别值得注意的是，2010 年 2 月 21 日由中国银监会印发的《商业银行稳健薪酬监管指引》（以下简称"《监管指引》"）还将延迟支付的范围扩大到"对风险有重要影响岗位上的员工"。当然，延迟支付并不意味着董事的全部薪酬，都必

---

① See Michael C. Jensen, William H. Meckling, "Theory of the Firm: Managerial Behavior, Agency Costs and Ownership Structure", *Journal of Financial Economics* 3 (1976): 352.

② See Lucian A. Bebchuk, Holger Spamann, "Regulating Bankers' Pay", *Geogertown Law Journal* 98 (2010): 251 – 253.

③ See Sanjai Bhagat, Roberta Romano, "Reforming Executive Compensation: Focusing and Committing to the Long – Term", *Yale Journal on Regulation* 26 (2009).

须在其离职一段时间后方能支取。为了缓解董事自身的流动性需求和避免引发董事的过早离职，巴哈特和罗曼诺两位教授提出，应当允许董事每年实现激励薪酬 10% ～ 15% 的部分。① 中国的做法则是事先确定应当延迟支付的薪酬比例。例如，《监管指引》便规定"高级管理人员以及对风险有重要影响岗位上的员工，其绩效激励的 40% 以上应采取延期支付的方式"、"主要高级管理人员的绩效激励的延期支付比例应高于 50%，有条件的应争取达到 60%"。但是，这些被提前实现或者无须延迟支付的激励薪酬，都应当"等比例"的包含激励薪酬中的各种组成部分，以防止因提前全部实现特定组成部分（如股权）而可能导致的各种道德风险。从控制权分享型公司法的构建来看，延迟支付薪酬具有至少两大功能：（1）通过延迟支付薪酬，董事会或者管理层会从更为长远的角度来进行各种公司事务的决策；（2）一旦董事会或者管理层更加注重公司的长期发展，雇员、顾客、供应商甚至公司所在的社区所进行的"专用性投资"，或者这些群体与公司之间达成的"隐性契约"也能获得虽然间接但却十分重要的保护。

另外，为"增加延期支付执行力与威慑力"②，还应当在薪酬的延迟支付制度之外，配套使用薪酬的"追索扣回"制度。参考《萨班斯－奥克斯利法案》、中国《改革方案》以及广东省《关于深化省管企业负责人薪酬制度改革的实施意见》的规定，薪酬的追索扣回制度可做如下构建：（1）在董事会下设全部由独立董事组成的"绩效考核委员会"；（2）绩效考核委员会根据公司的实际情况，确定进行绩效考核的时间间隔、考核标准、追索扣回的条件以及比例；（3）公司法应当强制规定，无论是在职或者已经离任的董事会成员，只要其行为属于"故意违法"、"违反忠实义务"或者存在其他"故意"、"重大过失"、"恶意"（Bad Faith）行为，绩效考核委员会即应当追回或者停发全部或者与其行为苛责难度相适应的薪酬。

综上所述，为实现各方利益的权衡、防止独立董事的监督失灵以及内部董事、管理层的滥权，控制权分享型公司法也应当采用激励薪酬。因此，从避免利益偏袒、短视主义和其他道德风险的角度出发，控制权分享型公司法所采用的激励薪酬，至少应是债权与股权混合型的、延迟支付

① See Sanjai Bhagat, Roberta Romano, "Reforming Executive Compensation: Focusing and Committing to the Long－Term", *Yale Journal on Regulation* 26（2009）：371.

② 张晓晨：《债权激励：我国公司高管薪酬改革的新探索》，《法商研究》2017 年第 4 期。

的、可因过错被追回的。

二　派生诉讼程序的扩张与限制

（一）派生诉讼程序的扩张

在围绕股东至上主义而构建的公司法中，提起派生诉讼的权利被排他性地赋予了"股东"。这种排他性的权利授予，并不意味着派生诉讼是一项以实现股东利益为唯一甚至主要目的的制度。其原因在于：（1）从派生诉讼的基本运作模式和法律限制来看，其主要实现的是"作为整体的公司"，而非"股东"个体的利益；① （2）在对持股比例和持股时间无限制性要求的法域，公司的任何利益群体都可以通过"购买股份"的方式，来提起派生诉讼，② 但即便如此，由于非股东利益群体在"购买派生诉讼权"方面存在若干障碍，派生诉讼权始终更多地为股东所利用，控制权分享型的公司法必须重构既存的派生诉讼程序。而这种重构必然体现为公司全部利益群体均得以享有派生诉讼权。其原因在于：（1）控制权分享型公司法的最终目的是达到各方利益的权衡实现，这一目的必然要求各利益群体均享有监督董事会、保障公司利益以符合"卡尔多－希克斯效率标准"的方式加以分配的权利；（2）尽管为实现上述目的，控制权分享型公司法可以采取"董事会结构改造"、"董事激励薪酬重组"等方式，但是，由于代理成本的不可避免，公司法仍然需要向全部利益群体提供最终的控制权。需要指出的是，这种派生诉讼程序的扩张（行使主体的多元化）早已在特定法域（通过利益相关者购买股份以外的方式）有所实现了。例如，在"*Re Danon Development Corporation*"案中，加拿大法院的法官便认为，无论是公司的债权人抑或雇员群体，只要其"无权去影响或变更他们所看到的滥用公司管理权的行为或与公司利益相反的人"、而又"对于公司如何进行管理享有直接的经济利益"，便皆为《加拿大公司法》第231节之下可以提起派生诉讼的"适当的人"。③

---

① 详见本书第三章第三节的第二部分。
② 详见本书第四章第三节的第三部分。
③ 参见颜运秋《公司利益相关者派生诉讼的理论逻辑与制度构建》，《法商研究》2005年第6期。

当然，这种全面的扩张，很可能引发如下问题：无论是在大陆法系或是英美法系的法域之下，公司内部总是存在着较容易克服集体行动、搭便车问题的利益群体，例如存在机构投资者或是控股股东的股东群体、存在银行贷款人的金融债权人群体、存在有效运作的工会机制的雇员群体等。相较于其他利益群体，这些利益群体更可能利用（滥用）派生诉讼制度向董事会施加影响，以实现群体的特殊利益。因此，对于经过（权利行使主体）扩张之后的派生诉讼程序的适用，还必须有所限制。

（二）派生诉讼程序的限制

第一，全部成员为独立董事的"特别调查委员会"的否决权及其限制。对于可能的滥用派生诉讼权问题，既存公司法赋予"特别调查委员会"的"否决权"，是一项相当值得借鉴的制度。[①] 所谓"特别调查委员会"，是指为就"派生诉讼"的"实质性"进行调查，而全部由与被诉事项无利益冲突之独立董事组成的专门委员会。所谓"否决权"，是指当该专门委员会审查认为特定派生诉讼的提起无助于公司利益的提升时，其可以要求法院撤销案件的权力。在对董事会结构进行充分改造、独立董事权威有所保障的前提下，这一制度具有如下优点。（1）派生诉讼的提出和受理，至少产生如下成本：（a）利益群体进行诉讼的成本；（b）公司应诉的成本；（c）法院审理的成本。而赋予特别调查委员会以否决权，虽然仍然付出公司应诉成本中的"调查取证成本"，却可以大幅减少其他与诉讼相关的成本。（2）由于特别调查委员会的否决权的存在，公司利益群体滥用派生诉讼以实现个人利益的可能性也将大为降低。然而，由于独立董事的独立性始终存在被侵蚀的可能性，这一否决权的行使也必须有所限制：委员会对否决权的行使，必须附带说明被拒绝的派生诉讼无益于公司利益的理由；法院应当在考虑委员会所提供的理由的基础上，决定是否撤销派生诉讼；当派生诉讼所涉事项与公司重大利益相关，或者牵涉"董事罢免"、"董事违反信义义务"、"反收购措施的采纳与废除"时，除非委员会提供清晰且具说服力的理由（Clear and Convincing），法院必须就派生诉讼进行审理。

---

① 详见本书第三章第三节的第二部分。

　　第二，提起派生诉讼的其他限制。（1）利益持有比例和时间的要求。在股东至上主义之下，为避免派生诉讼制度的滥用，公司法往往对诉权人的持股比例和时间有所要求。这一制度约束虽具有一定的理性基础，但不应为控制权分享型的公司法所沿用。其原因在于如下两点。（a）由于集体行动难题、搭便车心理等问题的存在，对公司仅投入微量资源的群体，一般不具有滥用派生诉讼的动机；真正具有滥用诉权可能性的，往往是对公司投入相当比例的资源的群体，唯此，其进行的干扰公司行为才具有收益大于成本的效率性；而对这部分的群体而言，突破法定的（人数或者金额）比例或者时间要求，是并不困难的。（b）尽管公司的全部利益群体可被大致划分为"股东"、"债权人"、"雇员"、"供货商"等，然而，这种划分却并无确定的法律标准。例如，从对公司所持权利的法律属性来看，雇员和供货商应当被划归为"债权人"的类别；而只有从"经济现实"（Economic Reality）这一模糊标准出发，才可能将其划分为不同的三种类别。若此，则是否还应当对债权人进行"长期"和"短期"、"有担保"和"无担保"、"浮动利率"和"固定利率"的区分；是否还应当将雇员划分为"白领"、"蓝领"甚至"金领"？而如果从权利的法律属性进行划分，则顾客、所在社区等利益群体又应归于何种类别？另外，即便进行了单独归类，由于群体成员的人数和资源投入不具有确定性，公司法又应当设置何种比例？当然，公司法可以将诉权分配给消费者或者环境保护协会行使；然而，受制于"执法资源"的有限性，有价值的派生诉讼也可能无法提出。有鉴于此，本书认为，控制权分享型公司法下的派生诉讼，无须借助利益持有的比例和时间要求来约束滥诉的可能性。（2）诉讼担保制度。相较于对利益持有的比例和时间所提出的要求，诉讼担保是一项更值得控制权分享型公司法学习的制度。通过设置一定的诉讼担保，要求提起派生诉讼者事先付出经济上的不利益，则滥用派生诉讼的可能性会被大幅减少。当然，值得注意的是，由于特别调查委员会的存在，诉权行使者所提供的担保还应当包含委员会进行审查的合理费用。但是，这种诉讼担保也必须存在一定的限制。其原因在于：这一制度很可能使得那些没有财力的小股东根本无力提起诉讼。[1]

---

[1]　参见颜运秋《公司利益相关者派生诉讼的理论逻辑与制度构建》，《法商研究》2005 年第6 期。

而在派生诉讼行权主体多元化的语境之下，这种担忧可能被进一步放大：与小股东类似，绝大多数的雇员、供货商、顾客和债权人也可能因缺乏财力而无法提起派生诉讼。如此一来，派生诉讼权仍然会最终集中到具有财力的"金领雇员"（高管）、"工会"、"银行"、"消费者保护协会"和"环境保护协会"手中。这种集中同样会导致"权力寻租"、"利益结盟"、受限于资源的"选择性执法"等问题。因此，本书认为，诉讼担保尽管可以有效地约束滥诉的产生，但为防止其过度阻遏有价值的诉讼，只有在被告或者特别调查委员会主张并能提供令人信服之证据以证明原告难以胜诉时，法院方能要求原告提供必要的担保。

综上所述，在控制权分享型的公司法下，派生诉讼程序应当做两方面的扩张。（1）主体上的扩张：从股东独享，扩大到公司全部利益群体均可行使；（2）利益持有比例和时间上的扩张：从对比例和时间有所限制，扩大到不受限制。但除此之外，对派生诉讼也应做两方面的限制：（1）全部成员均为独立董事的"特别调查委员会"对派生诉讼享有一定的否决权；（2）在被告或者特别调查委员会已能证明其难以胜诉时，提起派生诉讼者应当提供包含所有合理费用的诉讼担保。

三　其他

最后需要特别指出的是，尽管本书至此已经提出了"信义义务的平衡论"、"董事会结构改造"、"董事激励薪酬重组"和"派生诉讼程序的扩大与限制"等四项具体构建控制权分享型的公司法的改革举措；然而，若欲使公司法更为彻底地摆脱股东至上主义甚至短视主义的阴影，还需要其他领域诸多改革的协力。这些配套改革和制度主要源于以下三方面。（1）相较于弊病极多的"股票价格"，美国工商界已经开始使用所谓的"经济增加值"标准（EVA），作为新的公司效率检验标准。根据这一检验标准，公司的效率不再被单纯地等同于股权投资回报的最大化，而应当体现包括股权和债权在内的各种投资形式的"机会成本"（Opportunity Cost）；[1] 这

---

[1]　See Jill E. Fisch，"Measuring Efficiency in Corporate Law：The Role of Shareholder Primacy"，*Journal of Corporation Law* 31（2006）：670 – 671.

将在很大程度上促使董事不仅仅专注于股票价格的涨跌之上。（2）为进一步减轻乃至消除短视主义的危害，法律还可以采取对短线交易加征印花税、提升长期股东在公司内部的话语权等方法。（3）如本书第二章第三节第一部分所述，难以披露、准确体现在资产负债表上的公司长期投资，也是引发、加剧短视主义的重要因素。对这些问题的解决，需要未来在会计和证券法等领域进行相应的改革。这些公司法领域之外的制度改革，或者超出了本书的核心范畴，或者超出了本书作者的知识结构，或者值得更为详细的论述，故笔者在此不再详述。

第五节　控制权分享型公司法：公共性、
　　　　长线股东和集中持股

一　控制权分享型公司法：必要的限缩

当股东至上主义已被证明并不具有"历史"和"理性"的正当性基础时，构建控制权分享型的公司法便成了一种当然之选。通过限缩公司全部利益群体得直接行使的公司权力、重塑董事所需承担的信义义务的内容，控制权分享型的公司法得以"初步"建立。为进一步减少甚至消除控制权分享型公司法同样面临的代理成本问题，未来的公司法还需要完成包括"董事会结构改造"、"董事激励薪酬重组"、"派生诉讼程序的扩张和限制"、"效率评判标准转变"等制度变革。然而，"并非"全部类型的所有公司都需要复制前述的全部制度内容。其原因在于：

（1）包括"独立董事"和"董事激励薪酬"在内的公司治理手段本身具有极高的"制度成本"，并不适宜规模不大的（有限或股份）公司。

（2）从控制权分享型公司法的正当性基础——非股东利益群体投入至关重要的资源、股东并非唯一的剩余索取权人——来看，在"公共性"程度较低的公司中推行"完整版"的控制权分享型的公司法，既无太大的必要性，也会减损控制权分享型公司法的整体正当性。

例如，对于全部雇员均由股东充任、公司发展绝对依赖内部融资、对于外交易仅为简单的货物买卖的低（无）公共性公司而言，剥夺股东对公司的直接控制权要求公司聘任专门的独立董事，显然是毫无道理的。但是，即便是在这样的公司中，控制权分享型公司法的部分内容仍然可以适用。（1）纵使是在一人公司中，也需要设置董事会这一公司治理机关。

（2）兼具股东身份的董事，仍然需要承担"实现权衡"的信义义务；而这一义务的承担并不会带来过分的负担：（a）在低（无）公共性的公司中，以"卡尔多－希克斯效率"为标准的信义义务，与实现股东价值的最大化并无实质性的差异；（b）尽管在低（无）公共性的公司中并非不存在股东以外的非股东利益群体，但是这些非股东利益群体多是"仅在个别交易上与公司存在一种短期的合同关系"、"其间的利益依赖于合同的履行而实现"、"不需要进入公司治理层面"；① （c）从最一般性的道德观念来看，从事商业的普通人，也不会认为通过过分损害他人利益以实现公司利润具有正当性。（3）无论是在具有何种"公共性"的公司中，为非股东利益群体保留派生诉讼权也是有利无害的：（a）在低（无）公共性的公司中，由于公司并不具有或者没有愿意参与公司治理的利益群体，此项派生诉讼权的存在并不会对股东权利产生干扰；（b）而在公共性有所上升或者出现愿意参与公司治理的利益群体时，派生诉讼便成了非股东利益群体保护自身利益的必要武器。

有鉴于此，笔者认为，控制权分享型的公司法，应当视公司"公共性"和"公司规模"的不同，进行不同程度的"控制权分享"：

（1）对于"公共性"较高（以"雇员人数"、"资产负债比"、"营业收入"等为指标加以衡量，具体比例则应视不同法域的具体情况而定）且达到一定"资产规模"（可按不同法域对大、中、小型公司的区分为标准）的公司，应当适用完整版的控制权分享型公司法。

（2）对于仅达到公共性要求而未达到资产规模标准的公司，应当适用除"独立董事"和"激励薪酬"以外的全部控制权分享型公司法内容；② 此时，董事仍由股东选举产生，但不得无理由罢免。

（3）对于既未达到公共性要求，也未达到资产规模标准，或者仅达到资产规模标准的公司，应当仅适用控制权分享型公司法对"信义义务"和"派生诉讼"的相关规定；而股东则继续享有与所在法域既存公司法相同的权利。

当然，出于特定的公共政策，法律可以对特定公司做出特别豁免或者

---

① 王保树：《公司社会责任对公司法理论的影响》，《法学研究》2010 年第 3 期。

② 但若其使用"独立董事"或者"激励薪酬"，必须符合控制权分享型公司法的要求。

提出特殊要求。

二　控制权分享型公司法：长线股东与集中持股

　　尽管股东至上主义的种种弊端已经展露无遗，然而忌惮于控制权分享型公司法的"颠覆性"内容，保守主义者仍可能提出一种"折中"的公司法改革方案，即将公司的最终控制权分配于"长线股东"。相较于"短视"的股东至上主义和"激进"的控制权分享型公司法，长线股东对控制权的最终享有确有其优势：（1）要求董事向注重公司长期发展的股东承担信义义务、对激励薪酬进行"延迟支付"式的重组，则公司的长期有效存在"应该"同样可以得到保障；（2）由于最终的控制权仍为股东所享有，公司法仍然可以在很大程度上"保存原状"。

　　然而，这种"折中"的公司法改革方案，却也存在难以克服的根本性缺陷。（1）2006年英国公司法修改的动因、2008年发生的金融危机、2010年的"吉百利－卡夫合并交易案"等事例已经证明，在市场陷入对短视利益的疯狂追逐时，长线股东的力量是何其渺小。（2）长线股东的"长线"应当如何确定？当证券市场上的平均持股时间不断降低时，法律所确定的"长线"标准又是否应当下调？如果长线的标准可被确定，又应当如何提升长线股东的话语权？如果这种话语权需要通过表决权的提升来实现，那么又应以何种"倍率"来提升表决权？两倍、三倍抑或是五倍？这种与资本投入不成比例的控制权，是否又会引发新的不效率问题？[①]当符合"长线"定义的股东突然开始追求短期利益时，公司法又应当何去何从？（3）当然，法律尤其是税法可以通过对短线交易加征税赋的方式，来促使全部投资者都更多地进行长线投资。然而，短线投资是否毫无意义？至少从有效率证券市场的形成来看，短线投资甚至投机是必不可少的。过分地锁定投资者的投资时间，又是否会在无形之中增加公司的融资成本？在妥善解决一系列的连锁反应之前，过分抑制短线投资同样可能产生不效率的结果。（3）与内部董事、管理层成员相比，股东始终处于决策信息的

---

① 参见〔美〕伊斯特布鲁克、费希尔《公司法的经济结构》，张建伟、罗培新译，北京大学出版社，2005，第83～84页。

劣势；过多地赋予股东、甚至是少数股东以公司权力是否确实妥当？

面对这些问题，折中主义者可能会进一步提出如下主张：至少在集中持股、控股股东更注重长期公司发展的法域，以股东至上主义为核心的公司法模式仍然应当得到保存。相较于将公司控制权分配给长线股东的做法，这一方案在保留对公司长期发展的应有关注的同时，克服了前者的可能缺陷。然而，这一方案本身却也问题重重。（1）"控制权分享"式的公司法变革所质疑的并不仅仅是短视主义，而是股东独享控制权、非股东利益群体被拒绝参与公司治理的正当性。若股东"不应"独享控制权，而非股东利益群体又"应当"获取控制权，则任何形式的股东至上主义都是不具有正当性的。（2）也许在集中持股型法域中，股东至上主义的"短视"危害相对较小；但是此时股东至上主义的"无效率的财富横向流动"面向却会更为显著地体现出来。以中国为例：根据实证研究数据，我国上市公司中控股股东的平均持股比例接近"50%"；[①] 由于这种近乎绝对控股的股权结构，我国上市公司中的控股股东"掏空"公司的行为时常发生；[②] 尽管不健全的公司、证券法制、薄弱的外部监督机制等因素也是导致掏空行为发生的原因，然而，掏空行为在全部集中持股型法域中都屡见不鲜、[③] 机构投资者还可能加入控股股东一起进行掏空行为的现象表明，[④] 掏空公司是集中持股本身所内含的"代理成本问题"。这种"无效率的横向财富流动"的存在，其实就已经再次证明了非股东利益群体需要控制权进行自我保护的必要性。（3）即便是在集中持股型的公司之中，也仍然存在为数不少的分散持股公司。同样以我国为例，根据一份时间跨度为 2003～2013 年的实证研究，截至 2013 年，我国大约有 13.7% 的公司为分散持股公司。其中，在金融业、房地产行业和商业上市公司中，"分散持股"甚至是中

---

① See Sibao Shen, Jing Jia, "Will the Independent Director Institution Work in China?", *Loyola of Los Angeles International and Comparative Law Review* 27 (2005)：232.

② 参见罗党论、黄郡《审计师与控股股东"掏空"行为——来自中国上市公司的经验证据》，《当代经济管理》2007 年第 2 期。

③ See Rafael La Porta, Florencio Lopez – de – Silanes, Andrei Shleifer, "Corporate Ownership Around the World", *The Journal of Finance* 54 (1999)；See Also Marco Pagano, Ailsa Roell, "The Choice of Stock Ownership Structure：Agency Costs, Monitoring, and the Decision to Go Public", *The Quarterly Journal of Economics* 113 (1998).

④ 参见唐清泉、罗党论、王莉《大股东的隧道挖掘与制衡力量——来自中国市场的经验证据》，《中国会计评论》2005 年第 1 期。

国上市公司的主要持股模式；另外，处于控股股东绝对控股之下的上市公司比例也正在逐年下降。[①] 对于这些分散持股的公司而言，引入控制权分享型的公司法仍然具有十分重要的意义。

由此可见，虽然控制权分享型公司法颇具"颠覆性"的色彩，但其存在的意义的确无法为"长线股东"或者"集中持股"所取代。

---

① 参见肖敏、黄建欢《上市公司持股模式再识别与大股东控制——2003～2013 年中国上市公司的时变特征》，《商业经济研究》2015 年第 23 期。

第六节　小结

当股东至上主义已被证明并不具有"历史"和"理性"的正当性基础之后，未来公司法的构建自然应当体现"控制权分享"的要求。而在众多的可能方案之中，限缩公司全部利益群体的"直接权力"并重塑董事"信义义务"之内容的方案是最为可取的。按照这一方案，控制权分享型公司法将呈现如下结构。（1）公司的"最终控制权"将从"股东独享"转换为"全部利益群体共享"。（2）为防止可能的集体决策不效率问题，全部利益群体所能直接行使的公司权力仅限于"董事罢免权"、"派生诉讼权"和"获取公司信息的权利"三项；剩余的全部公司权力都将由董事会集中行使。（3）作为公司权力的"实质"拥有者的董事，应当对公司全部利益群体承担信义义务；信义义务的内容则为，"在保障公司之有效存在的前提下，董事会应当权衡各方利益，并且选择特定群体之'福利提升'与其他群体之'不利益'相互抵消后数值最大的公司方案"。（4）从减轻甚至消除代理成本问题的角度出发，控制权分享型的公司法还必须从"基本结构"、"权威赋予"、"拓宽信息渠道"和"完善异见提供机制"等方面，对董事会结构进行改造，以确保董事会作为各方利益的"居中仲裁者"之角色的有效实现。（5）为防止可能的"独立董事会失灵"问题，控制权分享型公司法还应当采取"胡萝卜"（激励薪酬）加"大棒"（派生诉讼）的方式，从事前和事后这两大维度控制内部董事和管理层所可能进行的"机会主义行为"。（6）为求得更为完整、深入的改革，还应在公司法以外的领域进行包括"效率检验标准转换"、"财务会计操作"和"证券市场软信息披露"等在内的众多变革。（7）从维护控制权分享型公司法的正当性、实现公司法变革之效率性的角度考量，应当按照公司的"公共性"和"资产规模"标准，区分适用控制权分享型公司法的不同内容。然而，无论公司之公共性、资产规模如何，其所处之法域以何种持股模式为主，以实现"权衡"为目的的信义义务全部利益群体均享有派生诉讼权，都是必须被坚持的控制权分享"要素"。

主要参考文献

贝恩布里奇，2012，《理论与实践中的新公司治理模式》，赵渊译，法律出版社。

贝卡利亚，1993，《论犯罪与刑罚》，黄风译，中国大百科全书出版社。

波兰尼，2013，《巨变：当代政治与经济的起源》，黄树民译，社会科学文献出版社。

陈群峰，2013，《论公司社会责任司法化对利益相关者的保护》，《法律适用》第 10 期。

陈兴良，2006，《期待可能性问题研究》，《法律科学》第 3 期。

邓峰，2011，《董事会制度的起源、演进与中国的学习》，《中国社会科学》第 1 期。

邓汉慧，张子刚，2006，《企业核心利益相关者共同治理模式》，《科研管理》第 1 期。

付俊文，赵红，2006，《利益相关者理论综述》，《首都经济贸易大学学报》第 2 期。

葛结根，2017，《上市公司控制权配置效率的比较分析——基于帕累托标准、希克斯标准与利益相关者标准》，《中南财经政法大学学报》第 1 期。

甘培忠，2007，《我国新公司法对股东民主和公司自治推进政策的评价》，载赵旭东主编《国际视野下公司法改革》，中国政法大学出版社。

高圣平，2013，《公司担保相关法律问题研究》，《中国法学》第 2 期。

汉斯曼，2004，《企业所有权论》，于静译，中国政法大学出版社。

胡洁，2002，《股份公司股权结构研究》，博士学位论文，中国社会科学院研究生院。

江平，李国光，2006，《新公司法理解与适用》，人民法院出版社。

科菲，2011，《看门人机制：市场中介与公司治理》，黄辉、王长河等译，北京大学出版社。

克拉克曼，汉斯曼等，2012，《公司法剖析：比较与功能的视角》第 2 版，罗培新译，法律出版社。

克劳斯，沃特，2003，《公司法和商法的法理基础》（影印本），中国政法大学出版社。

刘俊海，2009，《股东主权理念是股权文化的核心内容》，《国际商报》11 月 24 日，第 012 版。

刘康复，2009，《〈公司法〉立法目的之反思与理论重构》，《西南政法大学学报》第 2 期。

李哲松，2000，《韩国公司法》，吴日焕译，中国政法大学出版社。

罗曼诺，2013，《公司法基础》第 2 版，北京大学出版社。

罗培新，2007，《我国公司社会责任的司法裁判困境及若干解决思路》，《法学》第 12 期。

罗培新，2012，《公司高管薪酬：制度积弊及法律应对之界限——以美国经验为分析视角》，《法学》第 12 期。

罗培新，2013，《抑制股权转让代理成本的法律构造》，《中国社会科学》第 7 期。

罗培新，2016，《股东会与董事会权力构造论——以合同为进路的分析》，《政治与法律》第 2 期。

楼秋然，2015，《股权本质研究——范式的提出与运用》，硕士学位论文，中国政法大学。

楼秋然，2016，《〈公司法〉第 20 条中"滥用股东权利"的理论与实践》，《西部法学评论》第 3 期。

楼秋然，2017，《机构投资者在公司治理中的力量与局限——以美国经验为分析视角》，《苏州大学学报（法学版）》第 1 期。

罗党论，黄郡，2007，《审计师与控股股东"掏空"行为——来自中国上市公司的经验证据》，《当代经济管理》第 2 期。

刘新民，2007，《建立股东中心主义治理模式——新〈公司法〉（2005）的创新与完善》，《学习论坛》第 8 期。

南开大学公司治理研究中心公司治理评价课题组，2006，《中国上市公司治理指数与公司绩效的实证分析——基于中国 1149 家上市公司的研究》，《管理世界》第 3 期。

彭真明、方妙，2010，《公司社会责任：利益相关者参与规制的视角》，载陈小君主编《私法研究》第 8 卷，法律出版社。

钱玉林，2002，《股东大会中心主义与董事会中心主义——公司权力结构的变迁及其评价》，《学术交流》第 1 期。

齐默曼，惠特克，2005，《欧洲合同法中的诚信原则》，丁广宇、杨才然，叶桂峰译，法律出版社。

施天涛，2014，《公司法论》第 3 版，法律出版社。

施天涛，2014，《公司资本制度改革：解读与辨析》，《清华法学》第 5 期。

谭玲，梁展欣，2010，《对司法裁判中适用“公司社会责任”条款的思考》，《法治论坛》第 1 期。

唐清泉，罗党论，王莉，2005，《大股东的隧道挖掘与制衡力量——来自中国市场的经验证据》，《中国会计评论》第 1 期。

王保树，1994，《股份有限公司机关构造中的董事和董事会》，载梁慧星主编《民商法论丛》第 1 卷，法律出版社。

王保树，2010，《公司社会责任对公司法理论的影响》，《法学研究》第 3 期。

王军，2011，《公司经营者忠实和勤勉义务诉讼研究——以 14 省、直辖市的 137 件判决书为样本》，《北方法学》第 4 期。

王涌，2000，《所有权概念分析》，《中外法学》第 5 期。

王轶，2004，《民法价值判断问题的实体性论证规则》，《中国社会科学》第 6 期。

王轶，2014，《民法典的规范类型及其配置关系》，《清华法学》第 6 期。

王泽鉴，2001，《民法总则》增订版，中国政法大学出版社。

王泽鉴，2010，《民法物权》第 2 版，北京大学出版社。

席涛，2012，《立法评估：评估什么与如何评估——金融危机后美国和欧盟立法前评估改革探讨》，《比较法研究》第 4 期。

肖敏、黄建欢，2015，《上市公司持股模式再识别与大股东控制——2003～2013 年中国上市公司的时变特征》，《商业经济研究》第 23 期。

徐浩，2010，《股东会、董事会职权的兜底条款质疑》，《北方法学》

第 6 期。

徐晓松，徐东，2015，《我国〈公司法〉中信义义务的制度缺陷》，《天津师范大学学报（社会科学版）》第 1 期。

许可，2017，《股东会与董事会分权制度研究》，《中国法学》第 2 期。

颜运秋，2005，《公司利益相关者派生诉讼的理论逻辑与制度构建》，《法商研究》第 6 期。

伊斯特布鲁克，费希尔，2005，《公司法的经济结构》，张建伟、罗培新译，北京大学出版社。

于飞，2015，《公序良俗原则与诚实信用原则的区分》，《中国社会科学》第 11 期。

岳伟、邢来顺，2011，《联邦德国劳资共决制的形成及影响》，《安徽师范大学学报（人文社会科学版）》第 6 期。

张建伟，2011，《从"股东至上主义"到"债权人主义"——商业银行的公司治理理念》，《金融法苑》第 10 期。

张晓晨，2017，《债权激励：我国公司高管薪酬改革的新探索》，《法商研究》第 4 期。

赵旭东，2005，《新公司法条文解释》，人民法院出版社。

仲继银，2014，《迷失的董事会中心主义》，《董事会》第 2 期。

朱慈蕴，林凯，2013，《公司制度趋同理论检视下的中国公司治理评析》，《法学研究》第 5 期。

朱圆，2016，《论信义法的基本范畴及其在我国民法典中的引入》，《环球法律评论》第 2 期。

Aarnio, Aulis. 2011. *Essays on the Doctrinal Study of Law*. Dordrecht: Springer.

Anabtawi, Iman. 2006. "Some Skepticism About Increasing Shareholder Power." *UCLA Law Review* 53.

Anderson, Alison Grey. 1978. "Conflicts of Interest: Efficiency, Fairness and Corporate Structure." *UCLA Law Review* 25.

Arrow, Kenneth J. 1974. *The Limits of Organization*, New York: W. W. Norton & Co.

Bebchuk, Lucian Arye. 2002. "The Case Against Board Veto in Corporate

Takeovers. " *University of Chicago Law Review* 69.

Bebchuk, Lucian Arye. 2003. "Why Firms Adopt Antitakeover Arrangements. " *University of Pennsylvania Law Review* 152.

Bebchuk, Lucian Arye. , and Spamann, Holger. 2010. " Regulating Bankers'Pay", *Georgetown Law Journal* 98.

Berle, Jr. , Adolf A. 1921. "How Labor Could Control. " *New Republic* 28.

Berle, Jr. , Adolf A. 1931. " Corporate Powers as Powers in Trust. " *Harvard Law Review* 44.

Berle Jr. , Adolf A. , and Means, Gardiner C. 1932. *The Modern Corporation and Private Property*, New York: Macmillan.

Berle Jr. , Adolf A. 1962. "Modern Functions of the Corporate System. " *Columbia Law Review* 62.

Berry, Leonard L. , Mirabito, Ann M. , and Baun, William B. 2010. "What's the Hard Return on Employee Wellness Programs?" *Harvard Business Review*, December.

Bhagat, Sanjai. , and Black, Bernard. 1999. "The Uncertain Relationship Between Board Composition and Firm Performance. " *Business Lawyer* 54.

Bhagat, Sanjai. , and Romano, Roberta. 2009. " Reforming Executive Compensation: Focusing and Committing to the Long – Term. " *Yale Journal on Regulation* 26.

Billett, Matthew T. , Jiang, Zhan. , and Lie, Erik. 2010. "The Effect of Change – in – Control Covenants on Takeovers: Evidence from Leveraged Buyouts. " *Journal of Corporate Finance* 16.

Blair, Margaret M. , and Stout, Lynn A. 1999. " A Team Production Theory of Corporate Law. " *Virginia Law Review* 85.

Blair, Margaret M. , and Stout, Lynn A. 2001. "Director Accountability and the Mediating Role of the Corporate Board. " *Washington University Law Quarterly* 79.

Brav, Alon. , Jiang, Wei. , and Kim, Hyunseob. 2010. " Hedge Fund Activism: A Review. " *Foundations and Trends in Finance* 4.

Brenner, S. N. , and Molander, Earl. 1977. " Is the Ethics of Business

Changing?" *Harvard Business Review*. January – February.

Broome, Lissa Lamkin. , and Krawiec, Kimberly D. 2008. "Signaling Through Board Diversity: Is Anyone Listening?" *University of Cincinnati Law Review* 77.

Brudney, Victor. 1982. "The Independent Director: Heavenly City or Potemkin Village?" *Harvard Law Review* 95.

Bruno, Sabrina. 2012. "Directors'Versus Shareholders'Primacy in U. S. Corporations Through the Eyes of History: Is Directors'Power 'Inherent'?" *European Company and Financial Law Review* 4.

Bundy, Stephen McG. , and Elhauge, Einer. 1993. "Knowledge About Legal Sanctions. " *Michigan Law Review* 92.

Burns, Natasha. , Kedia, Simi. , and Lipson, Marc. 2010. "Institutional Ownership and Monitoring: Evidence from Financial Reporting. " *Journal of Corporate Finance* 16.

Cable, John R. , and FitzRoy, Felix R. 1980. "Productive Efficiency, Incentives and Employee Participation: Some Preliminary Results for West Germany. " *Kyklos* 33.

Cadbury R. Carr. 2010. "Hostile Bids and Takeovers. " *Oxford: Said Business School*, February 15.

Chandler, Alfred D. 1984. "The Emergence of Managerial Capitalism. " *Business History Review* 58.

Chemmanur, Thomas J. , Paeglis, Imants. , and Simonyan, Karen. 2011. "Management Quality and Antitakeover Provisions. " *Journal of Law and Economics* 54.

Clark, Robert C. 1986. *Corporate Law*, New York: Little, Brown & Co.

Clarke, Donald C. 2007. "Three Concepts of the Independent Director. " *Delaware Journal of Corporate Law* 32.

Coase, Ronald. 1937. "The Nature of the Firm. " *Economica* 4.

Coates IV, John C. 2001. "Explaining Variation in Takeover Defenses: Blaming the Lawyers. " *California Law Review* 89.

Daines, Robert. , and Klausner, Michael. 2001. "Do IPO Charters Maximize

Firm Value?: Antitakeover Protections in IPOs. " 17 Journal of Law Economics and Organization 17.

Dallas, Lynne L. 1996. " The Relational Board: Three Theories of Corporate Boards of Directors. " *Journal of Corporate Law* 22.

Dallas, Lynne L. 1997. " Proposals for Reform of Corporate Boards of Directors: The Dual Board and Board and Board Ombudsperson. " *Washington and Lee Law Review* 54.

Dallas, Lynne L. 2012. " Short – Termism, the Financial Crisis, and Corporate Governance. " *Journal of Corporate Law* 37.

Dammann, Jens C. 2003. " The Future of Codetermination After Centros: Will German Corporate Law move Closer to the U. S. model. " *Fordham Journal of Corporate and Financial Law* 8.

Davies. 2008. *Gower And Davies'Principles of Modern Company Law*, London: Sweet and Maxwell.

Davis, Gerald F. 2009, *Managed by the Markets: How Finance Reshaped America*, Oxford: Oxford University Press.

Davis, Alicia J. 2015. " The Institutional Appetite for ' Quack Corporate Governance' . " *Columbia Business Law Review* 2015.

Dinh, Viet D. 1999. " Codetermination and Corporate Governance in a Multinational Business Enterprise. " *Journal of Corporate Law* 24.

Dodd, Jr. , E. Merrick. 1932. " For Whom Are Corporate Managers Trustees?" Harvard Law Review 45.

Donaldson, Thomas. , and Preston, Lee E. 1995. " The Stakeholder Theory of the Corporation: Concepts, Evidence, and Implications. " *The Academy of Management Review* 20.

Easterbrook, Frank H. , and Fischel, Daniel R. 1989. " The Corporate Contract. " *Columbia Law Review* 89.

Eisenberg, Melvin Aron. 1989. " The Structure of Corporation Law. " *Columbia Law Review* 89.

Eisenberg, Melvin Aron. 2006. " The Duty of Good Faith in Corporate Law. " *Delaware Journal of Corporate Law* 31.

Fanto, James A. , Solan, Lawrence M. , and Darley, John M. 2011. "Justifying Board Diversity. " *North California Law Review* 89.

Ferran, E. 1999. *Company Law and Corporate Governance*, Oxford: Oxford University Press.

Fisch, Jill E. 2006. "Measuring Efficiency in Corporate Law: The Role of Shareholder Primacy. " *Journal of Corporate Law* 31.

Fisch, Jill E. 2013. "Leave It to Delaware: Why Congress Should Stay Out of Corporate Governance. " *Delaware Journal of Corporate Law* 37.

Fischel, Daniel R. 1978. "Efficient Capital Market Theory, the Market for Corporate Control, and the Regulation of Cash Tender Offers. " *Texas Law Review* 57.

Friedman, Milton. 1963. *Capitalism and Freedom.* 2nd edition. Chicago: University of Chicago Press.

Gelter, Martin. 2013. "The Pension System and The Rise of Shareholder Primacy. " *Seaton Hall Law Review* 43.

Gilson Ronald J. , and Kraakman, Reinier. 1984. "The Mechanisms of Market Efficiency. " *Virginia Law Review* 70.

Gordon, John Steele. 2004. *An Empire of Wealth: The Epic History of American Economic Power*, New York: Harpercollins Publishers.

Granero, Luis M. 2006. "Codetermination R & D, and Employment. " *Journal of Institutional and Theoretical Economics* 162.

Grossman, Sanford J. , and Hart, Oliver D. 1986. "The Costs and Benefits of Ownership: A Theory of Vertical and Lateral Integration. " *Journal of Political Economics* 94.

Gordon, Jeffrey N. 2007. "The Rise of Independent Directors in the United States, 1950 – 2005: of Shareholder Value and Stock Market Prices. " *Stanford Law Review* 59.

Haeberle, Kevin. 2015. "Stock – Market Law and the Accuracy of Public Companies'Stock Prices. " *Columbia Business Law Review* 2015.

Hale, Kathleen. 2003. "Corporate Law and Stakeholders: Moving Beyond Stakeholder Statute. " *Arizona Law Review* 45.

Hannes, Sharon. 2005. "Private Benefits of Control, Antitakeover Defenses, and the Perils of Federal Intervention." *Berkeley Business Law Journal* 2.

Hannes, Sharon. 2006. "A Demand Side Theory of Antitakeover Defenses." *Journal of Legal Studies* 35.

Hansmann, Henry., and Kraakman, Reinier. 2001. "The End of History for Corporate Law." *Georgetown Law Journal* 89.

Henke, Rachel M., Goetzel, Ron Z., McHugh, Janice., and Issac, Fik. 2011. "Recent Experience in Health Promotion at Johnson & Johnson: Lower Health Spending, Strong Return on Investment." *Health Affairs* 30.

Heward, Edmund. 1979. *Lord Mansfield*, Chichester and London: Barry Rose (Publisher) Ltd.

Houston, Joel., and James, Christopher. 1996. "Bank Information Monopolies and the Mix of Private and Public Debt Claims." *Journal of Finance* 51.

Ho, John Kong Shan. 2010. "Director's Duty to Promote the Success of the Company: Should Hong Kong Implement a Similar Provision?" *Journal of Corporate Law Studies* 10.

Ho, Virginia Harper. 2010. "Enlightened Shareholder Value: Corporate Governance Beyond the Shareholder – Stakeholder Divide." *Journal of Corporate Law* 36.

Holmstrom, Bengt., and Kaplan, Steven N. 2001. "Corporate Governance and Merger Activity: Making Sense of the 1980s and 1990s." *Journal of Economic Perspectives* 15.

Hurst, James Willard. 1970. *The Legitimacy of the Business Corporation in the Law of the United States, 1780 – 1970.* Charlottesville: University Press of Virginia.

Jacob Goldstein, Repo 105: Lehman's "Accounting Gimmick" Explained, NPR (Mar. 12, 2010), http://www.npr.org/blogs/money/2010/03/repo_105_lehmans_accounting_gi.html.

Janis, Irving. 1972. *Victims of Groupthink: A Psychological Study of Foreign – Policy Decisions and Fiascoes*, Boston: Houghton & Mifflin.

Jensen, Michael C., and Meckling, William H. 1976. "Theory of the Firm: Managerial Behavior, Agency Costs and Ownership Structure." *Journal* of Financial Economics 3.

Johnson, Lyman. 1990. "The Delaware Judiciary and the Meaning of Corporate Life and Corporate Law." *Texas Law Review* 68.

Jurgens, Ulrich., Maumann, Katrin., and Rupp, Joachim. 2000. "Shareholder Value in an Adverse Environment: the German Case." *Economic and Society* 29.

Keay, Andrew. 2007. "Tackling the Issue of the Corporate Objective: An Analysis of the United Kingdom's 'Enlightened Shareholder Value Approach'." *Sydney Law Review* 29.

Kershaw, David. 2012. *Company Law in Context: Text and Materials*. Second Edition. Oxford: Oxford University Press.

Khachaturyan, Arman. 2007. "Trapped in Delusions: Democracy, Fairness and the One – Share – One – Vote Rule in the European Union." *European Business Organization Law Review* 8.

King, I. 2010. "Buyout leaves a bad taste." *The Times*, September 1.

Lazonick, W., and O'Sullivan, M. 2000. "Maximizing Shareholder Value: A New Ideology for Corporate Governance." *Economy and Society* 29.

Lau, K. L. Alex. 2013. "An Overview of the Independent Directors System in China." *Company Law* 34.

Leo E. Strine, Jr., State of the Judiciary Address 2 (June 4, 2014), http://www.rcfp.org/sites/default/files/docs/20140620151641_ strine speech.pdf.

Lin, Yu – Hsin. 2011. "Overseeing Controlling Shareholders: Do Independent Directors Constrain Tunneling in Taiwan?" *San Diego International Law Journal* 12.

Loughrey, Joan., Keay, Andrew., and Luga Gerioni. 2008. "Legal Practitioners, Enlightened Shareholder Value and the Shaping of Corporate Governance." *Journal of Corporate Law Studies* 8.

Low, Daniel C. M., Roberts, Helen., and Whiting, Rosalind H. 2015. "Board Gender Diversity and Firm Performance: Empirical Evidence from Hong Kong, South Korea, Malaysia and Singapore." *Pacific – Basin Finance*

Journal 35.

Macey, Jonathan R. , and Miller, Geoffery P. 1987. "Toward an Interest - Group Theory of Delaware Corporate Law. " *Texas Law Review* 65.

Macey, Jonathan R. 1999. " Fiduciary Duties as Residual Claims: Obligations to Nonshareholder Constituencies from a Theory of the Firm Perspective. " *Cornell Law Review* 84.

Malkiel, Burton G. 1996. *A Random Walk Down Wall Street*, New York: W. W. Norton & Co.

Martin, Kenneth J. , and McConnell, John T. 1991. "Corporate Performance, Corporate Takeovers, and Management Turnover. " *The Journal of Finance* 46.

Martin, Roger. 2011. *Fixing the Game: Bubbles, Crashes, and What Capitalism Can Learn from the NFL*, Boston: Harvard Business Review Press.

Mitchell, Lawrence E. 1992. " A Theoretical and Practical Framework for Enforcing Corporate Constituency Statute. " *Texas Law Review* 70.

Mitchell, Lawrence E. 2009. " The Legitimate Rights of Shareholders. " *Washington and Lee Law Review* 66.

Million, David. 2011. "Two Models of Corporate Social Responsibility. " *Wake Forest Law Review* 46.

Million, David. 2013. "Radical Shareholder Primacy. " *University of Saint Thomas Law Journal* 10.

Mizik, Natalie. 2010. "The Theory and Practice of Myopic Management. " *Journal of Marketing Research* 47.

Mukwiri, Jonathan. 2013. "Free Movement of Capital and Takeovers: A Case Study of the Tension Between Primary and Secondary EU Legislation. " *European Law Review* 38.

Mukwiri, Jonathan. , and Siems, Mathias. 2014. " The Financial Crisis: A Reason to Improve Shareholder Protection in the EU?" *Journal of Law and Society* 41.

Nyombi, Chrispas. , Mortimer, Tom. , and Lewis, Rhidian. "Shareholder Primacy and Stakeholders'Interests in the Aftermath of a Takeover: A Review of Empirical Evidence. " *International Business Law Journal* 2.

O'Connor, Marleen A. 2003. " The Enron Board: The Perils of

Groupthink. " *University of Cincinnati Law Review* 71.

Page, Antony. 2009. " Has Corporate Law Failed? Addressing Proposals for Reform. " *Michigan Law Review* 107.

Pagano, Marco. , and Roell, Ailsa. 1998. "The Choice of Stock Ownership Structure: Agency Costs, Monitoring, and the Decision to Go Public. " *The Quarterly Journal of Economics* 113.

Parkinson, John Edward. 1993. *Corporate Power and Responsibility: Issues in the Theory of Company Law*, Oxford: Clarendon Press.

Partnoy, Frank. 2006. "Financial Innovation and Corporate Law. " *Journal of Corporate Law* 31.

Porter, David P. 2009. "Institutional Investors and Their Role in Corporate Governance: Reflections by a 'Recovering' Corporate Governance Lawyer. " *Case West Reserve Law Review* 59.

Paul L Davies, Enlightened Shareholder Value and the New Responsibilities of Directors, Lecture at University of Melbourne Law School (inaugural W E Heam Lecture), 4 October 2005.

Porta, Rafael La. , Lopez – de – Silanes, Florencio. , and Shleifer, Andrei. 1999. " Corporate Ownership Around the World. " *The Journal of Finance* 54.

Porter, Michael E. , and Kramer, Mark R. 2006. "Strategy & Society: The Link Between Competitive Advantage and Corporate Social Responsibility. " *Harvard Business Review*, December.

Rasnic, Carol D. 1992. " Germany's Statutory Works Councils and Employee Codetermination: A Model for the United States?" *Loyola of Los Angeles International and Comparative Law Review* 14.

Ringe, Wolf – Georg. 2013. "Independent Directors: After the Crisis. " *European Business Organization Review* 14.

Rock, Edward B. 2013. "Adapting to the New Shareholder – Centric Reality. " *University of Pennsylvania Law Review* 161.

Roe, Mark J. 2009. "Delaware's Shrinking Half – Life. " *Stanford Law Review* 62.

Romano, Roberta. 2001. "Less is More: Making Institutional Investor a Valuable Mechanism of Corporate Governance. " *Yale Journal on Regulation* 18.

Romano, Roberta. 2005. "The Sarbanes – Oxley Act and the Making of Quack Corporate Governance. " *Yale Law Journal* 114.

Russell, Nestar John Charles. 2011. "Milgram's Obedience to Authority Experiments: Origins and Early Evolution. " *The British Journal of Social Psychology* 50.

Saigol, L. , and Tassell, T. 2005. "Investor Landscape Stretches Imagination. " *Financial Times*, June 22.

Schafer, Hans – Bernd. , and Ott, Claus. *The Economic Analysis of Civil Law*, Cheltenham: Edward Elgar Publishing Ltd.

Sharfman, Bernard S. 2012. "Why Process Access is Harmful to Corporate Governance?" *Journal of Corporate Law* 37.

Shen, Sibao. , and Jia, Jing. 2005. "Will the Independent Director Institution Work in China?" *Loyola of Los Angeles International and Comparative Law Review* 27.

Smith, Jr. , Clifford W. , and Warner, Jerold B. 1979. "On Financial Contracting: An Analysis of Bond Covenants. " *Journal of Financial Economics* 7.

Smith, D. Gordon. "The Shareholder Primacy Norm. " *Journal of Corporate Law* 23.

Smith, Stephen C. 1991. "On the Economic Rationale for Codetermination Law. " *Journal of Economic Behavior and Organization* 16.

Smith, Thomas A. 1997. "Institutions and Entrepreneurs in American Corporate Finance. " *California Law Review* 85.

Smith, Thomas A. 1999. "The Efficient Norm for Corporate Law: A Neotraditional Interpretation of Fiduciary Duty. " *Michigan Law Review* 99.

Soderquist, Larry D. , and Vecchio, Robert P. 1978. "Reconciling Shareholders'Rights and Corporate Responsibility: New Guidelines for Management. " *Duke Law Journal* 3.

Stewart, Jr. , Fenner. 2011. "Berle's Conception of Shareholder Primacy:

A Forgotten Perspective for Reconsideration During the Rise of Finance. " *Seattle University of Law Review* 34.

Stout, Lynn A. 2002. "Bad and Not – So – Bad Arguments for Shareholder Primacy. " *South California Law Review* 75.

Stout, Lynn A. 2002. "Do Antitakeover Defenses Decrease Shareholder Wealth? the Ex Post/Ex Ante Valuation Problem. " *Stanford Law Review* 55.

Stout, Lynn A. 2008. "Why We Should Stop Teaching Dodge v. Ford. " *Virginia Law and Business Review* 3.

Stout, Lynn A. 2012. *The Shareholder Value Myth: How Putting Shareholders First Harms Investors, Corporations, and the Public*, Oakland: Berrett – Koehler Publishers, Inc.

Stout, Lynn A. 2013. "On the Rise of Shareholder Primacy, Signs of Its Fall, and the Return of Managerialism (in the Closet). " *Seattle University of Law Review* 36.

Stout, Lynn A. 2013. "The Toxic Side Effects of Shareholder Primacy. " *University of Pennsylvania Law Review* 161.

Strine, Jr. , Leo E. , and Walter, Nicholas. 2016. "Originalist or Original: The Difficulties of Reconciling Citizens with Corporate Law History. " *Notre Dame Law Review* 91.

Trachtenberg, Alan. 1982. *The Incorporation of America: Culture and Society in the Gilded Age*, New York: Hill and Wang.

Walker, George A. 2010. "Financial Crisis – U. K. Policy and Regulatory Response. " *The International Lawyer* 44.

Welch, Edward P. , Turezyn, Andrew J. , and Saunders, Robert S. 2008. *Folks on the Delaware General Corporation Law*, Frederick: Aspen Publishers.

Wilmarth, Jr. , Arthur E. 2009. "The Dark Side of Universal Banking: Financial Conglomerates and the Origins of the Subprime Financial Crisis. " *Connecticut Law Review* 41.

Williams, Joan. 1998. "The Rhetoric of Property. " *Iowa Law Review* 83.

Williams, Richard. 2012. "Enlightened Shareholder Value in UK Company Law. " *UNSW Law Journal* 35.

后 记

对我而言，一件极为幸运的事情是在系统地学习公司法之初，便"遭遇"了决定我今后研究志趣的问题——股权的性质或说本质为何，其与债权的界分是否、如何可能？

这一问题的中国法意义，从防止国有企业公司制改革中可能的国有资产流失，延伸至股债融合背景下的金融创新、公司自治的空间大小。传统观念认为，股债区分可以从"风险程度"、"参与管理"、"利益回报"和"清偿顺位"四个方面进行。然而，伴随各种"像股的债"和"像债的股"的投资品种不断涌现，股权与债权的边界愈发模糊。股权与债权不再是泾渭分明的两种权利类型，反而衍化为商业组织的参与者们根据投融资的实际需求，在"风险损失"、"控制"、"期限"和"转让性"这四大维度中进行灵活调整的两个极点；从而在两个极点之间，形成一条无所不包的权利光谱。若此，则股权不再受其"本质"的束缚，而更像是罗斯（Ross）笔下的"图图"（Tu－Tu）。最终，在硕士学位论文《股权本质研究——范式的提出与运用》中，我斗胆提出：股权与债权之间已无本质差异，法律所需做的仅是设计典型股权（债权）的内容，而将是否变更、变更后的权利定性交由当事人自治决定。

股债之间并无本质差异的"世界观"一经形成，公司控制权应当交由股东独享、公司目的在于最大化股东利益的"直觉"便立即变得可疑起来。解决围绕这一"直觉"而生的所有疑问，便成为我博士阶段最大的学术兴趣。这些疑问包括但不限于：在股债融合的背景下，股东至上主义是否依然能够得到证立；股东至上主义是否本身构成一个自洽的理论范式，能够为公司法内部矛盾冲突的法律规则提供充分的协调解释；公司法的历史是否与股东至上主义相伴始终，并果真终结于此；若并非如此，公司法又何以变成如今这副面孔，未来又将去向何方；走向未来的公司法，又该如何构建以更好地提升人类的福祉？对于这些疑问的回答，最终转化而为我的博士学位论文《股东至上主义批判——兼论控制权分享型公司法的构建》。限于篇幅和个人智识的约束、社会情势变动不居的客观现实，我对这些疑问的回答一定只会是一个微不足道的起点。关于股东至上主义、经济利益为大，究竟是公司法的成功还是失败的争论，势必还将继续下去。直到四十年前才真正扎根公司法的股东至上主义，也许还将称霸下一个四十年。也许，由于社会、经济、政治的复杂作用和学术范式的彻底转型，四十年后的人们又会觉得它好陌生、好久远，就好像一个神话，似真亦幻。

本书是在我的博士论文的基础上修改完成的。首先需要感谢的，是我的导师王涌教授。我不仅需要感谢老师对我的论文的悉心指导，更需要感谢老师对我不切实际的学术想象的支持与鼓励。如果不是老师支持我以"股权本质研究"和"股东至上主义批判"为题写作学位论文，我的求学之路必定不会如此充满趣味，对公司法世界抱持的各种好奇之心也将为墨守成规所取代。在论文指导之外，老师对我的影响同样无处不在。在老师每周开设的读书会上，我不仅最终将公司法确定为我的研究方向，也形成了坚持阅读以对抗碎片化生活的习惯。在老师身边学习的五年间，我明白了一个温暖、儒雅和才华横溢的人的生活哲学和不同凡响。

接着需要感谢的，是四川大学法学院的杨遂全教授。我和杨老师相识已近十年，当我还在四川大学法学院求学期间，杨老师便开始鼓励我尝试学术研究。在杨老师的赏识和提携下，我成了第一位在《民商法争鸣》上发表论文的本科生。即便在我离开四川大学之后，杨老师也始终关注着我的成长并给予我诸多帮助。十年，时光匆匆，但老师的赏识之情、伯乐之恩，永远难忘。

再接下来，我要感谢我的爱人、现在中国人民公安大学任教的唐彬彬博士。在过去的十年里，她给予了我最大限度的支持、最无微不至的照顾。如果没有她，我将必定不是现在的我。写作博士论文期间，我们同在美国访学。身处异国他乡，正是她所给予的陪伴和支持，才使我在写作过程中从未感受过沮丧和无助。感谢她，永远都是我的第一个也是最忠实的读者。

最后，我还要感谢我的父母，感谢你们给我生命、给我健康、给我无条件的包容，这些都是我可遇而不可求的幸福。

楼秋然

2020 年 1 月 7 日于北京

图书在版编目（CIP）数据

股东至上主义批判：兼论控制权分享型公司法的构
建／楼秋然著. --北京：社会科学文献出版社，
2020.9

ISBN 978 - 7 - 5201 - 7220 - 2

Ⅰ.①股…　Ⅱ.①楼…　Ⅲ.①公司法　Ⅳ.
①D912.290.4

中国版本图书馆 CIP 数据核字（2020）第 164152 号

股东至上主义批判
—— 兼论控制权分享型公司法的构建

著　　者／楼秋然

出 版 人／谢寿光
责任编辑／李　晨

出　　版／社会科学文献出版社（010）59367156
　　　　　地址：北京市北三环中路甲 29 号院华龙大厦　邮编：100029
　　　　　网址：www.ssap.com.cn
发　　行／市场营销中心（010）59367081　59367083
印　　装／三河市尚艺印装有限公司

规　　格／开　本：787mm×1092mm　1/16
　　　　　印　张：17.75　字　数：284 千字
版　　次／2020 年 9 月第 1 版　2020 年 9 月第 1 次印刷
书　　号／ISBN 978 - 7 - 5201 - 7220 - 2
定　　价／79.00 元

本书如有印装质量问题，请与读者服务中心（010 - 59367028）联系